国家自然科学基金面上项目"企业集团、产业
71874061）阶段性成果
华中科技大学文科双一流建设项目基金资助

现代经济金融理论与方法／前／沿／研／究／丛／书／

企业集团、外部经营环境与成员企业的决策行为

邢　斐／著

中国财经出版传媒集团

经济科学出版社

Economic Science Press

图书在版编目（CIP）数据

企业集团、外部经营环境与成员企业的决策行为/
邢斐著．－－北京：经济科学出版社，2022.11
（现代经济金融理论与方法前沿研究丛书）
ISBN 978 - 7 - 5218 - 4327 - 9

Ⅰ．①企…　Ⅱ．①邢…　Ⅲ．①企业集团 - 经营决策 -
决策行为 - 研究　Ⅳ．①F276.4

中国版本图书馆 CIP 数据核字（2022）第 219710 号

责任编辑：孙丽丽　撒晓宇
责任校对：王苗苗
责任印制：范　艳

企业集团、外部经营环境与成员企业的决策行为
邢　斐　著
经济科学出版社出版、发行　新华书店经销
社址：北京市海淀区阜成路甲 28 号　邮编：100142
总编部电话：010 - 88191217　发行部电话：010 - 88191522
网址：www. esp. com. cn
电子邮箱：esp@ esp. com. cn
天猫网店：经济科学出版社旗舰店
网址：http：//jjkxcbs. tmall. com
北京季蜂印刷有限公司印装
710 × 1000　16 开　20.5 印张　320000 字
2022 年 11 月第 1 版　2022 年 11 月第 1 次印刷
ISBN 978 - 7 - 5218 - 4327 - 9　定价：82.00 元
（图书出现印装问题，本社负责调换。电话：010 - 88191545）
（版权所有　侵权必究　打击盗版　举报热线：010 - 88191661
QQ：2242791300　营销中心电话：010 - 88191537
电子邮箱：dbts@ esp. com. cn）

目 录

第一篇

企业集团的内部市场及其功能

第1章
企业集团内部市场的风险承担功能

风险承担关系到企业能否对预期净现值为正的投资项目进行合理投资，对企业的资本积累和经济发展有着至关重要的影响。较高的风险承担水平有利于提高企业价值，促进企业创新，提高企业的风险承担是管理层的一项重要决策。企业集团作为一种特殊的组织形式，能够通过内部资本市场的运行对成员企业进行资金分配，解决成员企业面临的投资资金不足的问题，并使成员企业能够进行高风险高回报的投资，提升自身风险承担。基于此，本章以我国沪深两市 2004 ~ 2017 年 A 股上市公司为样本，检验企业集团如何影响成员企业的风险承担行为，以及这种影响是否会因企业的产权性质和所在地区金融发展程度的不同而存在差异。

1.1 问题的提出

企业的风险承担行为反映了企业管理层在制定投资决策时，对于回报较高却具有一定风险的投资项目的权衡与选择（Wright et al. , 1996）。企业的风险承担行为对企业生存发展及社会经济增长有着重要影响（Sanders and Hambrick, 2007）。从微观层面来看，企业较高的风险承担水平能够使企业获得丰厚的投资回报，除了能提升自身的经营绩效外，还能使企业保持长期竞争优势（Low, 2009；Cucculelli and Ermini, 2012；李文贵、余明桂，2012）；从宏观层面来看，企业较高的风险承担水平是社会经济增长的长期动力和源泉，它不仅能加快社会的资本积累，促进社会的技术进步，提高社会的生产率，还能使社会经济长久维持在一个较高的增长水平

（Acemoglu and Zilibotti，1997；John et al.，2008）。因此，如何提高企业的风险承担水平和能力，就成为一个重要的研究课题。

世界很多国家普遍存在集团化经营现象，这种现象在制度较不发达的发展中国家尤为普遍。国家统计局发布的《企业集团统计年报》显示，在中国经济转型过程中，越来越多的企业选择集团化经营模式。2012 年以后，我国隶属于企业集团的上市公司占比达 70% 以上。卡纳和帕勒普（Khanna and Palepu，1997）研究指出，在制度落后的环境下，企业集团是对外部金融市场不完善现象的一种积极反应。首先，集团化经营模式能将成员企业通过非正式关系（例如交易关系）组织起来，从而使集团内部企业之间具有某种"亲情"关系，当成员企业面临融资困难时，其他成员企业将伸出援助之手，及时为该成员企业提供资金和资源支持，从而有效缓解该成员企业面临的外部资本市场融资困境。其次，企业集团的内部资本市场可以发挥资源再配置效应，弥补外部资本市场制度缺失，集团总部可以通过内部资本市场提高资金的配置效率，将闲置的内部资金及时分配给融资约束较为严重的成员企业，使成员企业能够有充足的资金开展更多、更好的投资活动（Khanna and Palepu，2000），还可以使成员企业通过相互担保获得更多的银行贷款（Shin H. and Park Y.，1999），提升成员企业的融资能力。综上所述，集团化经营的企业可以利用内部优势获得资金支持，缓解融资约束，提升企业风险承担能力，本章将就以上问题进行探讨。

目前，关于影响企业风险承担的因素研究主要集中在公司治理和管理者特征上。在公司治理层面上，金和陆（Kim and Lu，2011）、乔伊等（Choy et al.，2014）研究发现，适当的薪酬激励和股权激励能够使管理者平衡自身和企业之间的利益，鼓励管理者积极进行高风险的投资活动，提升企业风险承担水平。科尔斯等（Coles et al.，2006）基于代理理论发现，薪酬激励可以通过缓解管理者的风险规避倾向来强化管理者的风险偏好，增强企业的风险承担水平。在管理者特征上，法西奥等（Faccio et al.，2012）研究发现，CEO 的性别对企业风险承担水平存在异质性影响，相较于女性 CEO 管理的企业，男性 CEO 管理的企业有着更高的风险承担水平，原因是男性 CEO 具有更强的冒险精神和欲望。我国学者余明桂等（2013）

研究发现，管理者的过度自信会对企业的风险承担行为产生显著影响，管理者越自信，企业的风险承担水平越强。虽然目前少数学者从集团角度分析了集团化经营与企业风险承担的相关关系，例如，卡纳和雅菲（Khanna and Yafeh，2005）利用印度、智利、墨西哥等新兴市场的数据，研究发现集团多元化经营可以通过分散集团内部企业的投资风险，提升成员企业的风险承担水平，但鲜有文献利用中国数据来分析和研究集团化经营如何影响企业的风险承担水平，本章则填补了这一领域的空白。

本章尝试以集团化经营这一组织视角来探究集团化经营如何影响成员企业的风险承担行为。理论上讲，集团化经营会从两方面影响企业的风险承担行为：一方面，集团化经营能够放松成员企业进行高风险投资时所面临的融资约束，使成员企业更有能力来从事高风险的投资活动；另一方面，集团多元化经营能够有效分散成员企业所面临的投资风险，提高企业管理者对高风险投资活动的失败容忍度，使企业管理层更有动力从事高风险的投资活动，从而提高成员企业的风险承担水平。基于上述分析，本章以我国 2004～2017 年的沪深上市公司为研究样本，对企业的集团化经营与风险承担的关系进行了检验。研究发现，集团化经营可以明显提高成员企业的风险承担水平，且对非国有企业和地区金融发展较差的企业有更为显著的促进作用。进一步的影响机制检验表明，集团化经营主要通过缓解融资约束和多元化经营两种渠道来影响成员企业的风险承担水平。

本章学术贡献如下：第一，与现有文献主要从管理者特征、公司治理机制等因素来研究企业的风险承担行为所不同，本章以集团化经营这一组织形式为研究视角，可以补充和丰富企业风险承担的相关研究，并为如何提高企业风险承担水平提供新的思路。第二，在机制检验方面，与以往文献只关注企业集团内部资金支持这一单一机制不同，本章同时考虑了内部资金支持与企业间相互担保的作用，这将丰富我们对内部资本市场理论的理解。

本章其余内容结构安排如下：1.2 节是理论分析与研究假设，1.3 节是研究设计，1.4 节是实证结果分析，1.5 节是研究结论。

1.2 企业集团风险承担功能的理论分析

1.2.1 相关文献综述

企业集团作为一种非正式的组织结构，在世界各国尤其是新兴经济体中扮演着举足轻重的角色。在发达国家中，集团化经营有助于成员企业提高规模水平和扩大竞争优势（武常岐、钱婷，2011），在新兴经济体中，集团化经营则是不完善的市场制度的产物。成员企业之间通过内部资本市场共享资源和信息，使内部资源得到更加合理的配置，最终可以降低企业成本。风险承担作为一种和企业长期发展密切相关的决策倾向，反映了企业能否对高风险但预期净现值为正的投资项目进行合理的投资。近些年来，一些文献通过委托代理理论和行为决策理论来研究影响企业风险承担行为的具体因素。一些学者指出，管理者特征、内部治理因素、外部环境和政策均会影响企业的风险承担行为，但集团化经营这一组织形式对企业风险承担行为的影响却还未受到学者的关注。我们希望在全面梳理相关文献的基础上，能够系统探讨企业集团如何影响成员企业的风险承担行为。

1. 企业集团的相关研究

在企业集团的概念上，卡纳和雅菲（2007）认为企业集团是由许多具有独立法人资格的企业通过正式或非正式方式联结而成的。在通过正式方式联结的企业集团中，股权关系、连锁董事起中心作用，而在通过非正式方式联结的企业集团中，家族关系、社会关系或关联交易是主要联结关系。在全球范围内，企业集团是一种广泛存在的组织形式，无论是在发达国家还是新兴经济体中都可以发现企业集团的存在。现有文献从不同角度解释了企业集团的经营结果。莱夫（Leff, 1976）发现，企业集团的存在有效减少了企业内部的机会主义行为，使资源和信息能够在集团内部共享，降低企业的交易成本，提高企业的管理绩效。卡纳和帕勒普（1997）

指出，企业集团能对不完善的外部制度起到较好的替代作用，帮助成员企业克服落后的外部制度所带来的发展障碍，使成员企业实现长期发展。阿尔梅达和沃夫森（Almeida and Wolfenzon，2006）基于股东融资视角来研究企业集团的优势，认为企业集团放松了股东的融资约束，使企业能够正常投资和长期发展。莫克（Morck，2005）则认为在企业集团的形成过程中，由于受到政府的干预和监管，在"门槛效应"的影响下，部分成员企业会存在融资困难的问题。关于企业集团对成员企业经营绩效的影响也颇有争议。卡纳和帕勒普（2000）以印度的企业集团为研究对象发现企业集团显著提高了内部成员的经营绩效。伯川德等（Bertrand et al.，2002）则发现集团内部存在着大股东剥夺中小股东利益的现象，这会导致中小股东利益受损，也会使成员企业的市场价值下降、经营绩效变差。

现有研究发现，企业集团不仅在印度、泰国等新兴经济体中广泛存在（Khanna and Palepu，2000；Khanna and Rovkin，2001），而且在德国、日本、意大利等发达国家也屡见不鲜（Khanna and Yafhe，2005，2007）。据统计，在世界各国中，仅约20%的国家企业集团占比较低，而60%以上的国家企业集团占比较高。部分国外的研究结论更是表明，企业集团能够使用它的内部资本市场功能使资源在各个成员企业之间进行重新配置。卢埃林（Lewellen，1971）研究指出，集团总部可以将内部企业的闲置资金进行统一聚集和重新配置，从而避免一些成员企业陷入资金不足的困境中。斯塔尔兹（Stulz，1998）研究认为，与非集团化经营的企业相比，集团化经营的企业可以使用内部资本市场的资源配置功能更好地把握投资机会和发展方向，提升企业价值。斯坦（Stein，1997）发现集团内部的企业可以相互提供担保，在协同效应的作用下提升企业的信用级别，从而获得更多的银行贷款。米希尔（Mihir，2004）研究发现在信贷市场欠发达国家即外部融资制度不完善的国家，集团成员通过内部资本市场进行融资的成本要远远低于来自外部资本市场进行融资的成本，这表明当集团成员企业难以通过外部资本市场获取资金时，集团的内部资本市场便可以及时发挥替代作用，解决成员企业所面临的融资问题。此外，何希（Hoshietal，1991）基于投资—现金流敏感模型对比了日本的集团企业和非集团企业，研究发现集团企业的融资约束程度整体上低于非集团企业，进一步验证了集团内部资本市场的融资约束缓解功能。

目前有关企业集团的文献除了集中于内部资本市场视角外，还有不少学者从资金配置、技术创新、现金持有、投资效率等角度进行研究。在资金配置方面，斯坦（1994）等构建了 GSS 模型，发现企业集团是部门资金的所有者并且拥有控制权，因此可以对成员企业资金的分配和使用进行有效管理和监督。沃肯（Walken，2005）指出，相比于独立经营的企业，企业集团的内部资本市场可以重新对成员企业进行灵活的资源分配，以实现集团资金的最优配置。金（Kim，2004）认为，企业集团内部资本市场进行资金的重新配置可以很好地解决成员企业的融资约束问题，相比于外部资本市场较为发达的国家而言，这一资金配置功能在外部资本市场较为落后的国家可以得到更好的发挥。霍瓦基米安（Hovakimian，2011）研究发现，在经济形势较为严峻、外部融资成本较高时，企业集团通过将内部资金分配给托宾 Q 值较高的成员企业可以达到提高集团内部资金分配效率的目的。阿尔米达（Almida，2015）发现当一些资源流动性过剩的企业与一些资源流动性不足的企业处于同一资本市场时，企业集团可以顺利发挥资金配置作用，集团总部能将所有资金进行统一调拨，把过剩的流动资金分配给资金短缺的成员企业，帮助解决这些企业因资金不足而暂缓投资的问题。李艳荣等（2007）研究指出，企业集团的内部资本市场不仅具有信息传递优势（获取的信息更加及时、准确），而且对资本剩余索取权具有更强的监督作用，从而表现出更有效的资金配置。谢军（2010）从双重代理关系视角对比分析了国有企业集团和国有独立公司，研究发现隶属于国有企业集团的公司有着更高的投资效率，这进一步证实了企业集团的内部资本市场能够更为有效地配置资金。

在企业技术创新方面，马赫默德和李（Mahmood and Lee，2004）选取中国台湾和韩国的数据作为研究样本来分析企业集团如何影响企业创新行为。结果发现，企业集团可以显著提升成员企业的技术创新水平，且企业集团的绩效好于非企业集团的绩效。贝伦松和贝尔科维茨（Belenzon and Berkovitz，2010）指出企业集团可以充分发挥内部资本市场资金的合理配置功能，有效解决成员企业因为缺乏资金而减少创新投资的问题，从而改善企业的创新环境、提升企业的创新能力。张等（Chang et al.，2006）研究认为，由于资源共享性，新兴市场的集团内部形成了一个创新技术和财务资源共享的信息平台，这使成员企业可以共享集团内部的技术和资金，提高企业创新能力。马赫默德和鲁芬（Mahmood and Rufin，2005）研究指出，企业集团能够在顾客和供应商之间形成一个知识贮存池，各成员企业间通过分享该知识贮存池可以促进企业创新。崔等（Choi et al.，2011）认为股权结构也会对企业创新产生影响，对转型期的中国来说，企业集团对成员企业创新的影响会因股权性质的不同而存在异质性，外资持股能显著提升集团内部企业的创新水平，而内部持股则严重影响了企业创新积极性，对创新存在明显的消极影响。关和任（Guan and Yam，2009）认为，中国正逐步实现从模仿生产到自主研发的蜕变，在企业集团中，成员企业更容易得到创新资本和创新知识等，这种正向影响显著提升了中国的国际影响力和竞争力。

在现金持有方面，马洛（Mallo，2011）基于融资优序理论提出，资本市场的信息不对称往往会使企业面临较高的外部融资成本，为避免融资约束造成的投资不足问题，企业往往会保留足够的现金以备不时之需。由于企业集团能够放松成员企业的融资约束，因此成员企业通常仅需持有较少的现金。蔡卫星（2016）研究发现，相比于独立企业，隶属于集团的企业有着更低的现金持有水平，原因在于企业集团的内部资本市场放松了成员企业所面临的融资约束。刘星、计方等（2014）研究发现，企业集团会通过融资约束与代理冲突两种途径影响成员企业的现金持有量。

在投资效率方面，斯坦（1997）认为企业集团可以充分掌握成员企业的经营绩效等信息，从而采用"挑选赢家"的方式将内部资源分配给具有较好投资机会的成员企业，从而显著提升成员企业的投资效率。辛清泉（2007）研究发现，企业集团下成员企业的投资模式更为正常，投资损害效应更轻，投资效率也更高。李增泉等（2004）则认为企业集团也可能会对成员企业实施"掏空"行为，即大股东可能会把资金分配给那些投资机会不好，但有利于总体战略发展的成员企业，从而降低了成员企业的投资效率。窦欢、张会丽等（2014）研究发现，相比于独立企业，集团化经营的企业的过度投资问题更加严重，但企业集团也可以通过增强大股东的内部监督能力有效抑制成员企业的过度投资行为。

2. 风险承担的相关研究

关于风险承担的概念，巴里（Barry，2011）认为风险承担衡量的是企业业绩的波动性。李（Li，2010）认为风险承担反映企业在高利润驱动下做出冒险行为后承担相应后果的能力，而大多数研究人员认为，在企业的经营过程中，投资最容易使企业面临较高的经营风险。艾米（Amihu，1981）认为投资行为能够更好衡量企业风险承担的意愿，预期投资收益的波动代表了公司在制定投资决策时的风险偏好程度。因此，现有文献较多地从投资方面衡量企业的风险承担水平（John et al.，2008；Faccio et al.，2011）。从微观层面来看，风险承担是一种投资决策的选择倾向，表现为管理层在进行投资决策时，对那些高回报却又有高风险的投资项目的权衡与选择（Wright et al.，1996）。在激烈的市场竞争中，企业要想实现可持续发展，必须不断根据市场环境来调整战略规划，选择最优的投资项目，以获得丰厚的利润。在高风险高收益的原则下，企业追求较高收益的投资行为也会为其带来较高风险，因此企业的风险承担能力作为衡量企业高管投资决策能力的代理变量，反映了企业在面临投资机会时能否对预期净现值（NPV）为正的投资项目进行合理投资。较高的风险承担水平能够使企业获得丰厚的投资回报，提升企业的经营绩效，促进企业的业务发展，使企业保持长期的竞争优势（Low，2009；Cucculelli and Ermini，2012；李文贵、余明桂，2012）。

已有研究表明，企业的风险承担行为会受多重因素影响。首先，在管理层方面，法西奥等（2012）发现，CEO 性别对企业的风险承担能力存在异质性影响，相比于女性 CEO 管理的企业，男性 CEO 管理的企业有着更高的风险承担能力，原因在于男性 CEO 具有更强的冒险精神和欲望。我国学者权小峰等（2010）利用管理学知识来探讨 CEO 的权力与风险承担关系，研究发现 CEO 权力越大时，公司的盈余变动幅度就会越大，企业所面临的风险也会越高。张三保和张志学（2012）研究发现，当管理层拥有较强的自主决策权时，企业的风险承担能力较强，原因在于管理层的自主决策权利越大，越有利于企业实施高风险的投资战略，企业也越倾向于对高风险高回报的项目进行投资。余明桂等（2013）研究发现，管理者的过度自信能对企业的风险承担水平产生显著影响，管理者越自信，企业的风险承担能力越强。其次，在公司治理方面，金和陆（2011）、乔伊等（2014）研究发现，适当的激励机制能影响企业管理层的风险承担意愿，适当的薪酬激励和股权激励能使管理者积极平衡自身和企业之间的利益，愿意进行高风险的投资活动，从而提高企业的风险承担水平。科尔斯等（Coles et al.，2006）基于代理理论，发现薪酬激励可以通过缓解管理者的风险规避倾向来提高企业的风险承担水平。朱晓琳和方拥军（2018）研究发现，在非国有企业中，CEO 与非 CEO、非 CEO 与非 CEO 之间的薪酬差距均能影响企业的风险承担水平。最后，在所有权方面，法西奥等（2011）发现，大股东持股的分散程度越高，企业越有可能对高风险的项目进行投资，其风险承担能力也就越强；同时，鲍卡里等（Boubakri et al.，2013）指出，企业的风险承担行为与国有股权比例显著负相关，而与外资股权比例显著正相关。最后，约翰等（John et al.，2008）和李等（Li et al.，2012）认为外部制度因素，例如地区文化传统、投资者保护力度等，也会对企业风险承担行为产生程度不同的影响。以上研究均从公司治理机制和管理者特征等方面研究企业的风险承担行为，但是鲜有学者关注企业组织结构对企业风险承担行为的影响。

较高的风险承担水平能够让企业将更多资源投入到创新活动中，从而提高企业的技术创新能力，优化企业的创新资源配置。因此，许多文献对风险承担与企业创新之间的关系进行了研究。希拉里和惠（Hilary and Hui，2009）认为较高的风险承担水平能够增加企业对研发投入失败的容忍度，导致企业投入更多的资金开展创新活动，从而提升企业创新水平。还有学者认为 R&D 投入是一种高风险的投资行为，因此直接将 R&D 投入作为风险承担的度量指标，即较高的 R&D 支出代表较高的风险承担能力（Bargeron et al.，2010；张三保、张志学，2012；朱玉杰、倪骁然，2014）。张敏、童丽静等（2015）研究了社会网络和企业风险承担水平之间的关系，结果表明社会网络有助于提升企业的风险承担水平，具体表现为企业增加了研发投资。宋建波等（2017）基于渠道测试分析发现，风险承担能力提高对企业的影响主要表现为，随着企业 R&D 投资增加，企业的创新绩效也会随之提升。张等（Chang et al.，2015）认为风险承担能力作为中介变量会影响企业创新，股票期权对员工的激励也会通过风险承担机制来影响企业创新。

3. 文献评述

通过对企业集团和风险承担相关文献的整理和分析，我们可以得出以下信息：（1）企业集团能够使内部资本市场的资金配置作用得到充分发挥，解决成员企业资金不足的问题，提高成员企业的投资效率和创新水平。（2）集团总部能够通过"挑选赢家"的方式将资源分配给投资机会较好的成员企业，提高企业投资效率，但同时也可能加重企业过度投资。（3）已有文献从管理层特征、公司治理机制、经济环境、社会文化等因素充分讨论了其对企业风险承担的影响，但少有文献从企业集团的角度考虑其与风险承担之间的关系。企业集团这一特殊的组织形式能否影响企业风险承担水平？这一研究目前尚处于模糊状态。

因此，本章将探讨企业集团与风险承担之间的关系，并进一步探究二者之间的作用机制，充实企业集团和风险承担的相关文献，深化我们对企业风险承担方向的认知，为政府从集团化经营角度提供解决企业风险承担不足问题的新思路。

1.2.2 理论分析与研究假设

企业集团作为我国普遍存在的重要组织形式（郑国坚、魏明海，2007），在我国的资本市场乃至世界各国的经济发展中都发挥着重要作用。从 20 世纪 20 年代开始，政府便对企业作出了集团化的经营要求，这为我国企业集团的蓬勃发展提供了较强的推动力（窦欢、张会丽等，2015）。风险承担反映了企业面对高风险投资项目时的战略决策偏向，由于高回报的投资项目一般具有高风险的特点，风险承担能力较高的企业往往能够充分把握预期回报较高的投资机会，而风险承担能力较弱的企业往往不得已放弃预期净现值为正的投资项目（John et al.，2008；余明桂等，2013）。投资市场中高昂的融资成本和信息的高度不对称使企业面临严重的融资难题，不得不放弃部分高回报的投资项目，使企业表现出较弱的风险承担行为。因此，寻求有效解决企业融资困难的方法和路径、提高企业自身的风险承担能力对改善企业的投资效率、促进企业的长期发展非常重要。

首先，企业集团能够为成员企业带来较为丰富的资金支持，解决成员企业所面临的融资难题。一方面，已有文献认为，集团化经营能够放松集团内部的融资约束（Deloof，1998），通过利用集团内部资金融通等方式为其下属企业提供资金支持，主要表现为提供内部现金流，缓解成员企业资金不足问题。另一方面，外部融资环境对企业集团选择合理的投资项目同样有着重要的影响，企业能否从外部获得融资直接决定着企业的投资效率。在大多数国家，企业的外部资金主要来源于银行贷款（Qian and Strahan，2007）。在处于经济转型期的中国，能否从银行获得更多、更长期的贷款往往决定着企业的生存和发展。是否能提供抵押品或者担保是企业能否从银行获得贷款的决定性因素，一些中小企业往往因为没有一定规模的抵押品和较为可靠的担保，而无法获得银行贷款，从而陷入生死危局。基约塔基和莫尔（Kiyotaki and Moore，1997）指出，企业从银行获得的贷款额度与其提供的抵押品规模和担保可靠性呈显著正相关，银行为企业提供的贷款额度会因为抵押品的不足和担保的可靠性不强而降低，因此，抵押品和贷款担保对企业通过银行渠道进行融资尤为重要。企业集团有效解决了成员企业的担保问题。成员之间可以通过相互提供担保，使其能够从银行获得更大规模的贷款资金，解决成员企业所面临的融资约束问题，提高成员企业的风险承担水平。

其次，集团化经营降低了成员企业的破产风险，具体表现为当某个或某些成员企业陷入困境并产生破产风险后，集团内部的其他企业可以通过合理配置内部资源给予其支持（蔡卫星等，2016）。卡纳和雅菲（2005）以巴西、中国台湾等地的数据进行研究，发现企业集团可以通过内部资本市场的资金支持，有效降低成员企业陷入破产的概率，减少银行等外部债权人的顾虑，同时也有利于成员企业获得外部资金支持，放松对成员企业的融资约束，使成员企业能够更有效地进行投资，提高成员企业的风险承担水平。

基于以上分析，我们提出本章的第一个假设：

假设 1.1 相比于独立公司，隶属于企业集团的公司具有更高的风险承担水平。

接下来，本章将进一步分析企业集团对不同所有权性质成员企业风险承担的影响，我们认为相比于非国有企业，国有企业的国有性质会弱化企业集团对成员企业风险承担的影响。

国有企业的融资渠道比非国有企业更加多样化。首先，大型国有企业的实际控制人通常是国资委等政府部门，这使政府可以对国有企业进行更直接的扶持和管理，例如研发补贴和税收优惠等优惠政策通常会更加倾向于国有企业，因此相较于非国有企业，国有企业往往能够获得更多的资源。其次，国有企业面临着更为完善的外部融资环境，相较于非国有企业，国有企业能够更容易、更便捷地获得银行的贷款支持，缓解其所面临的融资难题（Brandt and Li, 2003）。艾伦等（Allen et al., 2005）也曾指出，银行更加倾向于为国有企业提供资金支持，而常常忽视经营绩效较好的民营企业。在金融歧视背景下，非国有企业外部融资的可获得性较低，融资约束较严重，这会使非国有企业更加倾向于选择其他方式来面对不完善的融资环境，比如构建内部资本市场，而集团化经营为这些企业提供了有效的内部资本市场，使成员企业能够通过内部资金转移以及相互提供担保来获得资金支持、放松融资约束。

因此，我们推测相较于非国有企业，国有企业较强的融资能力会导致其对集团化经营这一组织形式的敏感度较低，即企业集团对于企业风险承担水平的促进效应，应对非国有企业更明显。

基于以上分析，我们提出本章第二个假设：

假设 1.2 相比于国有企业，企业集团对非国有企业的风险承担能力有着更加显著的影响。

作为新兴市场中一种重要的企业组织形态，企业集团被认为可以有效弥补外部制度缺失。现阶段，我国各个地区的金融发展程度存在较大差异，我国的资本市场也不够完善（张杰等，2017）。根据戈德史密斯（Goldsmith, 1969）和麦金农（Mckinnon, 1973）等的金融发展理论，较高的金融发展程度可以缓解金融机构和贷款者之间由于信息不对称所引发的道德风险和逆向选择问题，从而降低企业的融资约束和融资成本。因此，一个较为完善的金融市场可以导致企业较为便利地获得市场资源（张敏等，2015），当企业从银行等正规金融机构获取贷款较为困难时，完善的金融市场就可以弥补这一缺陷，比如民间信贷等融资渠道就能为企业提供较为灵活和便捷的资金支持（项松林，2019），这会促使企业放弃那些低回报的投资项目而选择高风险、高回报的投资项目，使这些企业能够充分利用投资机会，增加企业对高风险但预期净现值为正的投资项目的承受能力（李文贵等，2012）。相反，在金融发展程度较低的地区，由于融资环境不便捷，企业较难获得资金支持，而集团化经营作为一种重要的组织形式，能够通过内部资本市场使其资金更加合理地在成员企业间进行配置，即在金融发展程度较低的地区，企业集团更容易发挥内部资本配置功能，对企业风险承担水平的影响也可能更大。

基于以上分析，我们提出本章的第三个假设：

假设 1.3 地区金融发展程度越低，企业集团对成员企业的风险承担水平的促进作用越强。

1.3　企业集团风险承担功能的研究设计

1.3.1　样本选择与数据来源

本章选取 2004 ~ 2017 年 A 股所有上市公司为研究样本，样本初始年份为 2004 年，主要是因为上市公司年报于 2004 年开始公布企业股权关系图，样本截止年份为 2017 年，原因是中国城市年鉴公布的各地市金融机构贷款余额到 2017 年。企业集团数据是笔者根据企业控股图和实际控制人手工整理得到的，其他财务数据、治理数据等分别来自 CSMAR 数据库、Wind 数据库及巨潮资讯网，衡量金融发展程度的数据取自《中国金融统计年鉴》和《中国统计年鉴》中各省份的各类金融发展指数。本章还对研究样本进行了如下处理：根据以往研究惯例，我们首先剔除了 ST 金融类上市公司以及房地产行业，其次删除了相关变量的异常值和缺失值，最后由于计算企业风险承担能力（*Risk*1）以 5 年为一个观测阶段，因此本章删除了截至 2017 年上市不足 5 年的企业。经过整理后得到了 22554 个样本，其中集团化经营的企业有 17425 个样本，非集团化经营的企业有 5129 个样本，集团化的企业比例达到 77.26%，这也说明了作为一种新兴组织形式的企业集团在我国市场经济中正发挥着越来越重要的作用。

1.3.2 计量模型设定

为了检验本章的假设1.1和1.2，我们将待检验的模型设定如下：

$$Risk_{i,t} = \alpha_0 + \alpha_1 Group_{i,t} + \alpha_2 X_{it} + \sum Year + \sum Industry + \varepsilon_{it} \qquad (1.1)$$

其中，被解释变量 $Risk_{i,t}$ 表示企业的风险承担水平，参照相关文献，我们分别用企业盈利波动性和股票回报率波动性作为其代理变量，$Risk1$ 表示盈利波动性，它等于企业经行业调整后的 ROA 在5年内（$t-2$ 年至 $t+2$ 年）的标准差。其中经行业调整的 ROA 用企业当年的 ROA 减去当年该企业所处行业内所有企业 ROA 的平均值表示（Coles et al.，2006；余明桂、李文贵，2013）。$Risk2$ 表示企业股票回报的波动性，通过 $\sigma(Return_i)$ 计算出，而 $Return_i$ 为企业 i 考虑现金红利再投资每个月的股票回报率，通常认为，企业盈利波动性和股票回报率波动性越大，企业的风险承担能力越强。i 代表企业，t 代表时间，$Group$ 是集团哑变量，如果企业隶属于企业集团成员，则取值为1，反之则取值为0；X_{it} 是所有的控制变量，定义详见表1-1。

表1-1 变量定义

变量	变量名	含义	计算方式
被解释变量	$Risk1$	盈利波动性	见式（1.3）和式（1.4）
	$Risk2$	股票回报波动性	股票回报率的标准差
	$expenditure$	资本性支出	资本性支出与总资产的比值
	$Cash\_short$	内部现金流短缺	资本性支出与净现金流差值对资本性支出的比值
	$Guarantee$	银行担保	企业获得担保取值为1，否则为0
解释变量	$Group$	集团哑变量	集团化经营的企业取值为1，非集团化经营企业取值为0
	Soe	所有权哑变量	国有企业取值为1，非国有企业取值为0
	$Duality$	两职合一哑变量	董事长和经理两职合一取值为1，非两职合一取值为0
	$Gender$	CEO性别哑变量	CEO为男性取值为1，否则为0
	$CEOAge$	CEO年龄哑变量	CEO年龄大于样本平均值取值为1，否则为0
	$Education$	ECO学历哑变量	CEO学历为本科以上取值为1，否则为0

变量	变量名	含义	计算方式
解释变量	*Background*	CEO 教育背景哑变量	CEO 不具有经管类教育背景取值为 1，否则为 0
	Finance	金融发展程度	各省金融机构贷款余额与 GDP 比值
控制变量	*Growth*	公司成长性	营业收入增长率
	Roe	净资产收益率	公司当期净利润与期初总资产之比
	Cfo	净现金流	经营活动净现金流与期末总资产之比
	Lev	资产负债率	公司当年总负债与总资产之比
	Independent	独立董事比例	独立董事人数占董事会总人数比例
	Tang	有形资产	公司期末固定资产与与期末总资产之比
	*Top*1	第一大股东持股比例	第一大股东持股数占企业股本总数的比例
	Size	公司规模	公司总资产的自然对数
	Age	公司年龄	观测年度减去公司成立年份加 1 的自然对数

为了检验本章的假设 1.3，我们将待检验的模型设定如下：

$$Risk_{i,t} = \alpha_0 + \alpha_1 Group_{i,t} + \alpha_2 Group_{i,t} \times Finance_{i,t} + \alpha_3 Finance_{i,t}$$
$$+ \alpha_4 X_{i,t} + \sum Year + \sum Industry + \varepsilon_{i,t} \tag{1.2}$$

模型（1.2）在模型（1.1）的基础上增加了衡量地区金融发展程度的变量 *Finance* 以及它与 *Group* 的交互项。本章采用张杰（2017）的做法，*Finance* 采用各地级市金融机构贷款余额占当地 GDP 的比重计算得出，企业所在地区的金融发展程度越高，说明该地区的融资环境较为便利，企业获取外部资金支持的便利性越高。交互项 $Group_{i,t} \times Finance_{i,t}$ 用来衡量企业所在地区金融发展程度与企业集团的交互作用，如果 $Group_{i,t} \times Finance_{i,t}$ 的估计系数 α_2 显著为负，则说明在金融发展程度较低的地区，集团化经营对企业风险承担能力的促进作用得到强化。根据假设 1.3 我们预计 α_2 的系数显著为负。模型（1.2）其余变量的定义与模型（1.1）完全一致。

1.3.3 变量定义

本章通过手工搜集整理上市公司年报中提供的股权控制图及最终控制

人信息，通过识别上市公司的最终控制人是否属于同一主体来确定企业是否同属于一个企业集团，将符合以下两个条件之一的企业定义为集团成员：第一，如果企业当年的实际控制人控制了两家以上的上市公司，那么该公司则被定义为集团企业（*Group* = 1）；第二，如果企业的实际控制人或者第一大股东的名称中带有"集团"字样，也将该公司定义为集团企业（*Group* = 1）。此外，如果实际控制人或第一大股东为非实质性经营的管理公司，例如：大学、科研所、财政局、各级行政部门等，则将该公司定义为非企业集团成员（*Group* = 0）。一个典型的企业集团如图 1 - 1 所示：

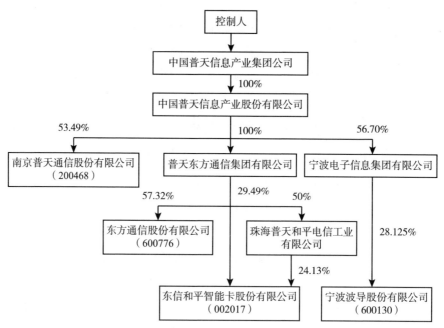

图 1 - 1　中国普天信息产业集团控股图

根据以往的文献，企业风险承担的指标主要有：（1）盈利的波动性（John et al.，2008；余明桂等，2013）；（2）股票回报率波动性（Coles et al.，2006；李文贵，2015）；（3）资产负债比率（*Lev*）（Faccio et al.，2011；肖金利等，2018）；（4）企业存活的可能性（Faccio et al.，2011）；（5）R&D 支出、资本性支出（Coles et al.，2006）；（6）现金持有水平（肖金利等，2018），由于风险承担水平体现了企业在未来经营过程中持有不确定现金流的可能性，不少学者将盈利波动性作为衡量企业风险承担能力的代理变量。因此，本章主要采用盈利波动性（$Risk1$）和股票回报波动性（$Risk2$）来衡量企业的风险承担水平。其中，根据李文贵（2015）的计算方法，通过 $\sigma(ROA_i)$ 来计算企业盈利波动性（$Risk1$），其中，ROA_i 为企业 i 在当年的息税前利润（$EBIT$）与企业年末总资产的比值。在计算盈利波动性时，我们以 5 年作为一个观测阶段，采用年份滚动法进行计算，由于企业 ROA 可能会受到行业特性的影响，于是我们先对企业每一年的 ROA 进行行业平均值调整，以消除行业层面的影响，然后再计算企业在每一个观测阶段内经行业平均值调整过的 ROA 的标准差。企业股票回报率波动性（$Risk2$）通过 $\sigma(Return_i)$ 计算得出，$Return_i$ 为企业 i 考虑现金红利再投资每个月的股票回报率，我们以每年为一个观测阶段计算波动性。根据余明桂（2013），按照滚动法计算盈利波动性的方法如下：

$$Risk1 = \sqrt{\frac{1}{N-1}\sum_{n}^{N}\left(ADJ\_ROA_{i,n} - \frac{1}{N}\sum_{n}^{N}ADJ\_ROA_{i,n}\right)^2} \mid N = 5 \tag{1.3}$$

$$ADJ\_ROA_{i,n} = \frac{EBIT_{i,n}}{ASSET_{i,n}} - \frac{1}{X_n}\sum_{k=1}^{X}\frac{EBIT_{k,n}}{ASSET_{k,n}} \tag{1.4}$$

其他控制变量的定义参照李文贵（2015）、余明桂（2013）、肖金利（2018）等关于企业风险承担的研究，本章的控制变量如下：公司的成长性（$Growth$）、净资产收益率（Roe）、资产负债率（Lev）、净现金流（Cfo）、有形资产（$Tang$）、独立董事比例（$Independent$）、第一大股东持股比例（$Top1$）、公司规模（$Size$）、公司年龄（Age），表 1-1 详细阐述了上述指标的定义。

1.3.4 描述性统计

表 1-2 列示了主要变量的描述性统计特征。考虑到部分变量极端值的存在可能会对回归结果产生影响，因此我们对连续变量进行了上下 1% 的 Winsorize 处理。从统计结果来看，$Risk1$ 和 $Risk2$ 的均值分别为 0.0509 和 0.0148，远远低于世界上其他主要国家均值水平。$Group$ 的均值为 0.7726，

说明企业集团在我国上市公司占比达到了 77.26%，这与窦欢、张会丽（2015）研究的集团成员占比 70.5% 基本保持一致。企业集团在新兴的经济市场上已经成为一种重要组织形式，这也体现了本章研究的必要性。

表 1-2　　　　　　　　　主要变量的描述性统计特征

变量	样本量	最大值	最小值	中位数	平均值	标准差
*Risk*1	22554	2.7909	0.0003	0.0233	0.0509	0.3796
*Risk*2	22554	3.8102	-0.6491	0.0052	0.0148	0.1491
Group	22554	1	0	1	0.7726	0.4191
Soe	22554	1	0	0	0.4830	0.4997
Duality	22554	1	0	0	0.2349	0.4239
Finance	22554	1510.637	0.5069	14.3047	16.3801	3.8378
Growth	22554	5.6918	-0.7053	0.1028	0.2930	0.0878
Roe	22554	0.3488	-0.8239	0.0673	0.0576	0.1413
Cfo	22554	12.6602	0.0102	0.3634	0.9806	1.8983
Lev	22554	1.0029	0.0466	0.4490	0.4498	0.2156
Independent	22554	0.5714	0.2727	0.3333	0.3667	0.0517
Tang	22554	0.3223	0	0.0327	0.0495	0.0661
*Top*1	22554	0.7293	0.0652	0.4911	0.4528	0.3456
Size	22554	25.6743	19.2306	21.6106	21.7648	1.2834
Age	22554	3.3322	1.3863	2.6391	2.5928	0.4178

表 1-3 列示了企业集团和非企业集团两个子样本之间在风险承担水平上的差异，从盈利波动性（*Risk*1）的统计数据来看，企业集团子样本组的风险承担水平均值和中位数分别为 0.0723 和 0.1293，均在 1% 的水平上显著高于非企业集团。其次，从股票回报波动性（*Risk*2）统计结果来看，企业集团子样本组的均值和中位数分别为 0.0176 和 0.0136，分别在 5% 和 10% 的水平上显著高于非企业集团子样本组。以上统计数据均为本章提出的假设 1 提供了初步的支持，即隶属于企业集团的企业有着更高的风险承担水平。

表 1 – 3   单变量分析

变量	样本量	均值	差异	t 值	中位数	差异	Z 值
Group = 1	17427	0.0723	0.1194 ***	– 3.2617	0.1293	0.0855 ***	4.623
Group = 0	5127	0.0329			0.0438		
Group = 1	17427	0.0176	0.0709 **	– 2.1064	0.0136	0.0084 **	1.761
Group = 0	5127	0.0051			0.0052		

1.4　企业集团风险承担功能的实证分析

1.4.1　基本回归结果分析

根据以上分析我们预计企业集团能够显著提高成员企业的风险承担水平，且对非国有企业和地区金融发展程度较弱的企业有着更强的促进作用，即模型（1.1）中 *Group* 的系数应该显著为正，模型（1.2）中交叉项 *Finance* × *Group* 的系数应该显著为负。

表 1 – 4 列示了模型（1）的实证回归结果，从总样本的回归结果看，当以盈利波动性（*Risk*1）作为企业风险承担水平的代理变量，在控制其他变量和年份效应、行业效应后，*Group* 的系数在 5% 的水平上显著为正。当以股票回报波动性（*Risk*2）衡量企业的风险承担水平，控制其他变量和年份效应、行业效应后，*Group* 的系数仍在 5% 的显著性水平上显著为正，这说明企业集团能够显著提高成员企业的风险承担水平，与假设 1.1 的预期保持一致。

从表 1 – 4 分样本回归结果看，无论被解释变量是盈利波动性（*Risk*1）还是股票回报波动性（*Risk*2），和国有企业（*Group*）的系数相比，非国有企业（*Group*）的系数较大，并且更加显著。说明集团化经营显著提高了非国有企业的风险承担水平，这其中的原因可能是相比于国有企业，非国有企业的融资能力较弱，加入企业集团后成员企业之间可以相互扶持，在一定程度上缓解了非国有企业的融资约束问题，使其能够对预期为正的投资项目进行投资，从而提高了成员企业的风险承担能力，而国有企业由于先天的优越条件，能够更加便利地获取银行贷款，加入企业集团或许对国有企业的融资问题并没有很大程度的改善，因此其风险承担能力相比于非国有企业并没有显著的提高，回归结果与假设 1.2 的预期保持一致，并且与李文贵（2015）得出银行关联对国有企业风险承担没有显著影响的结果基本保持一致。

表 1-4　　　　　　　　企业集团、所有权性质与风险承担

变量	盈利波动性（Risk1）			股票回报波动性（Risk2）		
	总样本	国有企业	非国有企业	总样本	国有企业	非国有企业
Group	0.0272 **	0.0015	0.1151 ***	0.0117 **	-0.0036	0.0821 **
	(2.18)	(0.56)	(3.32)	(2.21)	(-0.56)	(2.33)
Growth	-0.0263	0.0172	0.0637	0.0023 *	0.0017	0.0025
	(-0.89)	(0.73)	(1.50)	(1.94)	(1.02)	(1.49)
Roe	0.0391 **	0.0194 *	0.0434	0.0358 ***	0.0399 ***	0.0301 ***
	(2.38)	(1.79)	(1.40)	(5.51)	(4.64)	(3.10)
Cfo	0.0315 *	0.0871	0.0486 *	0.0047 ***	0.0017	0.0039 ***
	(1.79)	(0.44)	(1.91)	(6.79)	(1.06)	(4.93)
Lev	0.1351 ***	0.1916 ***	0.1224 ***	0.0038	0.0053	-0.0094
	(6.81)	(13.15)	(9.30)	(0.48)	(0.45)	(-0.87)
Tang	-0.0932	-0.0152	-0.1236	-0.0275	-0.0284	-0.0418
	(-1.55)	(-0.37)	(-1.11)	(-1.15)	(-0.87)	(-1.20)
Independent	0.0365	-0.0518	0.0163	-0.0341	-0.0209	0.0413
	(0.63)	(-1.30)	(0.15)	(-1.48)	(-0.66)	(1.25)
Top1	0.0119 ***	0.0113 ***	0.0081 **	0.0147 ***	0.0149 ***	0.0167 ***
	(5.05)	(5.91)	(2.13)	(15.84)	(9.82)	(13.96)
Size	0.0545 ***	0.0559 ***	0.0603 ***	0.1334 ***	0.1483 ***	-0.1376 **
	(10.72)	(15.12)	(6.59)	(4.57)	(10.61)	(-2.26)
Age	0.0035	-0.0283	0.0518	-0.0461 ***	-0.0171	-0.0396 ***
	(0.14)	(-1.45)	(1.21)	(-4.58)	(-1.11)	(-2.96)
Duality	0.0257 ***	0.0330 ***	0.01983 *	0.0052	-0.0018	0.0017
	(3.67)	(6.04)	(1.75)	(0.19)	(-0.42)	(0.48)

变量	盈利波动性（Risk1）			股票回报波动性（Risk2）		
	总样本	国有企业	非国有企业	总样本	国有企业	非国有企业
Constant	1.0382 ***	1.1741 ***	1.1262 ***	1.9211 **	3.0184 ***	1.4827
	(8.21)	(12.56)	(4.86)	(2.53)	(8.14)	(0.93)
YearD	YES	YES	YES	YES	YES	YES
IndustryD	YES	YES	YES	YES	YES	YES
R – squared	0.5906	0.5782	0.4403	0.1611	0.1379	0.1845
N	22554	10895	11659	22554	10895	11659

注：*** 、** 、* 分别表示在1%、5%、10%显著性水平上显著，括号内为 t 统计值。

    表 1 – 5 报告了模型（1.2）的回归结果，当被解释变量分别为盈利波动性（Risk1）和股票回报波动性（Risk2）时，控制其他变量和年份效应、行业效应后，从第（2）列和第（4）列的回归结果可以看出，第（2）列解释变量 Finance 的回归系数在 10% 水平下显著为正，而第（4）列 Finance 的系数为正但不显著，这说明金融发展程度较高的地区，由于融资环境较为便利，企业获取资金支持较为容易，使企业有充足的资金进行高风险的投资，对企业风险承担能力有积极的影响。同时交叉项 Finance × Group 回归系数分别在 5% 和 1% 的显著性水平上显著为负，说明当地区金融发展水平较弱时，企业集团更易于发挥其优势作用，对企业的风险承担水平的促进作用更强，这主要是因为企业集团弥补了金融发展程度较弱带来的融资不便利的缺陷，解决了企业进行高风险投资资金不足的问题，较大程度提高了企业的风险承担水平，上述回归结果与假设 1.3 预期一致，验证了本章的假说 1.3。

表 1 – 5   企业集团、金融发展水平与风险承担

变量	盈利波动性（Risk1）		股票回报波动性（Risk2）	
	(1)	(2)	(3)	(4)
Group	0.0272 **	0.0393 *	0.0117 **	0.0163
	(2.18)	(1.79)	(2.21)	(1.50)

续表

变量	盈利波动性（Risk1）		股票回报波动性（Risk2）	
	（1）	（2）	（3）	（4）
Finance		0.1832 * (1.72)		0.1317 (1.20)
Finance × Group		-0.1227 ** (-2.10)		-0.0394 *** (-3.04)
Growth	-0.0263 (-0.89)	-0.0026 (-0.89)	0.0023 * (1.94)	0.0023 * (1.95)
Roe	0.0391 ** (2.38)	0.0391 ** (2.38)	0.0358 *** (5.51)	0.0358 *** (5.51)
Cfo	0.0315 * (1.79)	0.0032 * (1.80)	0.0047 *** (6.79)	0.0047 *** (6.76)
Lev	0.1351 *** (6.81)	0.1352 *** (6.81)	0.0038 (0.48)	0.0037 (0.47)
Tang	-0.0932 (-1.55)	-0.0933 (-1.55)	-0.0275 (-1.15)	-0.0273 (-1.14)
Independent	0.0365 (0.63)	0.0367 (0.63)	-0.0341 (-1.48)	-0.0345 (-1.49)
Top1	0.0119 *** (5.05)	0.0119 *** (5.05)	0.0147 *** (15.84)	0.0147 *** (15.83)
Size	0.0545 *** (10.72)	-0.0545 *** (-10.72)	0.1334 *** (4.57)	0.0023 (0.12)
Age	0.0035 (0.14)	0.0034 (0.13)	-0.0461 *** (-4.58)	-0.0461 *** (-4.57)
Duality	0.0257 *** (3.67)	0.0257 *** (3.68)	0.0052 (0.19)	0.0045 (0.16)
Constant	1.0382 *** (8.21)	1.0379 *** (8.21)	1.9211 ** (2.53)	0.0172 (0.34)
YearD	YES	YES	YES	YES
IndustryD	YES	YES	YES	YES
R-squared	0.5906	0.5906	0.1611	0.1547
N	22554	22554	22554	22554

注：***、**、*分别表示在1%、5%、10%显著性水平上显著，括号内为t统计值。

本章的研究可能存在内生性问题，即使在我们的研究中控制了部分变量，但还是无法排除可能遗漏的与企业集团相关变量所带来的影响（遗漏变量偏误）。此外，企业集团对成员企业风险承担水平的影响可能存在反向因果，即并不是企业集团提高了成员企业风险承担水平，而是风险承担水平越高的企业更倾向于加入企业集团。

为解决本章存在的内生性问题，我们采用工具变量进行回归。在企业集团形成和发展的过程中，为促进企业集团蓬勃发展，我国各级政府先后出台了一系列相关文件来不断调整和优化集团内部结构，我们将这些文件称为促进集团发展的政策（Policy），考虑到该促进文件是政府在宏观层面提出的，因此可以认为其具有良好的外生性。蔡卫星、高洪民（2017）以及蔡卫星（2019）在研究集团化经营与企业 R&D 投资和企业创新之间的关系，均采用该种方法构造企业集团的工具变量。

在中国计划经济体制的影响下，"条块分割"影响我国各地区和部门之间的交流，在此期间，中国并没有形成真正意义上的企业集团（Keister, 1998）。直到 2003 年国务院国资委正式成立，全国各地纷纷设立国有资产管理机构。国资委的成立意味着国有资产的管理有了重大突破，改变了国有资产分布过宽的状况，使国有企业产权具有统一的出资管理人，这为中国企业采用集团化联合经营模式奠定了基础。2006 年 12 月 5 日，国务院办公厅向全国转发《国资委关于推进国有资本调整和国有企业重组指导意见》的通知。在该指导意见中，国资委重点强调"要鼓励大型企业进行兼并重组，优化国有资产配置结构，促进企业联合经营……形成合理的产业集中度，最终形成大型企业集团经营模式"。此后，地方政府高度响应中央政策，北京市、深圳市、天津市等地方政府部门也接连出台关于国有资产兼并重组，致力于打造具有核心竞争力的企业集团的相关政策。因此，我们系统收集了各地区国有企业主管部门的相关政策，将这些政策统称为"企业集团促进政策"。我们参考蔡卫星、高洪民（2017）以及蔡卫星（2019）的处理方法，通过构造促进企业集团发展的相关政策 Policy 变量和公司初始年份通股比重（Trade）的交互项 Policy × Trade 作为 Group 的工具变量，采用两阶段最小二乘法重新进行回归。需要说明的是我们使用该工具变量中的对照组不仅包括那些不属于集团化经营的企业，而且还包括那些起初没有加入企业集团而在政策出台后加入企业集团的公司。

表1-6报告了工具变量的回归结果，从回归结果看，第一阶段的F值远远高于弱工具变量的门槛，说明本章所采用的工具变量可行。从第二阶段的回归结果来看，无论是基于盈利波动性（Risk1）还是股票回报波动性（Risk2），当控制其他变量和年份效应、行业效应后，企业集团变量（Group）均在1%的显著性水平下高度显著为正，这说明在考虑了内生性问题后，回归结果保持不变，企业集团仍然对企业的风险承担能力起到显著的促进作用，再一次说明了本章结论的稳健性。

表1-6　　　　　　　　　　　　工具变量回归结果

变量	第一阶段	第二阶段	第二阶段
	Group	盈利波动性（Risk1）	股票回报波动性（Risk2）
Group		0.0390 ** (2.38)	0.0709 * (1.74)
Policy × Trade	0.0258 * (1.66)		
X	控制	控制	控制
Duality	0.0116 *** (4.94)	0.0151 *** (4.77)	0.0335 * (1.90)
Constant	0.6293 *** (31.01)	0.2141 *** (48.98)	0.0672 (1.54)
YearD	YES	YES	YES
IndustryD	YES	YES	YES
R - squared	0.6407	0.5907	0.1576
N	22554	22554	22554
F	112.84		

注：***、**、*分别表示在1%、5%、10%显著性水平上显著，括号内为t统计值。

1.4.2　影响机制检验

从上述实证结果看，无论是以盈利性波动性还是以股票波动性作为企业风险承担的代理变量，均支持了企业集团能够显著提高成员企业的风险承担水平这一假说。下面我们将进一步分析其影响机制。较高的风险承担水平意味着企业在投资过程中，可以选择具有高回报的投资项目，以及产生更高的资本性支出（Bargeron，2010），这意味着企业可以更加充分把握住有利的投资机会。企业集团作为一种特殊的组织形式，能够提高企业的风险承担水平，使企业进行更多预期净现值为正的投资。诚如本章之前的理论分析，一方面，隶属于集团的企业能够通过内部资金融通，缓解内部融资约束问题；另一方面，集团化经营的企业之间可以相互提供担保，以获得更多、更长期的银行贷款，缓解企业面临的外部融资困境。综上所述，我们预期企业集团可以从企业内部和外部两个层面缓解企业融资约束问题，进而提高企业的风险承担水平。

1. 基于内部现金流视角

企业的风险承担能力决定着企业能否对净现值为正但具有高风险的项目进行投资，以实现企业价值最大化（Fama and Miller，1972）。然而，企业在投资时通常会面临融资约束的问题，因而不得不放弃一些 NPV 为正的投资项目。企业集团作为一种特殊的组织形式，可以弥补企业在投资过程中的资金不足。首先，当成员企业受到融资约束时，企业集团可以利用其优越的内部资本市场，将资金充裕的企业的现金流分配到资金短缺的成员企业，通过内部资金再配置缓解企业融资约束问题。本章参照贝伦松和贝尔科维茨（Belenzon and Berkovitz，2010）以及贺勇和刘冬荣（2011）所用方法，构建内部现金流短缺（Cash_short）的代理变量。

为了检验企业集团是否通过解决集团成员企业内部现金流短缺问题，来提高企业风险承担水平，构造如下模型：

$$Risk_{i,t} = \beta_0 + \beta_1 Group_{i,t} + \beta_2 Cash\_short_{i,t} + Group_{i,t} \times Cash_{short}$$
$$+ \beta_4 X_{i,t} + \sum Year + \sum Industry + \varepsilon_{i,t} \tag{1.5}$$

其中 Group 是集团哑变量，Cash_short 是企业内部现金流短缺的代理变量，X 表示控制变量，详见表 1 – 1。

从表 1 – 7 回归结果看，无论被解释变量为盈利波动性（Risk1）还是股票回报波动性（Risk2），Cash_short 的系数均显著为负，这说明企业面临的内部现金流短缺对企业的风险承担能力有负向的影响，同时 *Group* 和交叉项 *Group* × *Cash_short* 的系数均显著为正，说明集团化经营可以通过缓解企业的内部现金流短缺，进而提高企业的风险承担水平，从而验证了"企业集团—缓解内部现金流短缺—增强企业风险承担能力"的影响机制。

表 1 – 7　　　　　　　　　　缓解内部现金流短缺影响机制检验

变量	盈利波动性（Risk1）		股票回报波动性（Risk2）	
Group	0. 0272 ** (2. 18)	0. 0132 ** (2. 27)	0. 0117 ** (2. 21)	0. 0151 * (1. 74)
Cash_short		– 0. 0264 * (– 1. 89)		– 0. 0711 ** (– 2. 05)
Group × *Cash_short*		0. 0240 ** (2. 04)		0. 0314 * (1. 79)
X	控制	控制	控制	控制
Duality	0. 0257 *** (3. 67)	0. 0251 *** (3. 58)	0. 0052 (0. 19)	0. 0808 (1. 34)
Constant	1. 0382 *** (8. 21)	1. 0235 *** (8. 07)	1. 9211 ** (2. 53)	0. 0074 ** (2. 31)
YearD	YES	YES	YES	YES
IndustryD	YES	YES	YES	YES
R – *squared*	0. 5906	0. 5364	0. 1611	0. 1447
N	22554	22554	22554	22554

注：*** 、** 、* 分别表示在1%、5%、10%显著性水平上显著，括号内为 t 统计值。

2. 基于银行贷款视角

众所周知，企业进行投资需要足够的资金支持，银行贷款始终是企业获得外部融资的重要来源（Allan，2005），而根据中国的信贷制度规则，企业要想获得银行贷款支持，需要提供可靠的担保或者有效的抵押品，因此企业所提供担保的可靠程度和抵押品规模决定了企业最终可以获得银行贷款的规模。企业集团作为一种组织形式，可以有效解决企业贷款的担保问题。集团成员企业之间可以通过相互提供担保获得更多的银行贷款，弥补投资资金不足，增强自身的风险承担能力。

为检验企业集团的成员之间是否通过相互担保获得银行贷款支持，使企业有足够资金进行高风险投资，增强企业的风险承担能力，我们使用中介效应模型（Baron and Kenny，1986）来进行验证。参考温忠麟、叶宝娟（2014）的研究，银行贷款担保发挥中介效应的作用需要满足以下三个条件：（1）用风险承担变量（$Risk1$）或（$Risk2$）对集团哑变量（$Group$）进行回归，其回归结果达到显著水平；（2）用中介变量（$Guarantee$）对企业集团变量（$Group$）进行回归，其回归系数显著；（3）用风险承担变量（$Risk1$）或（$Risk2$）同时对企业集团变量（$Group$）与中介变量（$Guarantee$）进行回归，中介变量（$Guarantee$）系数显著。当集团变量（$Group$）不再显著或者显著性变弱时，贷款担保发挥中介效应。因此我们在式（1.1）的基础上设定了式（1.4）和式（1.5），来检验集团成员的银行贷款担保是否发挥中介效应影响企业的风险承担能力。

$$Guarantee_{i,t} = \gamma_0 + \gamma_1 Group_{i,t} + \gamma_2 X_{i,t} + \sum Year + \sum Industry + \varepsilon_{i,t}$$
$$(1.6)$$

$$Risk_{i,t} = \delta_0 + \delta_1 Group_{i,t} + \delta_2 Guarantee_{i,t} + \delta_3 X_{i,t}$$
$$+ \sum Year + \sum Industry + \varepsilon_{i,t} \qquad (1.7)$$

式（1.7）中的 $Guarantee$ 为样本公司是否获得外部贷款担保的虚拟变量，如果企业获得其他成员企业的担保，则 $Guarantee$ 取值为 1，否则取值为 0；X 表示控制变量，与前文的定义一致。由于 $Guarantee$ 为二值变量，因此对式（1.4）我们采用 Logit 回归。

从表 1 – 8 的实证结果看，第（1）列中 $Group$ 的系数显著为正，表明相比于独立的公司，隶属于企业集团的成员公司更可能获得贷款担保。第（2）列和第（4）列 $Group$ 的系数显著为正，而当我们在模型中加入 $Guarantee$ 时，第（3）列 $Group$ 系数显著性降低，第（5）列 $Group$ 的系数不再显著，$Guarantee$ 的系数分别在 1% 和 10% 的显著性水平下显著为正，这表明 $Group$ 对企业风险承担的促进作用是通过 $Guarantee$ 这一中介变量实现的，从而证实了企业集团的担保机制在起作用，提高了成员企业的风险承担水平。

表1-8   银行贷款中介效应机制检验

变量	Guarantee	盈利波动性（Risk1）		股票回报波动性（Risk2）	
	（1）	（2）	（3）	（4）	（5）
Group	0.0514 **	0.0272 **	0.0023 *	0.0117 **	0.0106
	(2.32)	(2.18)	(1.83)	(2.21)	(0.34)
Guarantee			0.0147 ***		0.0426 *
			(3.61)		(1.94)
X	控制	控制	控制	控制	控制
Duality	0.0046 ***	0.0257 ***	-0.0528	0.0052	0.0174
	(2.71)	(3.67)	(-1.15)	(0.19)	(-0.84)
Constant	0.2609 ***	1.0382 ***	1.3963 ***	1.9211 **	2.1914 ***
	(8.32)	(8.21)	(10.02)	(2.53)	(6.27)
YearD	YES	YES	YES	YES	YES
IndustryD	YES	YES	YES	YES	YES
R-squared	0.1771	0.5906	0.5543	0.1611	0.1363
N	6150	6150	6150	6150	6150

注：***、**、*分别表示在1%、5%、10%显著性水平上显著，括号内为t统计值。

1.4.3 异质性分析

1. 地区产权保护强度异质性分析

希拉里和惠（2009）研究认为企业的风险承担能力受到地区产权保护制度的影响，余明桂、李文贵（2013）研究民营化对企业风险承担能力的影响时，发现在产权保护制度较弱的地区，民营化对企风险承担的影响更加显著。产权保护完善的地区使企业资源不易受到外部的侵害和掠夺，这决定了企业尤其是民营企业能否方便快捷地从外部获得资金，产权保护状况较差的企业往往难以从外部获得银行贷款，使企业没有足够的资金进行高风险的投资，降低了企业的风险承担能力，而企业集团的存在能够使成员企业通过彼此间的相互担保获得更多、更长期的银行贷款，缓解企业因为产权保护环境差所面临的融资约束，增加企业对高风险但高收益的投资项目的投资机会，提升企业风险承担，因此，我们预测，企业集团对经营所在地产权保护较弱的企业有着更加显著的影响，基于此，我们在樊纲《中国市场化指数》中选取各省份"对生产者合法权益的保护"的得分值（PR）作为企业产权保护强度，该项分值越高，说明企业所在省份产权保护越完善，我们按照PR值大小将其分为两组进行异质性分析，当PR值大于均值时，被认为地区产权保护较强，反之，则认为地区产权保护较弱，分样本回归结果如下（见表1-9）。

表1-9　　　　　　　不同产权保护承担异质性分析

变量	盈利波动性（Risk1）		股票回报波动性（Risk2）	
	产权保护强	产权保护弱	产权保护强	产权保护弱
Group	-0.0112 (-0.73)	0.1212 ** (2.15)	0.0579 * (1.81)	0.2872 *** (2.92)
X	控制	控制	控制	控制
Duality	0.0679 *** (5.34)	0.2271 *** (4.52)	0.0275 (1.01)	-0.0403 (-0.46)
Constant	1.3217 *** (7.61)	1.09337 (1.19)	3.0184 *** (8.14)	1.4817 (0.93)
YearD	YES	YES	YES	YES
IndustryD	YES	YES	YES	YES
R - squared	0.5271	0.6166	0.1472	0.4244
N	13162	9392	13162	9392

注：*** 、** 、* 分别表示在1%、5%、10%显著性水平上显著，括号内为t统计值。

从上述回归结果看，无论以盈利波动性（Risk1）还是股票波动性（Risk2）作为风险承担的代理变量，Group 的系数在产权保护弱的样本中均高度显著，该回归结果可以解释为：由于产权保护程度较强的地区有着更加便利的融资环境，集团化经营对其融资环境没有多大改善，因此对企业的风险承担水平影响较小。相反，在产权保护较弱的地区，企业尤其是民营企业融资困难，常常因为资金短缺不能进行高风险的投资，企业集团较好地解决了这些企业面临的融资约束问题，使它们能够进行高风险的投资，因此在产权保护较弱的地区，企业集团对成员企业的风险承担能力有着更加显著的影响。

2. 不同风险承担水平的异质性分析

为进一步检验集团化经营对企业风险承担水平的影响，我们将样本分成高风险组和低风险组，当 Risk 高于其均值，则认定为高风险承担组，如果低于均值，则认定为低风险承担组。我们预期集团化经营对低风险承担组有着更加显著的影响，因为高风险承担组本身具有较高的风险承担能力，可能对集团化经营这一组织形式提高企业风险承担能力表现得并不敏感，而低风险承担组则反之。

表 1 - 10 回归结果报告了企业集团对不同风险承担水平样本的影响，从回归数据看，相比于高风险承担组，低风险承担组 Group 的系数更大且更加显著，这说明企业集团对低风险承担组有着更加显著的影响，原因可能是低风险组的成员企业能够通过集团化经营这一特殊的组织形式来缓解自身面临的融资困境，通过企业集团内部的资源的重新配置和外部担保获得更多的资金进行高风险的投资，提升自身的风险承担能力，这与预期保持一致。

表 1 - 10　　　　　　　　不同风险承担水平异质性分析

变量	盈利波动性（Risk1）		股票回报波动性（Risk2）	
	高风险承担组	低风险承担组	高风险承担组	低风险承担组
Group	0.0107 * （1.84）	0.2038 *** （3.08）	0.0081 （1.62）	0.1189 *** （4.27）
X	控制	控制	控制	控制
Duality	1.9590 *** （2.58）	2.3569 *** （2.82）	3.1325 *** （8.32）	1.5221 （0.93）
Constant	0.5248 *** （8.41）	0.0174 *** （3.83）	0.1327 *** （4.04）	0.1188 *** （3.07）
YearD	YES	YES	YES	YES
IndustryD	YES	YES	YES	YES

续表

变量	盈利波动性（Risk1）		股票回报波动性（Risk2）	
	高风险承担组	低风险承担组	高风险承担组	低风险承担组
$R-squared$	0.6993	0.6610	0.1166	0.1585
N	4604	17950	12833	9721

注：***、**、*分别表示在1%、5%、10%显著性水平上显著，括号内为t统计值。

1.4.4 稳健性检验

1. 控制 CEO 特征变量

现有不少研究认为 CEO 的特征可能会对企业风险承担产生影响，例如，罗森布里特等（Rosenblitt et al.，2001）认为 CEO 对企业的风险态度因性别的不同而存在差异，一些财务学相关文献也发现在公司投资和管理决策中，男性更加激进，而女性更加保守。法西奥等（Faccio et al.，2016）发现女性 CEO 所管理公司的资产负债率和盈利波动性更低，这说明相对于男性 CEO，女性 CEO 更加能够规避风险，这表明 CEO 性别会影响企业的风险承担能力。另外，余明桂等（2013）认为，高年龄的 CEO 更加倾向于规避风险，教育水平更高的管理者更加相信自身的能力和判断的准确性，敢于尝试冒险。马尔曼迪尔和泰特（Malmendier and Tate，2005）认为有经管类教育背景的管理者，对风险和收益的理解可能更加深刻，从而表现出冒险行为的可能性更弱。

从表 1-11 和表 1-12 的回归结果看，无论以企业盈利波动性（Risk1）还是股票波动性（Risk2）作为企业风险承担能力的代理变量，当在模型中加入 CEO 特征，全样本 Group 的系数依然显著为正，交叉项 Finance×Group 的系数显著为负，分样本回归结果显示，非国有企业 Group 的系数大小和显著性水平均高于国有企业，这与前文回归结果保持一致，且衡量 CEO 特征的变量 Gender、CEOAge、Education、Background 回归系数基本均为正，与之前相关研究结果保持一致，说明我们的结论稳健。

表 1 - 11 控制 CEO 特征回归结果（*Risk*1）

变量	盈利波动性（Risk1）			
	全样本	全样本	国有企业	非国有企业
Group	0.0114 ** (2.16)	0.0189 * (1.85)	0.0052 (0.56)	0.0121 *** (5.14)
Finance		0.0196 * (1.80)		
Finance × Group		- 0.0463 * (- 1.90)		
X	控制	控制	控制	控制
Gender	0.0075 (0.53)	0.0082 (0.26)	0.0189 * (1.85)	0.0463 * (1.90)
CEOAge	0.0067 (1.21)	0.0067 (1.41)	0.0135 *** (3.57)	0.0314 *** (3.10)
Education	0.0501 *** (5.64)	0.0341 *** (3.65)	0.0079 (1.31)	0.1011 *** (6.18)
Background	0.0068 (0.88)	0.0070 (0.67)	0.0113 ** (2.23)	- 0.0132 (- 0.88)
Duality	0.0285 *** (4.06)	0.0263 *** (4.32)	0.0315 *** (5.76)	0.0309 *** (2.71)
Constant	1.0087 *** (7.93)	1.0084 *** (5.71)	1.1730 *** (12.48)	1.0918 *** (4.69)
YearD	YES	YES	YES	YES
IndustryD	YES	YES	YES	YES
R - squared	0.5923	0.5647	0.5799	0.4362
N	22554	22554	10895	11659

注：***、**、* 分别表示在 1%、5%、10% 显著性水平上显著，括号内为 t 统计值。

表 1 - 12　　　　　　　　　**控制 CEO 特征回归结果（Risk2）**

变量	盈利波动性（Risk2）			
	全样本	全样本	国有企业	非国有企业
Group	0.1210 ** (2.10)	0.0217 * (1.75)	0.0024 * (1.88)	0.0157 *** (2.80)
Finance		0.0023 * (1.94)		
Finance × Group		− 0.0184 ** (− 2.50)		
X	控制	控制	控制	控制
Gender	0.0036 (0.64)	0.0032 (0.95)	0.0027 (1.14)	0.0037 (0.48)
CEOAge	0.0015 (0.70)	0.0018 (− 0.45)	0.0152 (0.47)	0.0047 (1.48)
Education	− 0.0014 (− 0.38)	− 0.0013 (− 0.41)	0.0038 (0.49)	0.0091 * (1.76)
Background	0.0085 (0.28)	0.0089 (0.29)	0.0022 (0.76)	0.0019 (0.42)
Duality	0.0063 (0.22)	0.0056 (0.20)	0.0038 (0.49)	0.0029 (0.81)
Constant	0.0124 (0.25)	0.0125 (0.34)	0.0329 (0.14)	− 0.0542 (− 0.74)
YearD	YES	YES	YES	YES
IndustryD	YES	YES	YES	YES
R − squared	0.1617	0.1608	0.1612	0.1862
N	22554	22554	10895	11659

注：*** 、** 、* 分别表示在 1% 、5% 、10% 显著性水平上显著，括号内为 t 统计值。

2. 重新计算被解释变量（Risk1）

现有不少研究认为高管任职期限能够影响企业的风险承担水平，企业高管在任时期越长，对公司业务更加熟知，且随着企业高管任职期限的增加，高管建立的各种人脉关系，例如政治关联、银行关联等，会对企业的各种投资决策产生影响，进而影响企业的风险承担能力（Gervais and Heaton，2003），而我国上市公司高管的任职期限一般以 3 年为一个周期，因此，所以我们采取余明桂（2013）的做法，以 3 年（$t-1$，$t+1$）为一个观测阶段，按照滚动法重新计算盈利波动性，并进行回归，其结果如下（见表 1–13）：

表 1–13   重新计算盈利波动性回归结果

变量	盈利波动性（$Risk1$）			
	全样本	全样本	国有企业	非国有企业
Group	0.0250 ***	0.0253 **	−0.0026	0.0396 ***
	(2.60)	(2.55)	(−0.29)	(2.65)
Finance		0.0298 *		
		(1.69)		
Finance × Group		−0.0123 ***		
		(2.92)		
X	控制	控制	控制	控制
CEO 特征	控制	控制	控制	控制
Duality	0.0268 ***	0.0278 ***	0.0454 ***	0.0138
	(3.56)	(3.52)	(7.35)	(1.10)
Constant	1.1265 ***	1.1264 ***	1.2842 ***	1.1273 ***
	(8.29)	(8.72)	(12.16)	(4.42)
YearD	YES	YES	YES	YES
IndustryD	YES	YES	YES	YES
R − squared	0.4042	0.3728	0.4383	0.5138
N	22554	22554	10895	11659

注：***、**、*分别表示在1%、5%、10%显著性水平上显著，括号内为 t 统计值。

从表 1–13 回归结果来看，当以 3 年为一个观测阶段计算盈利波动性并控制 CEO 特征时，总样本 Group 系数依然在 1% 显著性水平下高度显著为正，交叉项 Finance × Group 系数在 1% 显著性水平上依然显著为负，这说明企业集团能够提高成员企业的风险承担能力，且在金融发展程度较弱的地区对企业的风险承担能力有着更加显著的促进作用。从国有企业回归结果看，*Group* 的系数尽管为负，但是不显著，而非国有企业（*Group*）的系数在1%水平下显著为正，这说明集团化经营对非国有企业的风险承担水平有着更加显著的影响。因此，当我们以3年为一个观测段，用盈利波动性作为企业风险承担的代理变量时，其结果依然稳健。

3. 更换被解释变量

用企业盈利波动性和股票回报率波动性是企业风险承担能力的传统衡量指标，但是，由于创新性以及预期净现值（NVP）为正的投资项目一般都具有高风险的特征，所以在经济意义上，资本性支出可以更好地衡量企业的投资水平，较高的风险承担能力意味着企业能够进行更多长期的、有价值的高风险投资。因此，我们根据科尔斯等（Coles et al.，2006）和巴杰伦（Bargeron et al.，2010）研究风险承担所采用的方法，以企业年度资本性支出作为被解释变量，进一步对上述回归结果进行稳健性检验，其回归结果如下（见表1-14）：

表1-14　　　　　　　　　更换被解释变量回归结果

变量	资本性支出（capital expenditure）			
	全样本	全样本	国有企业	非国有企业
Group	0.0048 *** (3.48)		0.0021 (1.48)	0.0063 *** (3.55)
Finance		0.0034 (0.50)		
Finance × Group		-0.0311 ** (-1.98)		
X	控制	控制	控制	控制
CEO 特征	控制	控制	控制	控制
Duality	0.0290 *** (6.59)	0.0155 *** (2.84)	0.0413 *** (6.36)	0.2320 *** (2.91)

变量	资本性支出（capital expenditure）			
	全样本	全样本	国有企业	非国有企业
Constant	0.3231 *** (17.16)	0.3057 *** (13.49)	0.2632 *** (8.48)	0.1327 *** (4.04)
YearD	YES	YES	YES	YES
IndustryD	YES	YES	YES	YES
R – squared	0.1756	0.1942	0.2172	0.1904
N	19385	19385	9237	10148

注：*** 、** 、* 分别表示在 1%、5%、10% 显著性水平上显著，括号内为 t 统计值。

从表 1 - 14 的回归结果看，当被解释变量为资本性支出，总样本 *Group* 回归结果显著为正，且交叉项 *Finance × Group* 系数显著为负，说明集团化经营可以显著提高企业的风险承担能力，并且对金融发展程度较弱地区的企业有着更强的促进作用。同时，从分样本的回归结果看，非国有企业 *Group* 的系数不仅显著为正，而且大于国有企业的回归系数，这说明企业集团对非国有企业的风险承担能力有着更加显著的影响。总之，当我们以资本性支出作为企业风险承担能力的代理变量，回归结果依然保持稳健。

4. 基于倾向得分匹配方法

为了进一步检验本章结论的可靠性，我们以盈利波动性（*Risk*1）作为企业风险承担能力的代理变量并运用 PSM（倾向得分匹配）方法对样本进行匹配。本章将集团化经营的企业设定为处理组，将非集团化经营的企业设定为对照组，然后对研究样本进行一对一的匹配以缓解样本选择带来的偏误，第一阶段的被解释变量为企业集团哑变量，我们根据其得分值进行匹配，匹配后重新进行回归，回归结果显示本章结论同样成立。

从表 1 - 15 的平衡检验结果来看，PSM 匹配后各个控制变量的 t 值不能拒绝样本控制组和处理组无差的假设，这说明，在我们对样本进行 PSM 匹配后，企业集团样本和非企业集团样本之间的特征性差异在较大程度上得到了消除。从表 1 – 16 的回归结果看，我们样本进行匹配后重新进行回归，从回归结果看，全样本 *Group* 的系数在 5% 水平下为正，交叉项 *Finance × Group* 的回归系数在 5% 显著性水平下依然显著为负。分样本的回归结果显示，国有企业（*Group*）的系数尽管为负，但是不显著，而非国有企业（*Group*）的系数在 1% 的显著性水平下显著为正，与前文回归结果保持一致，再次表明本章结论的可靠性。

表 1 – 15　　　　　　　　　　PSM 匹配平衡性检验

变量		Mean		t – test	Reduct（%）
		Group = 1	*Group* = 0		｜bias｜
Growth	Unmatched	0.2772	0.3464	– 5.39 ***	
	Matched	0.2799	0.2920	– 1.44	82.6
Roe	Unmatched	0.0569	0.0599	4.47 ***	
	Matched	0.7790	1.6654	– 1.33	138.0
Cfo	Unmatched	0.7790	1.6654	– 29.97 ***	
	Matched	0.7784	0.7544	1.04	96.2
Lev	Unmatched	0.4790	0.3502	38.83 ***	
	Matched	0.4746	0.4862	– 1.13	91.0
Tang	Unmatched	0.4834	0.4588	2.89 ***	
	Matched	0.4841	0.5037	0.26	80.3
Independent	Unmatched	0.3647	0.3735	– 10.72 ***	
	Matched	0.3648	0.3607	– 1.90 *	52.3
Q	Unmatched	1.9698	2.2905	– 15.07 ***	
	Matched	1.9841	2.0253	– 0.89	87.1
Size	Unmatched	21.943	21.151	41.67 ***	
	Matched	21.888	21.819	0.50	91.4
Age	Unmatched	2.6205	2.4983	18.55 ***	
	Matched	2.6169	2.6145	0.54	98.1

表1-16　　　　　　　　　　倾向得分匹配（PSM）回归结果

变量	盈利波动性（risk1）			
	全样本	全样本	国有企业	非国有企业
Group	0.0124 ** (1.97)	0.0211 *** (2.68)	-0.0219 (-0.18)	0.0876 *** (2.97)
Finance		0.0368 * (1.91)		
Finance × Group		-0.0032 ** (-2.32)		
X	控制	控制	控制	控制
CEO 特征	控制	控制	控制	控制
Duality	0.0527 *** (6.23)	0.0372 * (1.91)	0.0777 *** (8.52)	0.1339 *** (2.80)
Constant	0.3786 *** (2.84)	2.0472 ** (2.12)	0.2208 (1.14)	0.5324 *** (2.65)
YearD	YES	YES	YES	YES
IndustryD	YES	YES	YES	YES
R - squared	0.3793	0.2216	0.1324	0.1547
N	16914	16914	7896	9018

注：*** 、** 、* 分别表示在1%、5%、10%显著性水平上显著，括号内为 t 统计值。

我们同样对股票波动性（Risk2）进行 PSM 匹配然后进行回归，同时还以制造业这个特殊行业的数据为样本进行回归分析，以上检验结果不存在实质性改变，说明本章的结论比较稳健。

1.4.5　进一步的分析：风险承担的经济后果

风险承担对企业经济能否持续发展起着重要作用，为使企业价值最大化，企业管理者应该充分利用那些高风险但预期净现值为正的投资机会，使企业实现长期高速发展。因此，风险承担能力的高低会对企业的经济行为产生影响，我们将从以下几个方面分析风险承担的经济后果。

1. 风险承担对资本配置效率的影响

较高的资本配置效率意味着企业会减少低回报的投资项目，而增加高回报的投资项目（李青原等，2010），我们沿用迈凯伦等（McLaren et al.，2012）和余明桂等（2013）的研究方法，用企业投资对边际 Q 值的敏感性来衡量企业的资本配置效率，我们设定如下模型：

$$Inv_{i,t} = \alpha + \beta_0 Q_{i,t-1} + \beta_1 Risk_{i,t} + \beta_2 Cash_{i,t-1} + \beta_3 Q_{i,t-1} \times Risk_{i,t}$$
$$+ \beta_4 X_{i,t} + \sum Year + \sum Industry + \varepsilon_{i,t} \quad\quad (1.8)$$

其中，$Inv_{i,t}$ 为企业投资水平，用购建固定资产、无形资产和其他长期资产所支付的现金除以期初总资产表示。$Q_{i,t-1}$ 为企业滞后一期的托宾 Q 值取自然对数，$Cash_{i,t-1}$ 为企业滞后一期的经营活动产生的现金流除以期初总资产。$Risk_{i,t}$ 表示企业风险承担能力，当 $Risk_{i,t}$ 高于样本均值，则将其赋值为 1，否则为 0。如果较高的风险承担水平能够显著提高企业的资本配置效率，则我们应该关心交互项 $Q_{i,t-1} \times Risk_{i,t}$ 的系数，且该系数应该显著为正，$X_{i,t}$ 代表控制变量，其定义详见表 1-1。

表 1-17 列出了风险承担对企业资本配置效率的影响结果。从全样本回归结果看，当以盈利波动性（Risk1）作为企业风险承担的代理变量，列（1）$Q_{i,t-1}$ 的系数在 1% 的水平下显著为正，交叉项 $Q_{i,t-1} \times Risk1$ 的系数在 10% 的水平下显著为正。从分样本的回归结果看，和第（3）列相比，列（2）$Q_{i,t-1}$ 的系数大小更大，且显著性水平更高，这说明在高风险承担组，企业投资对边际 Q 值更加敏感。同样，从全样本回归结果看，当以股票回报波动性（Risk2）衡量企业的风险承担水平时，第（4）列 $Q_{i,t-1}$ 的系数在 5% 的水平下显著为正，交叉项 $Q_{i,t-1} \times Risk2$ 的系数在 10% 的水平下显著为正，分样本回归中，高风险承担组中，$Q_{i,t-1}$ 在 1% 的水平下显著为正，而低风险承担组中，$Q_{i,t-1}$ 的系数尽管为正，但不显著，这说明相比于低风险承担，高风险承担能力的企业能够对投资机会识别和利用得更加充分。因此，我们认为较高的风险承担能够提高企业的资本配置效率。

表 1 - 17　　　　　　　　　　风险承担对资本配置效率的影响

变量	总样本	高风险组	低风险组	总样本	高风险组	低风险组
	(1)	(2)	(3)	(4)	(5)	(6)
$Q_{i,t-1}$	0.0113 *** (4.02)	0.0149 *** (4.50)	0.0013 (0.54)	0.0047 ** (2.21)	0.0130 *** (4.42)	0.0018 (0.77)
$Cash_{i,t-1}$	0.0718 * (1.80)	0.0018 (0.30)	− 0.0085 (− 0.15)	0.0721 * (1.81)	0.0039 (0.51)	0.0076 (1.52)
$Risk1$	0.0083 (− 0.64)					
$Q_{i,t-1} \times Risk1$	0.0162 * (1.92)					
$Risk2$				− 0.0032 (− 0.31)		
$Q_{i,t-1} \times Risk2$				0.0049 * (1.82)		
X	控制	控制	控制	控制	控制	控制
$Duality$	0.0015 (1.39)	0.0024 * (1.93)	0.0014 (0.54)	0.0154 (1.41)	0.0051 (0.28)	0.0208 (1.40)
$Constant$	0.0968 *** (4.99)	0.1056 *** (4.28)	0.1366 *** (2.93)	0.0938 *** (4.86)	0.1028 *** (3.08)	0.1106 *** (4.29)
$YearD$	YES	YES	YES	YES	YES	YES
$IndustryD$	YES	YES	YES	YES	YES	YES
$R - squared$	0.4225	0.6189	0.4483	0.4225	0.6189	0.4483
N	22554	4604	17950	22554	12833	9721

注：***、**、*分别表示在 1%、5%、10% 显著性水平上显著，括号内为 t 统计值。

2. 风险承担对企业 R&D 支出的影响

企业有着更高的风险承担水平意味着企业可以对那些风险较高，但对企业长期发展有利的投资项目进行投资，由于企业的 R&D 投入是一项风险极高的投资活动，故当企业的风险承担能力较差时，企业可能会放弃 R&D 投入，进而导致企业创新能力降低。余明桂等（2012）认为较高的风险承担能够显著提升企业的市场价值，为企业带来更多的资本积累，增加企业的研发投入，提升企业的创新能力。因此我们预期企业的风险承担能力对 *R&D* 投入有正向的影响，并且高风险承担组中，对企业的 *R&D* 投入促进作用更强。为此，我们建立如下模型：

$$R\&D_{i,t} = \alpha + \theta_1 Risk_{i,t} + \theta_3 X_{i,t} + \sum Year + \sum Industry + \varepsilon_{i,t} \quad (1.9)$$

其中，*R&D* 代表企业的研发投入水平，用企业每年的研发投资与期初总资产的比值表示，*X* 代表控制变量，其定义详见表 1 - 1。

从表 1 - 18 的回归结果看，全样本 *Risk*1 的系数在 10% 水平下显著为正，*Risk*2 系数在 5% 显著性水平下显著为正，这说明企业的风险承担能力越高，企业 *R&D* 投入越高，即企业的风险承担能力对企业的研发投入有显著的促进作用。从分样本的回归结果看，高风险承担组中，*Risk*1 的系数在 5% 水平下显著为正，而低风险承担组中，*Risk*1 系数为尽管为正，但不显著，*Risk*2 在高风险组中的系数在 1% 水平下显著为正，在低风险组中系数为负，但不显著。这可以解释为，高风险承担组有着较强的风险承担能力，能够承担 *R&D* 投入带来的风险，因此企业的风险承担能力越强，*R&D* 投入水平就越高，而低风险承担组有着较弱的风险承担能力，对于 *R&D* 这种高风险的投资，往往选择规避，因此低风险承担组对企业 *R&D* 投入可能没有影响，甚至是负的影响。

表 1 - 18　　　　　风险承担对企业研发投入的影响

变量	全样本	高风险组	低风险组	全样本	高风险组	低风险组
*Risk*1	0. 0047 * (1. 79)	0. 0206 ** (2. 08)	0. 0025 (0. 91)			
*Risk*2				0. 0068 ** (2. 20)	0. 0110 *** (4. 13)	− 0. 0029 (− 0. 65)
X	控制	控制	控制	控制	控制	控制
Duality	0. 0149 * (1. 95)	0. 0114 (1. 02)	0. 0206 ** (2. 08)			− 0. 0104 (− 1. 14)
Constant	0. 1453 *** (8. 07)	0. 1984 *** (9. 68)	0. 1422 *** (6. 27)	0. 1442 *** (8. 02)	0. 1853 *** (7. 49)	0. 1051 *** (2. 82)
YearD	YES	YES	YES	YES	YES	YES

变量	全样本	高风险组	低风险组	全样本	高风险组	低风险组
IndustryD	YES	YES	YES	YES	YES	YES
R – squared	0.4477	0.3208	0.5541	0.3385	0.2149	0.3470
N	11087	1816	9272	11087	4696	6391

注：***、**、*分别表示在1%、5%、10%显著性水平上显著，括号内为t统计值。

1.5 本章结论与政策启示

1.5.1 研究结论

企业的风险承担能力预示着企业能否对预期净现值为正的投资项目进行合理投资，这关乎着企业的长期发展。企业集团作为一种独特的组织形式能够在一定程度上解决企业所面临的融资约束难题，使企业有充足的资金进行高风险的投资，增加企业自身的风险承担能力。基于二者之间的关系，本章以2004～2017年我国A股上市公司为样本，研究了企业集团对风险承担的影响，结论如下：

第一，企业集团有助于提升成员企业的风险承担能力。相对于国有企业，其对非国有企业的风险承担能力有着更加显著的促进作用，同时企业所在地区的金融发展程度越低，企业集团对成员企业风险承担的促进作用就越强。该研究结论可以解释为，相比于独立的上市公司，企业集团可以利用其内部资本市场优势，在集团内部进行合理的资源配置，缓解成员企业所面临的融资约束，使企业有充裕的资金进行风险高但预期净现值为正的投资，提升企业的风险承担水平。相比于非国有企业，国有企业在外部融资方面具有优势，风险承担水平更高。而企业集团作为一种特殊的组织形式，为非国有企业构建内部资金市场提供了良好的机会，因此集团化经营对非国有企业的风险承担水平有着更加显著的影响。同时金融发展程度较高的地区，融资环境较为优越，而在金融发展程度较低的地区，企业往往不能从金融机构得到贷款，因而不得不放弃高风险的投资项目，但集团间的相互担保能使各成员企业从银行得到更多、更长期的贷款，使它们可以进行高风险的投资，因此企业集团对地区金融发展程度较低的企业有着更显著的影响。

第二，本章在对企业集团提升成员企业风险承担的影响机制进行检验后发现：首先，企业集团通过为成员企业提供内部资金支持，帮助成员企业解决内部资金短缺问题，使企业能够有充足的内部资金进行高风险的投资。其次，集团内部的互相担保使成员企业能够获得较多的贷款进行高风险的投资，进而提升这些企业的风险承担能力，即外部贷款担保通过发挥中介效应影响成员企业的风险承担能力。同时，异质性分析表明，企业集团对地区产权保护程度较弱企业的风险承担水平有着更为显著的促进作用，因为集团化经营弥补了产权保护不足的缺陷，使企业可以在集团内部获得资金进行高风险的投资。相对于高风险承担组，企业集团对低风险承担组的促进作用更加明显，原因在于高风险承担组有着较高的风险承担能力，对企业集团这一特殊的组织形式敏感性不强，而低风险承担组则可以通过加入企业集团来提升自身的风险承担能力。我们通过检验风险承担的经济后果发现，较高的风险承担能力对企业的研发投入和资本配置效率均能发挥正向作用，当企业具有较高的风险承担水平时，会增加高回报的投资项目，减少低回报的投资项目，从而提升资本的配置效率。较高的风险承担能力增强了企业对研发投入失败的容忍度，也增加了企业自身用于创新的研发投入。

1.5.2 政策启示

第一，从本章研究结果看，集团化经营可以显著提高企业的风险承担水平，这为促进企业进行研发投资等高风险投资活动提供了一个政策抓手。当企业面临融资约束，不能对高风险但预期净现值为正的项目进行投资时，可以通过企业集团这一特殊的组织形式缓解自身所面临的融资约束，提升风险承担能力。对于企业集团来说，要充分利用其优越的内部资本市场，为成员企业提供内部资金支持，例如集团总部要充分发挥资金调配功能，为较为严重的融资约束的企业及时提供资金救助，解决成员企业因内部资金不足而放弃高风险投资项目的问题；同时，集团内部成员之间还要互相提供银行贷款担保，以便获得更多、更长期的银行贷款，方便对高风险投资项目进行投资，也能提升自身的风险承担水平。民营企业和所处地区金融发展程度较低的企业应充分利用企业集团优势，通过集团内部提供的资金支持，加大对高风险但预期净现值为正的投资项目的投资，提升自身的风险承担能力。对于具有较高风险承担能力的企业，要充分利用投资机会，增加高回报投资项目，提升资本配置效率，还要增加研发投入水平，增强创新能力。

第二，政府应在实施鼓励创新政策之外适当使用促进产业组织的政策，鼓励企业进行有效兼并和重组，促进企业集团的不断发展，打造出一批具有国际竞争力的大型企业集团，以利用企业集团进行更多的投资创新活动。鉴于本章还揭示出，企业集团与国有企业在提升风险承担能力上具有一定的替代作用，为了保证整体经济效率而避免大规模的国有化，而又为了弥补企业所面临的严重融资约束和风险承担不足问题，政府可以将构建民营的企业集团措施作为替代性的政策实施方案。

第2章
企业集团内部知识溢出功能

经济的长期高质量发展离不开国家创新，更离不开企业创新。创新一直以来都是经济领域长盛不衰的研究课题。关于企业创新的影响因素，现有研究考虑到政策环境、金融市场效率等外在因素，以及企业内部管理、财务状况、企业规模等企业内部特征，但是从集团内部知识溢出的角度进行的研究有所欠缺。探讨企业集团层面的知识溢出无论对于完善企业创新相关理论，还是对于国家、企业等创新主体制定更加有效地促进创新的策略都有重要意义。

本章首先回顾了学术界对于知识溢出以及企业创新的研究，在此基础上阐明了集团层面上知识溢出的作用机制，并提出本章的研究假设，其次以上市公司中工业企业为样本，对企业集团内部是否由于存在知识溢出而促进企业创新，以及国有企业集团与非国有企业集团在知识溢出强度方面的差异进行了研究。本章的研究结果表明，企业集团内部存在显著的知识溢出，从而促进了企业创新；相比于国有企业集团，非国有企业集团内部的知识溢出效应更加显著。最后，结合关于企业创新的研究以及集团内部知识溢出的机理，本章提出了国家与企业应如何促进企业创新的建议。

2.1 问题的提出

创新无论对于一个国家的经济高质量发展还是对于一个企业保持竞争优势都具有举足轻重的作用。党的十八大就明确提出："科技创新是提高社会生产力和综合国力的战略支撑，必须摆在国家发展全局的核心位置"，党的十九大报告中再次提到"加快建设创新型国家，要瞄准世界科技前沿，强化基础研究，实现前瞻性基础研究、引领原创性成果重大突破"。在政策方面，实施鼓励地方设立创新基金、对于高科技企业进行税收优惠、推动产学研建设等一系列措施，表明了国家科技强国的决心。本章以上市公司工业企业为研究样本，研究了集团内部知识溢出对企业创新的影响，希望能进一步完善关于企业创新的相关理论，为国家和企业制定创新发展战略提供一定的参考。

从现实来看，国家和企业走创新发展之路将是必然的选择。深入认识影响创新的因素与机制，对于增强企业的创新能力、制定出有效的创新策略都有着重要意义。企业集团是企业的组织形式之一，一般是指由多家以股权控制关系为链接的公司组成的企业法人联合体，在新型市场国家和发达国家都很常见。我国自改革开放后，各行各业都逐渐出现了这种组织形式，国家也为此出台了一系列支持政策促进其发展壮大。相比于单个企业或者其他企业联合体，企业集团这一组织形式作用于企业创新时有着独特的特点与作用机制。本章通过对比知识溢出在不同主体中的作用机理，提出知识溢出在企业集团中促进企业创新的机制，并实证检验了企业集团在企业创新中的作用。本章的研究将有助于深入认识集团内部知识溢出作用于企业创新的机理，从而针对性地做出有利于集团内部企业创新的举措。

从理论角度看，知识溢出与企业创新都是经济学领域重要且热门的话题，都有着较长的研究历史，对二者关系的深入研究有助于进一步丰富与完善相关理论。学界对于知识溢出的研究始于企业跨国投资，认为跨国投资会促使东道国的技术进步，提高东道国的劳动力素质进而提高生产率。随后有学者研究不同区域之间即企业集群之间的知识溢出，提出空间距离是这一主体间知识溢出的重要影响因素。随着高新技术产业集群以及高校与企业合作的产学研兴起，研究集群内部企业之间、企业与高校之间的知识溢出也相继展开。然而，对于企业集团这种特殊的企业联合体内部的知识溢出是否存在以及作用机制的研究却较为匮乏。仅有部分学者提出知识溢出可能是企业集团促进企业创新的重要机制之一，但是对于集团内部知识溢出影响企业创新的具体路径未做深入探究。本章的研究主题集团内部知识溢出与企业创新则填补了这一空缺，为相关理论的进一步深入奠定基础。

综上所述，研究集团内部知识溢出与企业创新关系无论对于实践还是对于理论都有着重要意义。在实践层面上，对于国家有关部门而言，本章的研究将有助于理解集团这一组织形式在企业创新中的重要作用，从而更合理地制定出促进企业集团建设的政策；对于企业集团自身而言，本章的研究成果将有助于理解知识溢出在集团内部的作用机理，从而制定出科学有效的制度，更好地促进企业创新。在理论层面上，本章论证了集团内部知识溢出效应的存在，探索了知识溢出促进企业创新的具体路径，完善了知识溢出、企业集团以及企业创新的相关理论。

2.2 企业集团内部知识溢出功能的理论分析

2.2.1 相关文献综述

国内外有关知识溢出和企业创新的文献较为丰富，本章对此进行了梳理。对知识溢出的梳理主要包括知识溢出概念、特征、途径、影响因素、测度和效应。企业创新的相关文献则主要为影响企业创新的相关因素。

1. 对知识溢出的相关研究

学界对知识溢出的研究总体上经历了从基本概念、基础理论到实证的过程，在研究视角上经历从宏观到中观再到微观的过程，具体而言可分为国际贸易间的知识溢出、国家内部不同区域间知识溢出、不同产业集群间知识溢出、企业集团层面的知识溢出等阶段。

（1）知识溢出的界定与特征。

在经济学领域中最早研究溢出的是马歇尔（Marshall，1890），在其著作《经济学原理》中溢出等同于外部性。之后，在20世纪60年代时，麦克尔杜格尔（Mac. Dougall，1960）在研究外商跨国直接投资时提出了知识溢出的概念，认为它是FDI所带来的一种效应。阿罗（Arrow，1962）在提出"干中学"时指出，投资会带来知识这一副产品，并且这一副产品具有外部性，除了能够提高自身的生产效率之外还可以提高其他厂商的生产率。随着后续其他学者的研究，知识溢出的概念越来越完善。总体而言，从企业的角度来看，知识溢出是企业自身获取其他企业的知识来进行创新或者提高生产率，但是没有为这一知识进行买单的行为。知识接受方降低了自身研发成本，但知识传播方并未获取相应的经济报酬。这种过程往往是在知识传播方无意识的情况下进行的。

知识溢出具有非竞争性与非匀质性。知识溢出的非竞争性是指知识接受方吸收了知识之后并不影响其他企业再次进行吸收，即知识溢出可以在多个企业之间多次发生，这是由于知识本身具有非竞争性。知识溢出的非匀质性是指知识在不同企业之间进行传播时，不同企业的吸收程度并不相同，这是因为知识溢出受到较多因素的影响，例如知识接受方自身能力、企业双方的地理距离、知识本身的深奥程度等。此外，知识本身的特征也有较大的影响，显性知识通常容易传播，隐性知识往往难以传播（Jaffe，1986）。

（2）知识溢出的途径与影响因素。

根据发生的过程不同，知识溢出可以分为四种类型，分别为基于人员流动的知识溢出、基于市场关联的知识溢出、基于研发合作的知识溢出以及基于投资活动的知识溢出。一般认为在企业活动中人员是知识溢出的重要载体，特别是企业研发人员，他们在不同企业之间的流动被认为是知识溢出的重要途径（Saxenien，1994）。任何企业都不可能孤立存在，在市场中必然和其他企业发生横向或是纵向的联系，企业的创新往往包含在产品之中，在产品进入市场后其中所包含的创新知识也将进入市场，成为行业内公共知识（高雅群，2010）。市场上企业的研发常常不是独立完成的，而是各自发挥自身的优势，与其他企业、高校以及科研机构共同研发合作，在研发合作中往往会有知识溢出发生。王立平（2005）发现在高新技术产业中，高校研发所获取的知识可以影响到经济场域中其他企业的创新。最后，跨国直接投资这种资本流动的方式也是知识溢出的一种途径。外国厂商在本地进行投资之后，一般会加剧行业内的竞争，然后外商先进的技术会在本地产生示范效应，引起本地企业的模仿，最终知识流入本地企业，提高本地企业的技术水平。

知识溢出受到多个因素的影响，一般认为包括外在环境、吸收能力、知识的属性和知识溢出发生的距离。知识溢出的外在环境主要是指企业所在地人力资本素质、知识产权保护程度、金融市场效率等客观因素。有学者在研究外商直接投资中的知识溢出时发现，东道国的人力资本素质以及知识产权保护程度都对知识溢出有重要影响（Olfsdotter，1998）。阿尔法罗（Alfaro，2000）发现知识溢出接受方所在国家的金融市场运行效率对其吸收能力有比较大的影响。知识溢出通常涉及知识传播方与知识接受方，接受方的吸收能力对溢出也有比较大的影响。具体而言，接受方企业形成的学习机制、企业研发部门的研发投入所形成的学习能力都对知识溢出有比较大的影响（孙兆刚，刘则渊，2004）。显性知识与隐性知识、复杂知识与简单知识、专用知识与通用知识等不同属性的知识在溢出时的效率也不同。显性的、简单的、通用的知识容易溢出，而隐性的、复杂的、专用的知识难以溢出。此外，知识溢出发生的距离也是知识溢出的重要影响因素，包括技术距离与空间距离。陈涛涛（2003）在研究外商直接投资中的知识溢出时，发现东道国与外商之间的技术差距越小时，知识溢出越容易发生。卢卡斯和瀚斯伯格（Lucas and Hansberg，2002）的研究表明空间距离是影响知识溢出的重要因素，特别是对于隐性知识的传播。但是这种影响是有一定条件的，在一定的空间距离内，空间距离的影响较为明显，超过这一限度后，则主要是技术距离发挥作用。

（3）知识溢出的测度与效应研究。

知识本身是抽象的，难以量化的，因此目前尚未形成统一的测度方法，一般根据所研究的知识溢出主体选择不同的测度方法，大体上，知识溢出的测度可以分为知识生产函数法与全要素生产率法。知识生产函数测度方法的理论基础是创新知识的产出取决于创新活动的投入，其最基本形式为将知识生产的相关变量代入柯布—道格拉斯函数之中。这一测度的最早使用者是格里利兹（Griliches，1979），他认为研发中的人力资本与研发经费投入是创新产出的决定因素，得到了原始的知识溢出测度方法。贾菲（Jaffe，1989）将知识溢出距离（包括空间距离与技术距离）纳入考量，得到了新的测度方法。后来随着研究的深入，对于区域内知识溢出与区域间知识溢出有了区分。费歇尔和瓦尔加（Fischer and Varga，2003）在考量区域间知识溢出时对上述生产函数进行了改造，将区域外的公共知识纳入创新活动投入因素，此外还考虑了知识生产的时滞效益。全要素生产率测度方法的理论基础是知识溢出与企业的成本变量相关联，知识溢出可以降低企业的生产要素成本，从而间接将全要素生产率作为这一效应的测度。帕克（Park，2003）在研究21个经合组织国家加上以色列共22个国家之间的知识溢出时，将全要素生产率作为被解释变量，把国内国外的研发投入作为解释变量建立了计量模型。安格尔布兰特（Engelbrecht，1997）在研究类似问题时，在解释变量中加入了人力资本以及生产率追赶变量。后续其他学者在使用这一模型时基本都是根据自身所研究的具体问题在此基础上又添加了其他可能的影响因素，例如，进出口比例、空间距离或者是将人力资本进行了细化，使模型更加精细。

知识溢出带来的效应主要有创新效应、经济增长效应与集聚效应。知识溢出带来的创新效应是由知识特性决定的，这一效应使得知识的利用得以最大化。无论前文用知识生产函数还是全要素生产率来衡量，其结果都表明了知识溢出的创新效应。阿罗和肯尼思（Arrow and Kenneth，1962）在研究中，从外部性的视角解释了知识溢出在经济增长中所发挥的作用。罗默（Romer，1986）与卢卡斯（Lucas，1993）实证检验了知识溢出对于经济增长的作用，发现知识溢出有利于区域的经济增长。知识溢出的集聚效应分为空间集聚效应与产业集聚效应。一方面空间距离变小与产业的集聚会使得知识溢出更容易发生，另一方面知识溢出所造成的全要素生产率提升所带来的降低成本效应又会反过来促成企业在空间上集聚以及形成产业集聚区。关于这两点，许多学者在研究产业集聚区内知识溢出效应时都已证明，前文在回顾知识溢出影响因素的文献也有提及。

（4）知识溢出相关文献评述。

回顾有关知识溢出的研究可以发现，根据知识溢出发生主体不同可以分为国家间的知识溢出（国际贸易与跨国投资）、国家内部不同区域之间的知识溢出、产业集聚内不同企业之间的知识溢出以及集团内不同企业的知识溢出。相对而言，对于前三者的研究目前较多，不论是对关于知识溢出的类型、影响因素、发生的原因等理论，还是基于理论的实证研究都比较翔实，但是对于集团内部的知识溢出目前研究相对较少。企业集团可视为另一类企业聚集体，不同于产业聚集区内的企业聚集体，企业集团则是以股权关系为特征的企业聚集体，相对而言，企业集团更容易发生业务上以及人员之间的流动，这也为知识溢出提供了环境。黄俊（2011）在研究集团化经营与企业研发投资时发现集团内部存在知识溢出效应，并且用投入法进行了测量。蔡卫星（2019）将集团内部的知识溢出作为企业集团影响创新产出的一个机制。基于此，本章在系统梳理已有关于知识溢出研究的基础上，研究了企业集团内部的知识溢出效应，以进一步完善该理论。

2. 对企业创新的相关研究

创新对经济长期增长有着重要作用，学术界对于创新的研究也由来已久，最早可在熊彼特（1912）的《经济发展理论》中见到这一概念，他认为企业家对生产要素的重新组合即为创新。随后众多学者对企业创新能力的形成演化，以及影响企业创新能力的因素进行了广泛的研究。本部分将分别回顾影响企业创新的内部因素与外部因素。

影响企业创新的内部因素主要有企业规模、企业负债、公司治理、研发投入以及股权结构等。希勒（Sherer，1965）在探究企业创新与企业规模之间的关系时发现，二者呈倒"U"型关系，即在某一临界值之前二者正相关，随后呈负相关。此后其他学者的研究结论略有分歧，但都表明企业规模确实是影响企业创新的因素之一。基于公司财务角度，有学者研究了企业负债对创新的影响。梅耶斯（Mayers，1977）认为由于研发具有高不确定性，为避免出现财务困境，高研发的创新型公司通常不会具有很高的财务杠杆。王任飞（2005）的研究表明高杠杆率经营不利于企业创新，也支持了这一观点。基于委托代理理论，有学者研究了高管激励与股权结构对企业创新的影响。刘运国（2007）的研究表明对高管的股权激励越高，企业的研发投入越强，后续相关研究都表明这一现象在高科技企业比较明显。最后关于研发投入，学界一般认为与企业创新呈正相关，对创新有着直接的影响，甚至在许多实证研究中直接用研发投入来衡量企业创新。希勒（1965）以美国制造业企业为观测对象，发现企业研发投入正相关于企业创新绩效。

相对于研究影响企业创新的内在因素，学界对影响企业创新外在因素的研究相对较少，主要集中在研究政策环境与行业环境。对于政策环境的研究主要集中在知识产权保护与研发补贴。奥瑞德和帕克（Allred and Park，2007）研究发现知识产权保护程度与企业创新的关系在发达国家与发展中国家有不同表现。在发展中国家知识产权保护强度对企业创新的正向作用并不显著，但是在发达国家二者则有显著的正向关系。刘思明（2015）使用不同的知识产权保护指数，以中国工业企业为研究对象，研究二者的关系，结果发现随着知识产权保护程度的提升，企业创行绩效显著提高。张小蒂（2001）研究发现政府补贴在一定程度上可以促进企业创新。对于行业周期，多数学者重点关注行业的不同阶段如何影响企业内部特征进而影响企业创新。克莱伯（Klepper，1997）提出行业所处周期对于企业创新有着较大影响。

综上所述，针对知识溢出如何影响企业创新这一问题，仍有较大的研究空间。多数学者从宏观角度来研究知识溢出如何影响国家之间、区域之间或者产业集聚区之间的技术创新。关于知识溢出及其对于企业创新的影响，有部分学者在研究企业集团如何影响企业创新时，将集团内部的知识溢出作为一个机制解释，但是较少进行系统深入的研究。例如，黄俊（2011）、蔡卫星（2019）在研究企业集团如何影响企业创新时都提到，企业集团内部的知识溢出是促进企业创新的一个重要机制。

2.2.2　理论分析与研究假设

1. 知识溢出与企业集团的界定

创新是经济长期增长的源泉，尤其是突破性的技术创新更是经济长期增长的重要推力。然而创新不是无源之水，更不是凭空想象，更多的是站在"巨人的肩膀"更进一步。而过往所积累的知识便是这"巨人的肩膀"，为创新提供养料。站在宏观的视角，知识是创新的基础，创新积累了更多的知识，是一个正反馈循环。然而在经济社会中，知识本身是有成本的，如果知识随意扩散，创造知识的人得不到应有的收益，这反过来又会阻碍创新。特别是以企业为主体的创新，前期往往投入巨大，需要从创新获取的知识中得到相应的经济报酬才有动力继续创新。因此，企业一般非常注重对自身知识的保护，以促进进一步的创新来维持自身的竞争优势。但是知识本身抽象的，还具有类似公共物品的非排他性的特性，是无法完全保密的。学者们在跨国投资、区域之间以及产业集聚区中都发现了知识溢出的现象。在企业集团内部也有学者发现这一现象，但是研究尚不完善，未曾详细讨论知识溢出是如何在企业集团内部发生的、有哪些影响因素以及溢出的强度如何。

企业集团通常被认为是由多个独立法人资格的企业构成的组织结构，可以是正式的也可以是非正式的（Khanna and Rivkin，2001；Khanna and Yafeh，2007）。我国的企业集团的成立是从 20 世纪 80 年代开始的，伴随着改革开放发展起来的。在早期主要是国有企业集团，例如宝钢集团、华能集团等，后来随着民营经济的发展壮大也涌现出一批民营企业集团。从控制权来看，许多集团内部的公司都通过股权控制关系链接在一起，在我国以母公司和子公司为典型特征。从经营范围来看，既有横跨多个行业的多元化公司组成的集团，也有属于同一产业链上下游组成的集团。在形成方式上，有因拓展新业务而设立子公司形成的企业集团，也有通过横向或是纵向并购所形成的企业集团。总之，这些企业联合体形成了一个独特的组织结构，相比于单个的公司拥有更强大知识库与研发能力以及内部劳动力市场；相比于相关产业企业组成的产业园区，集团企业少了竞争多了合作，这些特征都为集团内部知识溢出的发生提供了环境。本章剩余部分将综合此前学者对知识溢出的理论，分析知识溢出在企业集团内部的演化过程。

2. 集团内部知识溢出的机制

（1）基于人员流动的知识溢出。

知识本身是抽象的，需要以人、书籍、磁盘等为载体，而人力资本作为创新的重要组成部分，在知识溢出中发挥着重要作用，特别是有些隐蔽性知识更是只能通过人员的流动来进行传播。企业集团中的各个成员企业靠股权关系链接在一起，在经营上也有着千丝万缕的关系，由此也使得集团内部的人才流动比较频繁。

首先，基于企业衍生的人员流动：如前文所述，从企业集团的形成上看，不仅有由于业务需要将业务拆分形成新公司与原公司构成的企业集团，也有在产业链中进行纵向或是横向并购形成的企业集团。无论是哪种形式形成的企业集团，在形成后出于经营目的或者控制权的需要，通常都会从母公司派出员工进入子公司。这些员工带去的不仅有业务能力与管理能力，同时还促成了原公司所积淀下来的知识的流动，为新公司的研发提供助力。

其次，基于研发合作的人员流动：企业集团往往由同行业或者同一产业链上下游公司组成，因此在研发上具有较大关联性，这就为企业研发合作提供了基础。由于同属一个集团，为了集团整体利益最大化，成员企业就技术研发方面的问题进行分享交流的动力更强，此种人员流动能够使隐性知识得以溢出。此外，出于技术帮扶目的的技术、管理人员借入、调动等直接人员流动也可能产生隐性知识溢出。

（2）较小认知距离下的知识溢出。

认知距离指的是不同企业主体的知识重叠程度，重叠程度越高则认知距离越小，重叠程度越低则认知距离越大。两个知识溢出涉及主体之间的知识既不能完全重叠也不能完全无重叠，当知识完全重叠则无法吸收新知识，完全无重叠则无法理解对方的知识。

圣安杰洛（Santangelo，2002）在研究欧洲电子产业时发现，参与方的知识库越相似，在吸收对方的知识时就越容易。同一企业集团的企业既不至于彼此间认知距离无穷大，完全不能理解和吸收彼此的知识，也不至于认知距离为零从而没有新知识可以吸收。较多的集团内部成员企业往往是业务上有关联的，或是同一行业的不同产品线，或是同一产业链的上下游公司，这就使得彼此间的认知距离既不会太大也不会太小，为知识溢出的发生提供了基础。

（3）基于非完全竞争的知识溢出。

知识溢出的一大阻碍就是企业之间的竞争关系，这会使企业主体为了利益最大化而选择保留自身的核心知识，从而保持自身的竞争优势。为了鼓励企业创新，国家也建立了相关的知识产权制度，使企业的研发能够获得一定的收益。然而知识的非排他性属性决定了知识溢出不可避免，这在跨国投资以及产业集聚区的研究中已经被证实。那么在企业集团内部中这种情况又会如何呢？

如前文所述，集团成员企业在股权上通常会存在彼此交叉持股或是母公司对子公司进行控股的情况，因此集团内部成员企业会形成利益共同体，尽管成员企业之间可能存在竞争，但集团股东的利益一致性使得竞争对企业集团内部知识溢出的阻碍大大降低。此外，出于降低成本的考虑，集团企业内部进行知识分享交流显然更符合收益最大化原则。同时，相比于非集团企业间的知识无意识间扩散流动，集团企业间的主动分享交流也使得知识更容易传播。

（4）企业集团性质影响知识溢出的机制。

企业集团具有不同的属性，国有企业集团与非国有企业集团在形成过程、内部的组织管理和股权结构等方面都存在较大差异，这使知识溢出在不同性质的企业集团中的程度会存在差异。

有研究表明，国有企业相对来说比较缺乏创新动力（Shleifer A.，1998），民营企业的创新投入相对更多（吴延兵，2012）。从知识溢出的过程来看，主观意愿起着非常重要的作用，国企缺乏创新动力一方面不利于知识本身的积累，另一方面也会减少技术分享交流。创新投入同样对知识溢出有着重要影响，创新投入对于知识的消化吸收必不可缺，一定量的创新投入有利于减少认知差距从而促进知识溢出。因此，主观意愿和创新投入的异质性最终都可能使得国有企业集团在知识溢出强度上弱于非国有企业集团。

杨兴全（2019）的研究表明由于政府干预和高管晋升压力，国有企业容易产生多元化经营。此外，本章定义：只要最终控制人相同的企业都属于同一企业集团，这就可能导致部分公司虽然都是属于同一企业集团，但是在业务上无具体联系。例如我国高校为实现研发成果转化而成立多家企业形成了企业集团，但是其研究成果本身属于不同领域，由此成立的各企业自然在研发与业务上没有联系，但是最终控制人相同即属于同一集团，最终被动形成了多元化经营的集团。相比较而言，非国有企业集团更多是由于原有业务需要或是投资并购所形成的，集团成员企业在业务上的联系更为紧密。以上原因使国有企业集团相比非国有企业集团更容易形成多元化经营。而多元化经营使得企业之间的认知距离变大，知识重叠度变小，不利于彼此间的知识溢出。同时业务的多元化对于技术人员在不同公司之间的流动也形成了阻碍，技术人员的流动减少也将使得知识溢出的强度下降。

也有部分学者认为国有企业这种产权性质更有利于企业创新，原因在于国有企业面临的融资约束更小，而融资能力是影响研发投入的重要因素，进而影响到企业创新能力。但本章认为创新动力这一因素更为本质，对企业创新的影响也更大。

综上所述，相比于非国有企业集团，国有企业集团在创新意愿上的缺乏以及在经营上的多元化将使得集团内部间人员流动减弱、认知距离变大，最终使得国有企业集团在知识溢出强度上弱于非国有企业集团。

3. 研究假设

通过上述分析可以发现企业集团内部存在三种机制来促进知识溢出：一是集团内部各个成员企业之间的人员流动使得知识溢出，二是集团内部各个成员企业的认知距离适合彼此间的知识溢出，三是集团内部各个成员企业由于股权关系利益一致具有非完全竞争性关系促进知识溢出。由此，提出以下假设：

假说2.1　企业集团内其他企业的创新会促进本公司的创新，即企业集团内部存在知识溢出效应。

此外，由于集团的属性不同，相比于非国有企业集团，国有企业创新动力弱、多元化经营使知识溢出强度弱于非国有企业集团。基于此，提出如下假设：

假说2.2　相比于国有企业集团，在非国有企业集团内部，其他企业的创新更能促进本公司的创新，即非国有企业集团内部存在更强的知识溢出效应。

2.3　企业集团内部知识溢出功能的研究设计

本章2.2节对知识溢出的相关理论进行了归纳总结，提出了知识溢出作用于企业创新的三个作用机制，分析了企业集团属性对知识溢出的影响，最后针对本章的研究主题做出了两个假设。本节首先对本章的数据来源、变量的选取原则以及样本特征进行说明，然后介绍本章计量模型的设定，最后以我国上市公司工业企业为样本，实证分析本章提出的两个假设是否成立。为了使得文章的结论更加严谨可靠，本章通过采用不同的回归方式，不同的变量衡量方式使得结论更加稳健，并针对可能存在的内生性问题做了一定的处理。

2.3.1　数据来源

本章研究的主题是集团内部知识溢出对企业创新的影响，在数据选取上主要以企业为对象，收集与企业创新相关的各个维度的信息。考虑到数据的可得性，本章选择了上市公司作为样本。此外，由于本章所研究的创新主要是指技术创新，而制造业显然是技术创新的主力军，所以剔除了上市公司中非制造业企业，只保留了制造业企业。另外，在时间维度上本章选取的是 2003～2017 年的数据，选取的样本为 2003～2017 年中国上市公司中的制造业企业。

本章的原始数据来源为国泰安数据库（CSMAR），包括公司代码、名称、年份等基本信息，反映公司财务状况的固定资产比率、资产负债比率、经营活动现金流余额、ROA 等，反映公司创新能力的专利申请量与专利授权量，以及与公司治理相关的独立董事比例、第一大股东持股比率、公司是否属于国有企业、公司的最终控制人等。

在数据处理上本章使用了 Python3.0 以及 Stata14.0 软件。首先参照一般惯例，剔除了 ST 类公司。由于原始数据中没有关于企业集团的直接信息，本章使用 Python 对于同一年份最终控制人相同的公司进行归类，将其划分为同一个企业集团，由此获得了各个企业关于集团的属性。为了避免异常值的干扰，对于连续性变量进行了上下 1% 的缩尾处理。专利是本章的关键变量，因此我们对于专利数据缺失的样本进行了剔除。

2.3.2 变量选取与描述

1. 变量选取

本章选取的被解释变量为企业创新能力，解释变量为同一集团内其他成员企业的创新能力，相关的控制变量有公司规模、总资产收益率、资本密集度、经营活动现金流比率、资产负债率、第一大股东持股比例、独立董事比例等。

（1）被解释变量。

企业创新能力：关于企业创新的指标，目前有从创新投入的视角采用研发投入来衡量的，也有基于创新产出的视角采用专利申请量衡量的。此外，还有采用专利授权量作为衡量企业创新的标准。由于公司信息披露的不完全和会计制度的变化，研发投入数据存在缺失较多以及统计口径不同造成的统计金额不准确的现象，相对来说从创新产出的视角来衡量更为科学。而专利授权量相对于专利申请量，更能体现一个企业的创新能力。专利在我国被划分为发明专利、实用新型专利、外观设计专利三种，其中发明专利质量更高，更能反映创新能力。综上所述，本章选取专利授权数量以及发明专利授权专利数量来衡量企业创新能力。

（2）解释变量。

企业集团内其他企业的创新能力：参照蔡卫星（2019）的做法，本章把同一年份最终控制人相同的公司认定为属于同一企业集团，将企业集团中除本企业之外的其他企业的年度专利加总来衡量企业集团内其他企业的创新能力。

（3）控制变量。

综合其他学者在研究企业创新时所考虑的控制变量以及数据可得性，本章主要考虑了三方面的控制变量。一是与公司基本特征相关的变量如公司规模、ROA、资本密集度、行业属性等，这些特征的不同对公司的创新能力有所影响。具体而言，公司的规模越大知识存量也越大从而有利于创新，公司盈利能力越强往往有更多的资金来进行研发投入从而促进创新。

二是与公司财务相关的控制变量，如资产负债比和经营活动现金流比率。只有公司的财务情况相对健康，能够正常运营才有资金投入到企业研发中从而增强企业创新。三是与公司治理密切相关的控制变量，如第一大股东控股比例和独立董事比例。根据委托代理理论，公司的治理结构显然与企业创新也有着重要联系，一个完善的公司治理结构能够减少委托代理问题，使得管理层与股东的利益更为一致从而促进企业创新。关于各个变量的详细定义如表 2 – 1 所示。

表 2 – 1   变量定义

变量名称	变量符号	变量定义
公司自身创新能力指标	$Grant$	第 $t+1$ 年专利授权总量加 1 的自然对数
	$Igrant$	第 $t+1$ 年发明专利授权总量加 1 的自然对数
集团内其他公司的创新能力指标	$OtherGrant$	第 t 年集团其他公司的专利授权总量加 1 的自然对数
	$OtherIgrant$	第 t 年集团其他公司的发明专利授权总量加 1 的自然对数
公司规模	$Size$	第 t 年总资产的自然对数
总资产收益率	ROA	净利润/总资产
资本密集度	$Tang$	固定资产/总资产
经营活动现金流比率	OCF	经营活动现金流/总资产
资产负债率	lev	总负债/总资产
第一大股东持股比例	$Top1$	第一大股东持股占总股本的比例
独立董事比例	$Idependent$	独立董事人数占董事会总人数比例
集团属性	Soe	属于国有企业则属性值为 1，否则则为 0

2. 描述性统计

表 2 – 2 是主要变量的描述性统计。从表 2 – 2 中可以看出企业创新指标（$Grant$、$Igrant$）的平均值分别为 2.133，1.536；最大值分别为 9.502、8.177。企业集团（除本企业外）的创新指标（$OtherGrant$、$OtherIgrant$）的平均值分别为 1.383、1.011；最大值分别为 9.602、8.732。企业创新指标的标准差要比企业集团的创新指标小。Soe 表示企业属于国有还是非国有，非国有企业主要是指民营企业，若国有为 1，非国有为 0，从平均值可

以看出，国有企业占样本比例为40.2%，这说明国有企业在样本种占有较大比例。此外，表2-2还展示了其他控制标量的相关统计值。样本量的不一致是由于部分变量存在缺失值造成的，样本量总体上相对较大，这为计量模型的准确性提供了一定保障。

表2-2　　　　　　　　　　　　描述性统计

变量	样本量	平均值	标准差	最小值	最大值
Grant	17722	2.133	1.642	0.000	9.502
Igrant	17722	1.536	1.299	0.000	8.177
OtherGrant	17722	1.383	2.784	0.000	9.602
OtherIgrant	17722	1.011	2.251	0.000	8.732
Size	17720	21.676	1.181	16.508	27.307
ROA	17720	0.041	0.223	-8.753	22.005
tang	17720	0.252	0.150	-0.206	0.910
OCF	17720	0.046	0.077	-1.080	0.901
lev	17720	0.452	1.140	0.000	96.959
*Top*1	17722	36.175	15.239	3.390	99.000
Idependent	17635	0.367	0.054	0.000	0.800
Soe	17722	0.402	0.490	0.000	1.000

2.3.3　计量模型设定

本章研究的是企业集团内部是否存在知识溢出效应从而促进企业创新，实质是研究企业集团中其他公司的创新是否对本公司的创新有显著促进作用。参照现有研究的做法（蔡卫星，2019），建立如下计量模型：

$$Grant_{i,t+1}(Igrant_{i,t+1}) = \alpha + \beta OtherGrant_{i,t}(OtherIgrant_{i,t}) + \theta X_{i,t}$$
$$+ \sum Year + \sum Ind + \epsilon_{i,t} \qquad (2.1)$$

由于专利授权总量和发明专利授权量都可以用来衡量企业创新能力，出于稳健性考虑，本章分别用第$t+1$年专利授权总量加1的自然对数（$Grant_{i,t+1}$）作为被解释变量，第t年集团内其他公司的专利授权总量加1

的自然对数（$OtherGrant_{i,t}$）作为解释变量，以及用第 $t+1$ 年发明专利授权总量加 1 的自然对数（$Igrant_{i,t+1}$）作为被解释变量，第 t 年集团内其他公司的发明专利授权总量加 1 的自然对数（$OtherIgrant_{i,t}$）作为解释变量。其中 β 是我们关注的核心系数，如果 β 显著为正，则说明企业集团内部存在知识溢出效应，从而促进企业创新。此外，模型控制了年度效应和行业效应，在一定程度上缓解了内生性。由于用专利授权量来衡量企业的创新能力有一定的滞后性，所以在建立模型时参考一般文献的做法，将诸如公司规模、总资产收益率等变量滞后了一期，这样控制变量所反映的公司特征就能和反映公司创新能力的被解释变量处于同一层面。

2.4 企业集团内部知识溢出功能的实证分析

2.4.1 基准回归结果

本章数据为面板数据，使用豪斯曼检验后，对于基准回归，采用了固定效应模型。我们使用模型（2.1）检验企业集团内部是否存在知识溢出效应，即集团内其他企业的创新产出是否促进了本企业的创新。表 2 – 3 的第（1）列和第（2）列用专利授权量衡量创新，第（3）列和第（4）列用发明专利授权量衡量创新。其中第（1）列和第（3）列仅放入了核心解释变量和被解释变量，第（2）列和第（4）列在此基础上加入了控制变量。

对比第（1）列和第（2）列以及第（3）和第（4）列可以发现，无论是否加入控制变量，核心解释变量企业集团的系数都为正，并且在 1% 的置信水平上显著，这说明企业集团内其他企业的创新产出对本企业的创新有着显著的促进作用，在企业集团内部存在知识溢出效应，促进了企业创新，基本证实了假说 2.1 的正确性。此外，对比第（1）列和第（3）列以及第（2）列和第（4）列，可以发现使用发明专利授权量来衡量创新能力时，核心解释变量企业集团创新产出的系数要大于用专利授权量衡量创新时的系数。发明专利相比于专利更能体现企业的创新能力，其系数较大表明知识含量越高，溢出效应越强。观察控制变量系数的情况，表2-3中的结果表明企业规模、资本密集度、经营活动现金流比率以及资产负债率的系数显著，对企业创新有着显著影响。

表2-3 基准回归结果

变量	Grant		Igrant	
	(1)	(2)	(3)	(4)
OtherGrant	0.0328 *** (0.0047)	0.0360 *** (0.0046)		
OtherIgrant			0.0462 *** (0.0048)	0.0488 *** (0.0047)
Size		0.5363 *** (0.0157)		0.4345 *** (0.0133)
ROA		0.0430 (0.0302)		0.0169 (0.0257)
Idependent		−0.0132 (0.1854)		0.1234 (0.1574)
tang		0.1975 ** (0.0846)		0.1855 *** (0.0718)
OCF		0.1974 * (0.1028)		0.2195 ** (0.0873)
lev		0.0236 *** (0.0076)		0.0230 *** (0.0064)
Top1		−0.0004 (0.0011)		0.0000 (0.0009)
Constant	1.0710 *** (0.2732)	−10.2181 *** (0.4289)	0.6296 *** (0.2310)	−8.5924 *** (0.3643)
Year	YES	YES	YES	YES
Ind	YES	YES	YES	YES
N	15458	15458	15458	15458
r2_a	0.3022	0.3579	0.2788	0.3313

注：括号内数字为标准误差，* 、** 和 *** 分别表示10%、5%和1%的显著性水平。

2.4.2 稳健性检验

现有关于企业创新的研究也常采有专利申请量来衡量企业创新（黎文靖，2016），出于稳健性考虑，为避免变量选取上的偏误影响结论的准确性，本章也分别用专利申请量和发明专利申请量来衡量企业创行能力，结果如表 2－4 所示。可以发现，此时回归结果依然显著，仍然可以得出企业集团内部存在知识溢出效应，从而促进企业创新的结论，支持了假说 2.1。

表 2－4　　　　　稳健性检验：使用专利申请量衡量企业创新

变量	*apply*		*Iapply*	
	（1）	（2）	（3）	（4）
other_apply	0.0317 *** （0.0048）	0.0340 *** （0.0046）		
other_iapply			0.0415 *** （0.0048）	0.0435 *** （0.0047）
Constant	1.1003 *** （0.2901）	－ 10.1113 *** （0.4576）	0.5475 ** （0.2648）	－ 9.7554 *** （0.4175）
Controls	NO	YES	NO	YES
Year	YES	YES	YES	YES
Ind	YES	YES	YES	YES
N	15544	15458	15544	15458
r2_a	0.2472	0.3005	0.2339	0.2886

注：括号内数字为标准误差，* 、** 和 *** 分别表示 10% 、5% 和 1% 的显著性水平。

此外，由于专利数据为正数，且都为整数，文献也常采用泊松回归以及 Tobit 回归，因此本章也进行相应的回归，结果如表 2－5 所示，可以发现假说 1 仍然成立。

表 2 - 5　　　　　　　　稳健性检验：使用泊松回归和 Tobit 回归

变量	泊松回归		Tobit 回归	
	Grant	*Igrant*	*Grant*	*Igrant*
lnother_grants	0.0498 *** (0.0023)		4.9414 ** (2.4740)	
lnother_igrants		0.0336 *** (0.0022)		2.9939 *** (0.9247)
Constant	无	无	− 2647.0174 *** (223.4781)	− 994.3386 *** (80.2277)
Controls	NO	YES	NO	YES
Year	YES	YES	YES	YES
Ind	YES	YES	YES	YES

注：括号内数字为标准误差，* 、** 和 *** 分别表示 10%、5% 和 1% 的显著性水平。

2.4.3　异质性检验

根据描述性统计结果，国有集团占样本比例为 40.2%。一般认为国有企业集团与非国有集团在治理机制、创新效率等方面都存在较大差异，因此本节将关注国有企业集团与非国有企业集团在知识溢出强度方面是否存在差异。根据产权性质，将样本分为国有集团与非国有集团进行分样本回归，结果如表 2 - 6 所示。可以看到无论是用专利授权量还是发明专利授权量衡量企业创新，相比于国企集团，非国企集团的核心解释变量集团创新能力的系数都要更大，这说明非国有企业集团内知识溢出效应要更强一些，即非国企集团内其他企业的创新能力对于本企业创新的促进作用更强。

表 2 - 6　　　　　　　　异质性分析：国企与非国企的差异

变量	*Grant*		*Igrant*	
	国企	非国企	国企	非国企
lnother_grants	0.0248 *** (0.0056)	0.0336 *** (0.0110)		

变量	Grant		Igrant	
	国企	非国企	国企	非国企
lnother_igrants			0.0332 ***	0.0352 ***
			(0.0059)	(0.0112)
Constant	−11.7165 ***	−7.7642 ***	−10.2181 ***	−7.4236 ***
	(0.6335)	(0.9649)	(0.5432)	(0.8100)
Controls	YES	YES	YES	YES
Year	YES	YES	YES	YES
Ind	YES	YES	YES	YES
N	6450	9008	6450	9008
r2_a	0.4546	0.2201	0.4213	0.2269

注：括号内数字为标准误差，＊、＊＊和＊＊＊分别表示10%、5%和1%的显著性水平。

2.4.4　内生性分析

内生性产生的原因主要有反向因果、遗漏重要解释变量以及数据测量误差。结合本章分析，有可能存在的内生性问题为反向因果。由于知识溢出是相互的，既能从集团内其他公司溢出到本公司，也可能从本公司溢出到集团内其他公司。考虑到这一点，本章在基本模型设定时将解释变量滞后了一期。从时间的维度上看，因果关系中的因一般发生在前，果发生在后，所以将反映集团内其他公司创新能力的解释变量滞后一期在一定程度上可以缓解反向因果而导致的内生性。考虑到知识溢出对企业创新可能具有长远的影响，为稳健起见，将解释变量滞后两期作为工具变量放入模型，回归结果如表 2-7 所示。可以发现将核心解释变量滞后两期之后，依然显著，这表明本章的结论较为稳健。

表 2-7　　　　　　　　　　**工具变量**

变量	Grant	Igrant
$lnother\_grants_{i,t-2}$	0.0335 ***	
	(0.0049)	

续表

变量	Grant	Igrant
$\ln other\_igrants_{i,t-2}$		0.0545 *** （0.0051）
Controls	YES	YES
Year	YES	YES
Ind	YES	YES
N	13644	13644
r2_a	0.3328	0.3107

注：括号内数字为标准误差，*、** 和 *** 分别表示 10%、5% 和 1% 的显著性水平。

2.4.5　实证结果小结

以上以中国上市公司工业企业为样本的实证结果验证了本章的两条假说，一是集团内部存在知识溢出，能够促进企业的创新；二是相比于国有集团，非国有集团内部的知识溢出强度更大一些。知识溢出在跨国投资、不同区域、产业集聚区内部同产业以及不同产业间存在进而促进技术进步的效应已经被广泛研究并证实。本章转换研究范围，从集团这一企业联合体的内部角度出发研究知识溢出，得出的结论也较为类似，具体的原因如下：一是相比于跨国投资、不同区域以及产业集聚区中的企业联合体，集团内部的竞争性较弱，由股权链接起来的企业集团利益更为一致，从而对知识溢出的阻碍更小。二是出于降低研发成本的动机，集团内部的人员交流、技术分享较为频繁，促进了以人为载体的隐蔽性知识的扩散。三是企业集团内部成员企业在业务上的联系导致互相在技术知识上也存在联系，彼此拥有的知识既为彼此需要又不完全重合，认知距离适中，有利于知识溢出。

对于国有集团与非国有集团在知识溢出上强度的差别主要是由于二者在形成过程、内部管理方式、股权结构等方面存在差异。具体而言，一是国有集团的最终控制人是国家，相比非国有集团天然地存在委托代理问题，这使国有集团对于创新这类高风险的活动的创新动力不足，进而导致作为知识接受方时在知识接受中的主动性不足，不利于知识溢出的发生。二是国有集团相比于非国有集团更容易发生多元化经营问题。多元化经营使得集团内部的知识变得多元，知识重叠度更低，虽然知识的总量增加了，但是一方面属于同一领域、对彼此创新有益的共性知识并未增加；另一方面增加知识的吸收难度，最终导致认知距离变大不利于知识溢出。相对而言，非国有企业集团的成员公司的最终控制人是具体的个人，对管理层的控制更为得力，代理冲突相对较弱，对于创新回报的追逐动力更强。在多元经营方面，非国有企业集团也相对谨慎，多是以主营业务为中心进行横向或是纵向的投资并购，由此形成企业集团。非国有集团的这些特点使得其在知识溢出时主动性更强，认知距离更小，从而相比于国有企业集团内部存在更强的知识溢出效应，更好地促进了企业创新。

2.5　本章结论与政策启示

2.5.1　研究结论

无论是创新驱动发展战略还是"中国制造2025"计划，创新都是其中重要的一环，企业创新作为国家创新的重要组成部分更是不容忽视。本章首先通过文献分析法回顾了学者们对知识溢出以及企业创新影响因素的研究，然后结合知识溢出的相关理论分析企业集团内部知识溢出的途径并提出本章的研究假设，最后利用A股上市公司中工业企业数据实证探讨了企业集团内部是否由于存在知识溢出效应进而促进创新，以及集团属性对知识溢出效应强度的影响。本章的研究结果表明：

企业集团内部其他企业的创新能力，对本企业的创新有着显著的促进作用，即企业集团内部存在显著的知识溢出效应。结合现有研究知识溢出的文献，本章认为企业集团内部企业之间的人才流动、非完全竞争性以及认知距离小等因素共同促进了知识溢出效应的发生。

相比于国有企业集团，非国有企业集团内部知识溢出的强度更大。这是由于国有企业集团在创新动力上弱于非国有企业集团，在经营上更加多元化，这些最终都形成了对知识溢出的阻碍，不利于企业创新。

2.5.2 政策建议

《国家创新驱动发展战略纲要》提出科技创新三步走战略：到 2020 年进入创新型国家行列；到 2030 年跻身创新型国家前列；到 2050 年建成世界科技强国。尽管随着改革开放以来一系列针对经济体制、科技创新的制度变革，我国的经济实力、科技创新能力都有了长足的进步，但是目前我国整体创新能力仍然不强，距离科技强国还有较远的距离。具体到企业层面，在工程技术领域我国已经有了较大突破，但是对于核心科技的掌握仍然不足，企业研发投入相对发达国家企业主体也存在差距。为促进我国企业创新能力的提高，发挥企业创新在国家创新中的作用，结合本章的理论与实证分析，提出如下建议。

1. 鼓励企业集团做大做强

从本章的实证结论来看，企业集团内部存在显著的知识溢出效应，能够有效促进企业创新，因此结合市场与企业的实际情况，支持集团化的建设不失为一项好政策。

事实上，我国一直以来支持企业集团的建设。从 20 世纪 80 年代推进经济联合体的建设，到 20 世纪 90 年代选择企业集团进行试点，并在税利分流、管理体制、资产重组等方面提供政策优惠与政策支持（王珏，2018）。进入新世纪后，一系列关于集团建设的政策已经相对成熟，专门关于集团建设的制度政策相对较少，仅在深化经济体制改革的意见中偶有提到针对中央企业集团的改革意见，更多的是依靠市场的力量形成集团。考虑到本章的研究结论，政府在原有政策的基础上可以在企业集团形成的过程中给予一定的政策支持，例如针对企业在市场化原则上的兼并重组、投资并购等行为提供一定期限、适当的税收减免政策或对于过程中企业的融资、贷款进行适当的支持。

本章的研究还表明非国有企业集团比国有企业集团在知识溢出强度上

更强，针对这一结论，国家在制定支持集团化建设时可以适当给予非国有企业集团更大力度的支持。这样能够使政策更有效率，更好地发挥非国有企业集团的创新作用。对于国有企业集团，国家可以通过优化绩效评价方式，提升企业创新在评价中的占比，帮助国有企业集团进一步提高创新动力和创新能力。

2. 企业集团内部加强基于知识溢出的合作

促进集团企业的创新，不仅需要国家发力，还需要集团从自身出发寻找对应之策。本章在理论分析中认为影响集团内部知识溢出主要有三个因素，分别是基于人员流动的知识溢出、基于较小认知距离下的知识溢出以及基于非完全竞争的知识溢出，我们从这三个角度提出以下对策：

第一，公司的员工，特别是研发人员是公司内部知识的重要载体，加强员工在集团内部不同企业间的流动非常有助于不同公司中特有的、对公司创新有重要作用的知识的流动，从而促进集团内部知识溢出，增加企业创新产出。集团可以从总部的角度出发制定集团内部的人才发展制度，让公司员工基于业务的需要在集团内不同公司间进行交换工作学习。对于需要长期研发突破而不便于岗位轮换的员工可以定期组织进行基于研发项目的交流探讨，提升其知识积累与研发效率。

第二，注意彼此的认知距离，提升交流效率。认知距离是影响知识溢出的一个基础要素。虽然认知距离是一个客观存在的因素，不会主观减小或是消失，但是在认识到这一因素的存在后仍然可以设法来减弱其影响。集团内部各个企业需加强自身的知识管理，建立自身的知识图谱，这样一方面有利于企业自身的知识梳理与新研发方向的选择，另一方面在集团内企业间进行知识交流时能够有的放矢，针对彼此间知识图谱的交集进行深度交流合作并便于知识消化吸收。对于业务差距较大、认知距离较远的企业之间，在交流时可以将重点放在方法论上以及研发管理上，以提升研发效率、降低研发成本。

第三，充分发挥非竞争环境的作用。不同于研发合作或是产业集聚区内所形成的企业联盟的竞争合作关系，企业集团这一企业联合体存在股权的链接，因此内部各企业在根本利益上的目标是一致的。针对这一点，集团内部可以设立人才共享中心、内部共享知识库以及研发合作中心。设立人才共享中心一方面可以人尽其用，最大限度地发挥一个人在集团的知识才能与创新能力，另一方面可以从整个集团层面对员工进行培训，给员工创造更好的学习条件，更大限度地挖掘员工的人力资本潜能。建立共享知识库以及研发合作中心则可以更好地利用各个企业现有的知识存量，促进企业间的知识交流，努力达到"1+1>2"的效果。

3. 合理化国有企业集团激励机制

本章在理论分析中提到国有企业集团知识溢出强度方面弱于非国有企业集团有两个重要原因，一是国有企业集团的创新意识较弱，二是晋升压力导致国有企业集团多元化经营。这两点的实质在于国有企业集团的激励机制有待改进。国企的激励更多的首先是职级晋升，其次才是薪酬的提升。虽然创新投入本身是一项高风险活动，收益在短期具有不确定性，但是持续的创新投入在长期是有助于保持企业核心竞争力的。这就使短期进行研发投入往往看不到绩效提升，无法带来职级晋升，因此为了拥有显性成就，部分国有企业集团就会走上多元化的道路。因此，如果想要激发国有企业集团的创新活力，就有必要对激励机制进行改革。

目前较为主流的激励机制有薪酬激励与股权激励。王燕妮（2011）研究发现对公司的高层管理人员进行薪酬激励与股权激励有助于提高企业进行创新的积极性。所以国企可以结合市场化原则与企业自身情况对企业高层进行适当的薪酬激励与股权激励以提高国有企业的创新积极性。一旦有了创新的积极性，成员企业就会有动力自发加强与集团其他企业知识性合作，吸收有利于自身研发创新的知识，最终促进企业创新。

第二篇

企业集团的特征对成员企业决策的作用

第❸章
企业集团多元化与成员企业技术创新

中国经济发展已进入新常态，经济结构优化升级、产业转型的过程中，技术创新有着尤为重要的作用，国家战略也从要素驱动、投资驱动向创新驱动转变。企业集团已成为经济发展过程中的重要推动力，其形成的内部资本市场可以在必要时候为成员企业提供有形或者无形的资源以支持附属企业更好地发展，而企业集团的多元化是内部资本市场的再扩大，被认为是一种创新的组织形式，在成员公司专业化发展的同时在集团层面实现多元化发展，这种独特的组织形式不仅可以可减少公司各自进行多元化经营所负担的成本，还可以通过集团内部的各种优势比如有效的内部资本市场、集团内部的知识存储池等促进企业的技术创新。本章以沪深股市非金融类上市公司 2006～2017 年的数据为研究样本，探讨了企业集团及其多元化对企业技术创新的影响，并挖掘了各自的影响路径。

3.1　问题的提出

在全球经济进入下行阶段背景下，我国经济进入"新常态"，经济发展的目标不再是一味地通过投资、出口、消费这三驾马车来追求高增长率，而是在国家稳健的宏观调控下转向"稳中求进"，并推出"双创"来带动经济增长。习近平总书记也系统阐述了我国经济增长的"新常态"，概况了中长期我国经济增长的运行趋势，即在增长速度上，从高速转为中高速；在结构上，要进行不断的调整进而转型升级；在增长动力上，要从原来的要素、投资驱动向创新驱动转变。显然，创新是经济持续增长的驱动力，在激烈的市场竞争中，企业要不断地提升竞争优势才能保持经久不衰的发展，而竞争优势提升的关键就是技术创新。当下，国家经济转型升级战略迫在眉睫，企业未来的发展也正面临着不同于以往的考验，从国外来看，国际上的贸易保护主义抬头及一些发达国家对我国经济增长的制约及技术的封锁也让我国企业意识到只有技术创新才能在市场上处于领先地位，国内经济才能处于稳定的增长；从国内来看，在去产能、去杠杆、产业迭代升级的市场条件下，外部市场环境对企业的成长发展是极为有限的，而在集团内部进行资源整合、在成员企业外部进行专业分工与发挥协同效应才是企业实现在市场中占有领先地位的有效途径。近年来，一直被认为是新兴市场国家中不完善制度替代的企业集团在许多国家大量涌现，而在我国，外部市场环境的间接作用和政府的直接推动也让企业集团在产业升级中扮演着不可或缺的角色，政府提出要发展一批资金、技术密集型的引导型企业集团，使其成为优化行业结构和企业组织结构，带动产业转型升级的主导力量。企业集团内部的资源调配、协同发展，以及集团多元化为成员企业所提供的外部专业分工也为企业发展壮大提供了一种可能，该组织结构是否是通过促进创新带动企业的发展是值得探讨的。因此本章将要探讨被看作是新兴市场经济国家对外部不完善的制度和市场的替代的企业集团及其组织特征，即集团多元化能否提升经济增长的原动力——创新，以及其内部影响机理，为企业集团战略的制定提供参考。

目前，供给侧改革仍在有条不紊地进行中，改革的重中之重就是启动创新驱动发展战略，而创新主要发生在企业内部的组织管理和技术上，企业想要在以优胜劣汰为规则的市场竞争中保持持久的竞争力，应当意识到这样一个良好的契机并加速推动企业技术创新，实现在整体上以创新为企业战略的转型升级，从而在市场中创新发展的战略上保持制高点。技术创新作为企业持久不衰发展的至关重要战略必然受到企业资金因素、内部治理因素及其他创新所需资源的影响。企业内部治理的完善能降低企业技术研发的风险，避免投资不足或过度投资等问题。而技术创新往往都是高风险和高成本的，充足的资金可以提升企业管理层研发积极性。技术外溢效应导致单个企业无法得到研究带来的全部收益，但企业集团提供了一个解决途径，将知识溢出局限于集团内部，不仅会降低风险，还可以共享集团内部有形或无形的资源。多元化战略已被许多学者探讨，研究一般认为，实施多元化战略目的一是企业最大化利用企业资源，二是分散投资风险使企业能够实现稳定的收入，大多数企业都不同程度地实施多元化战略，同样，随着企业集团的不断增长，其组织形式必定有所不同，其中集团层面的多元化便是其中一种独特的组织形式，企业集团多元化与单个企业多元化经营相比更多的是非相关领域的行业多元化，不仅可以实现整个企业集团成员分散投资风险和达到企业间的协同效应等目的，还可以带来不同于单个企业多元化的独特优势，比如企业间的知识溢出。因此，探究这种集团多元化战略相对于一般研究的产品多元化对技术创新影响更有意义。此外，民营企业集团和国有企业集团在形成机制、内部组织结构、市场融资环境、和政府的关系方面都有所不同，则其影响后果也可能存在差异。集团多元化在市场发展程度不同的地区所发挥的市场弥补、替代作用也会因此有所不同，因此，基于以上问题，研究企业集团及其多元化对我国企业集团战略制定提升经济发展有重要的意义。

有关中国企业集团的研究大多数以案例分析为主，而本章将基于收集到的更为长久和实效的企业集团数据进行探讨，对目前经济现状有一定的意义。先前研究都是从企业集团这单一属性探讨对上市公司的影响后果，对企业创新的影响机理只停留在理论分析层面，而且在多元化方面，大都从单个公司产品多元化对公司绩效、创新或其他方面的影响进行研究，从集团层面探讨集团多元化对附属企业创新的影响几乎没有，国内集团层面的多元化只有肖星、王琨（2006）用了小样本数据探讨了其对企业绩效的影响，而对企业创新的研究还存在空白，因此，在新兴市场中企业集团不断增长的背景下，挖掘其影响路径以及探讨其多元化对企业创新的影响有其必要意义。

在理论上有助于从企业组织形式方面丰富熊彼特著名的创新假说，更系统地认识企业集团组织特征与附属企业成员技术创新的关系并弥补了其影响路径的空白；在实践上有助于为企业集团的战略制定提供参考，对近年来不断增长的中国企业集团研究进行补充。

3.2 企业集团多元化对成员企业技术创新影响的理论分析

3.2.1 相关文献综述

企业集团的出现被大多数学者认为是新兴市场国家不完善制度的一种替代，后来随着企业集团的大量涌现，学者对其关注度越来越高，并开始研究其集团属性及其多元化对企业的创新、绩效等各种可能影响到的经济后果。研究者发现了企业集团属性的多种优势及多元化动机。玛尼坎丹和拉马钱德兰（Manikandan and Ramachandran，2014）利用 1994～2010 年印度公司的数据研究了投资组合的多样性和多实体的组织结构的组织特征，多实体的组织结构即为本章所说的企业集团，研究发现投资组合的多样性为企业提供了隐藏在不完善市场制度中的机会，而企业集团能够使成员企业更好地感知和抓住这些增长机会，且在体制改革背景下，企业的这种组织特征也增强了附属企业利用体制改革所提供的更多机会的能力。许（Huh，2014）对 1999～2008 年的韩国 30 家大型企业集团多元化经营进行研究，发现集团多元化的目的是为集团成员公司提供相关关键性资源，而不是利用集团中相关行业经营所产生的协同效应。阿贝加兹（Abegaz，2005）认为集团化经营是一种创新的转型组织，集团多元化因涉及多个业务可以促进政府对企业的监督，帮助管理层开发规模经济、改善风险管理，进而促进企业实现网络经济和范围经济的运营模式。玛尼坎丹和拉马钱德兰（2015）利用印度 1994～2010 年的企业数据样本进行实证分析，发现企业集团因其背景强大掌握的资源多而为成员企业提供了隐藏在不完全市场环境中要素市场的机会，认为由各个独立的法律实体在共同的控制环境下联系在一起的组织形式，是一种经营多种业务的稳定、有效的组织，是独立企业多元化经营的替代形式。乔治和卡比尔（George and Kabir，2012）认为规模较大、多元化程度较高的企业集团更能有效地利用集团的内部资本市场，并且成员企业借助于集团的声誉获取外部资源的成本更低。此外，多元化能够增强企业集团的市场势力，从而降低所投资项目在未来获取收益的风险（Khanna and Palepu，1997）。金（Kim，2012）利用透明度指标进行研究发现韩国的企业由于集团化使得内部市场利益冲突消失和代理问题减少，由此集团企业比非集团企业更加透明进而使得集团企业的业绩更好。

有学者也在投资效率方面研究了企业集团的表现。安休曼（Anshuman，2014）发现集团层面的投资效率与资源的多样性成正相关，而在有效的内部资本市场理论中，集团多元化增加了资源的多样性，因此，成员企业的投资效率在很大程度上能被其所驱动。奥拉克和托尼（Olak and Toni，2007）研究分拆或资产剥离是否会改善企业集团的投资效率，在研究者提出集团多元化会影响投资效率即会出现多元化"折价"问题时并没有考虑投资效率与多元化之间存在内生性问题，因为投资效率的改善使得企业有更好的绩效，进而可能也会影响企业的多元化问题，这篇文章在考虑内生性进行控制多元化企业与控制组企业的差异后，并没有发现集中化经营会改善投资效率，说明投资效率折价问题不一定是由集团多元化引起的。不少学者发现了企业集团内部存在相互支持。姜、李和岳（Jiang，Lee，Yue，2010）认为最终控制人公司的业绩不佳时，集团使用内部贷款主要是为了"挖地道"，即被认为是集团中具有掏空效应，但布丘克等（Buchuk et al.，2014）利用智利 1990~2009 年集团的数据进行研究发现，集团内部贷款的提供者的净资产收益率和股息率并不比其他成员企业或者非集团企业的要低，也没有证据表明实际控制人给其拥有较高现金流权利的企业定向提供内部贷款而损害了少数股东权益，与所说的隧道效应不太相符，而是和大部分研究的企业集团内部融资优势效应相一致，贷款通常不会像掏空效应所反映的那样直接从集团金字塔的底部到达顶部，因此很难将隧道掏空效应作为企业集团这种金字塔结构内部资本市场效率不高的主要原因。贾楠、石京和汪勇祥（Nan，Jing and Yongxiang，2012）利用中国企业集团的数据进行研究，发现集团内部的交易活动有些确实是为了在资源上支持成员企业，集团成员的上市公司会在其最终控制人公司经历信贷紧缩的时候为之提供贷款担保或进行内部贷款，而控制人及其他成员企业会在上市公司的业绩下降时基于关联交易形式为上市公司提供资源支持。戈帕、南达布和塞鲁（Gopalana，Nandab and Seru，2007）对印度企业集团内部资本市场运作进行研究，发现集团企业之间转移现金的重要方式就是内部贷款，集团经常对财务较弱的公司进行资金支持以避免此公司违约而造成其对其他企业的负面溢出。费斯曼和汪勇祥（Fisman and Yongxiang，2010）也对中国企业集团进行研究，发现集团内的上市公司和实际控制者之间存在相互担保的情形，表现为在上市公司存在负利润进而可能被证监会实行退市时，控制者会通过为上市公司提供超出溢价的交易活动来改善公司经营状况。另一方面，当控制人在外部融资困难而出现财务上受到约束时，上市公司可以为之提供贷款担保。何佳、奥利弗和查晓磊（Jia，Oliver and Zha Xiaolei，2013）对中国企业集团进行研究发现在政府干预程度高、法律体系薄弱以及金融市场不发达的情形下，企业集团存在的内部资本市场可以帮助成员公司缓解外部资金的约束，内部资本市场融资渠道的利用效率在国有企业集团和民营企业集团中存在区别，企业集团也可以帮助成员企业分担风险。

还有学者发现企业集团内存在溢出效应。裴、郑和俊具（Bae，Cheon and Jun‐Koo，2008）对韩国集团公司进行研究发现集团附属公司宣布增加收益的公告会对其他未宣布成员企业的市值有正面影响，并且未宣布公司不正常收益引起市值变化的敏感性会随着宣布公司控制人拥有的现金流量权的大小、公告公司规模的大小、业绩越好坏以及债务担保率的高低而变化，集团间存在这种溢出效应，乔和奥（Joe and Oh，2016）也对其进行了研究，但采用信用评级变化指标看是否其对集团内公司本身和其他成员公司产生影响，企业集团间同样存在溢出效应，并发现这种溢出效应有正有负，而不管信用评级如何发生变化，负的溢出效应都要大于正的溢出效应，并得出实际控制公司的溢出效应要大于集团内其他成员公司的溢出效应的结论。杜钦、戈德堡和索西拉（Duchin，Goldberg and Sosyura，2016）发现集团内的部门中员工之间的薪资也存在溢出效应，即一个行业部门薪酬的增加会提高其他部门管理人员的薪酬，这种溢出效应在公司拥有较多的剩余现金和经理人有可能影响其分配时更大，这种溢出效应也弱化了管理人员薪酬和绩效的关系。在本章所研究的企业集团属性对成员企业在研发创新和绩效方面：张世进、钟基年和伊什蒂亚克（Sea－Jin，Chi－Nien and Ishtiaq，2006）从制度视角研究发现，企业集团促进成员企业创新在不同的国家和时间段有差异，差异的原因在于影响创新的替代性制度基础设施在不同国家和不同的时间段存在差异。在新兴市场中，企业集团的制度替代功能更强，内部子公司之间的技术知识与财务资源的分享更能被有效地利用。古齐尼和亚科布齐（Guzzini and Iacobucci）基于对4000家意大利制造企业的样本数据进行研究，发现企业集团因为有着比较大的市场势力和较多的资源，有着更多的投资机会来协调研发战略和更好地利用内部化的知识溢出，所以相比独立企业有着更强的研发强度和研发倾向，并且多元化的集团倾向给予成员企业更多的自主权，而自主权与成员企业的研发倾向和研发强度有正向的显著关系。科梅拉、吉乔和萨西达兰（Komera，Jijo and Sasidharan，2018）以1992～2013年印度的制造业数据样本研究了集团属性对附属企业 RD 活动的影响，发现集团控制的样本企业的研发活动比独立企业有着更加积极的研发倾向，并且相关行业多元化的集团企业能促进企业的创新。贝伦松和贝尔科维茨（Belenzon and Berkovitz，2018）用欧洲企业的数据进行探讨发现企业集团可以增强企业创新的新颖性和促进创新的规模性，在信息不对称程度高、更多依赖外部融资并拥有更高资产的行业中集团属性显得更加重要，其原因在于企业集团有着内部资本市场和多样化的集团资本来源，有着法律界限的集团成员之间通过有效利用内部资本市场使得成员企业的创新对经营现金流的敏感性变低。

在集团多元化方面的经济后果，也有学者进行了探讨。卡南、萨普塔什和芭芭拉（Kannan，Saptarshi and Barbara，2017）从制度理论和组织理论视角研究了印度企业集团的多元化战略对集团绩效的影响，发现集团多元化对成员企业的绩效有着积极的影响。谢（Hsieh，2010）等以2001～2003年台湾地区的企业集团为研究样本发现，与企业集团控制的企业比独立企业创新能力更强。集团多元化和家族关系能显著提升企业创新，而内部所有制对成员企业的创新没有显著影响。卡纳和帕勒普（Khanna and Palepu，2000）对印度企业集团多元化进行研究发现集团多元化对企业的绩效有着门槛效应，在多元化一定水平之下，企业绩效的会计指标和股票市场指标会随着多元化程度的提高而降低下降，但当集团多元化超过一定水平之后，企业绩效又会随之上升，多元化企业集团成员公司的业绩要优于其他企业集团公司。戈南茨、哈里特、坎、伯克、卡拉达格利、埃塞（Gonenc，Halit，Kan，Berk，Karadagli and Ece，2004）通过对土耳其企业集团进行研究发现企业集团可以提高成员企业的会计绩效而不是股票市值表现，并且会计业绩会随着集团多元化水平的提高而提高，还发现集团中若有附属机构，比如银行对会会计业绩有积极的影响。此外成员企业在进行资金筹措时更倾向利用集团的内部资本市场而非外部资本市场。

国内学者也就企业集团多元化进行了大量研究。黄山、宗其俊、蓝海林（2008）通过对 706 家上市母公司合并报表数据实证研究发现，西方文献归纳出的三种 DP（即多元化与绩效）关系模型并不适用中国，处于正在进行产业结构调整的转型经济中，中国在适当的时机进行多元化有可能是一种较为有效的战略。张平（2011）从资源基础观的角度实证分析了企业集团的行业多元化与成员公司绩效的关系，发现集团多元化程度越高，成员企业的绩效越好，但达到某一临界点时，多元化程度的提高会降低业绩，即存在"U"形关系。肖星和王琨（2006）以 2000～2004 年沪深股票市场上的"派系"企业为研究样本，结果显示集团多元化和成员企业的价值有显著的正相关关系，但在最终实际控制人为政府机构时，集团多元化经营模式对企业价值的正面影响有所减弱。刘媛媛和韩艳锦（2016）等以 2011～2013 年股票市场上国有企业集团样本数据研究发现企业的现金流水平与企业的投资水平呈正向关系，但没有受到集团中其他成员企业现金流水平的影响，文章用企业集团涉及的行业个数和集团成员个数比衡量集团多元化发现成员企业的过度投资水平随着企业集团多元化程度的扩张而加重，而金字塔层级减弱了集团多元化对企业过度投资的影响，但并未显著影响企业的投资不足。罗伯特（Robert H.，2002）运用新古典主义模型在考虑公司组织和管理能力会产生内生性的情形下对美国企业集团多行业投资的效率进行研究发现企业所涉及的行业部门的最佳数量和经营规模取决于其在不同行业的比较优势。在均衡状态下，如果规模较大、水平较高的公司组织能力是针对某一行业的，则经营单个行业的集团公司比总规模相同的集团公司的生产效率更高，比较优势还意味着，较大的企业集团比较小的企业生产效率更高。除此此外，在遇到外部需求冲击或行业状况发生变化时，生产力不同的公司应进行不同的投资，因此，在企业集团无法掌握成员企业各部门的生产效率下，关于成员企业如何响应市场行业前景变化而进行不同的投资可能就不是有效率的。与在较少行业运营的企业集团相比，涉及多个行业的企业集团的综合能力更高，即集团多元化整体综合能力更强。

3.2.2 理论分析与研究假设

1. 企业集团影响成员企业技术创新的机制分析

（1）制度环境机制。

威廉姆森（Williamson，1985）提出的交易成本理论认为，一个公司的最优组织结构取决于它所处的制度环境。我国作为新兴市场国家，缺乏完善的资本和劳动力市场，这就使得在新兴市场中获得技术、资金、人才的成本较高。而企业集团可以充当企业和不完善市场的中介，其集团的范围和规模可以允许在集团内部复制发达经济中独立中介机构所提供的职能，缓解外部市场失灵，为企业创新弥补市场不完善的缺失。一般来说，中小企业由于自身实力不如大型企业，公司经营稍有不善就会面临被收购或者破产的风险，也因此促使它们对外部市场的变化较为敏感，更渴求研发出新技术在市场中占得一席之地，小企业对新的技术机会进行转换时，其成本相对来说比较低，因此，这也使得一部分人认为相对于大企业来说小型企业在技术创新活动中能发挥更大的作用，而企业集团的存在较好地解决了这种小企业与大企业之间的矛盾，在这种集团模式下，外部市场环境和集团内的多法人治理结构的相互渗透，不仅有中小型企业对市场反应的敏感性，而且在集团声誉保护下降低了被外部收购的风险，还可以享受集团内部有形或者无形的资源，为企业技术创新营造了适宜的发展环境，这也是为何企业集团这种经济组织被看作一种创新的独具特色的制度模式，被看作是在新兴市场中不完善制度环境的一种组织反映（Khanna and Palepu，1997）。在我国，各地区的市场发达程度不同，在越成熟的市场环境中，产权保护度越高，交易成本越低，有更高的金融发展水平，企业也有更多的融资机会，研发风险承受能力也就越强，创新投资意愿就更高，因此企业集团可以在新兴市场中作为外部市场环境不足的补充来提高企业技术创新。由于企业集团是市场制度的一种替代和完善，则当市场化程度低时，企业的技术创新对企业集团的反应也较为敏感，在适度完善的制度环境下，企业集团对成员企业技术创新的提升作用也就更加明显，相反，当市场化程度较高时，企业集团对市场制度的替代作用也就被削弱。因此，当市场化程度较低时，企业集团能显著而积极地影响企业的技术创新，而当市场化程度较高时，企业集团对成员公司的技术创新的影响变低，具体表现为较高的市场化程度会弱化企业集团与成员企业技术创新的关系而呈现倒"U"形关系。

（2）集团治理机制。

在人才、技术都比较欠缺的新兴经济体中，集团可以充当培养人才的孵化器、开发有效的内部劳动力市场和资本市场、通过替代发达经济体中的某些功能来促进创新（Ishtiaq，Mitchell，2004）。在人才方面，企业集团可以为附属企业管理层提供内部人才市场（Khanna，Palepu，1997），而内部人才市场的存在既减轻了新兴市场中外部人才市场不足的问题又可以形成对成员企业管理层进行激励的内部晋升模式，弥补了传统薪酬激励模式的失效，进而减少了管理层的代理问题（钱婷、武常岐，2016）。且就集团来说，其替代外部市场的作用之一就是管理人才（吕源、姚俊、蓝海林，2005），企业集团可以利用比一般投资者更加丰富的经营管理知识去监督管理层，从而减轻管理层代理问题（钱婷、武常岐，2016）。从这个角度上来说，企业集团通过厘清复杂的所有权关系，更有动力和能力激励企业集团的管理层来有效减轻企业的管理层代理问题，进而提升企业创新（郭晨曦，2019）。国内的企业集团不同于美国的多个联合公司（有多个企业在同一个法律实体下，不同的企业将财务报表合并为一个整体进行公布与信息披露），而是各个成员具有独立的法人身份，每个实体都有自己的高层管理团队（即有自己的董事）进行治理，有更大的自主权，进而企业有更高的研发倾向。这种结构和治理特征使公司可以缓解在一个法律实体下的多元化联合公司所面临的激励对齐和资源分配相关的内部治理问题。

集团成员之间有明确的法律产权界限，集团治理的特性有着市场交易性和层级管理性（刘媛媛，2015），这样的集团治理模式让企业的管理层在进行盈余管理时有着更强的自主性和知识产权不被侵犯性而更有利于企业创新。目前，我国的企业集团大多采用的是一种横向控制的治理结构模式，即有着连锁董事的网络结构，而成员企业在这种网络资源结构中相比独立公司有更多的途径进行资源获取、更强的能力进行信息撷取和环境应变能力（任兵、区玉辉，彭维刚，2004），企业获取信息的效率和质量及对外部环境应变的及时性都将会影响着企业的创新能力

（3）融资约束机制。

创新不仅需要企业管理层的管理理念更需要资金支持前期的研发投入，由于研发有着风险大、周期长而存在不确定性的特点，企业很难将其作为无形资产进行抵押融资，而企业集团不仅可以弥补创新过程中的某些制度缺失，集团成员还可以将集团的品牌和声誉作为一种新兴市场中欠缺的担保进行融资（Noel，Tridib，2001）。企业集团内部资本市场运作的主要方式是集团可以为财力较弱的成员公司提供贷款，且融资成本相较于外部融资成本更低（Gopalan，Nandab，Seru，2007）。企业集团一般以连锁董事的组织形式存在，而连锁董事构建的一种形似社会网络的结构可以提升成员企业风险承担的水平，这种风险承担主要表现为债务融资风险和研发投入风险（张敏、童丽静、许浩然，2015）。就创新而言，由于有着区别于其他投资活动的特点，通常依靠内部资金开展创新活动而大量研究表明，企业内部现金流具有高度的不稳定性，当内部资金难以满足研发资金需求而研发活动的调整成本又很大时，企业集团中的内部资本市场，可以把资金通过内部市场的配置及时提供给优质的但缺乏资金的研发项目。而且对于外部融资约束，附属于集团的企业相较于独立企业也能获得更多、更长期的银行贷款来满足企业进行研发所需的财务资源（潘红波、余桂明，2010）。以及外部资本市场由于信息不对称很容易产生代理冲突，而企业集团良好运作的内部资本市场可以缓解上述问题，充分发挥内部资本市场功能和成员间协同效应促进企业创新（Stein，1997）。

因此，基于不完善市场制度、集团治理优势和财务价值观可以提出假设 H3-1：附属于集团企业相比独立公司将会有更好的创新能力，其中市

场化程度对企业集团影响企业技术创新的调节效应存在倒"U"形关系，即在市场化程度较低时，企业技术创新对集团属性较为敏感，市场化程度的提高会弱化企业集团的影响。

2. 企业集团多元化影响企业创新的机制分析

不同集团内部结构和组织安排存在差异，其中一个重要组织特征就是集团多元化的程度。一般来说，企业集团的形成是为了追求规模经济，而企业集团的多元化则是为了追求范围经济，集团多元化是企业集团的进一步战略，是集团的一种成长扩张模式。就目前研究现状来看，多元化对企业创新的影响仍不确定，即有着双重效应。规模经济和范围经济可能是大多数企业实施多元化战略一个动机，多元化经营可以实现内部融资，分散投资风险，优化企业现金持有水平（蔡卫星，2015），是企业常采用的一种成长方式。但随着产品的多元化程度加大，经理人需要付出更多精力来管理和控制企业扩大的产品类型，当管理范围超出控制能力时，经理人为了保持短期的财务绩效，就会把注意力从长期战略转移到短期战略（Hitt, Hoskisson, Johnson, Moesel, 1996）进而可能忽视潜在的市场研发投资机会，因此，风险 RD 投入就会缩减，创新动机会被削弱。现有多元化的研究大都基于个体企业的产品多元化，集团层面的行业多元化是否影响成员企业创新？国内研究集团多元化几乎还是在企业层面算出多元化指标，这显然不同于本章所探讨的集团意义上的多元化，肖星、王琨（2006）用小样本的企业集团数据研究发现集团多元化有利于成员企业的业绩绩效，提高企业的价值。卡纳和亚菲（Khanna and Yafeh, 2007）指出，集团多元化能够使企业集团更好地应对研发过程中的不确定性，企业的会计绩效会随着集团多元化水平的提高而提高（Gonenc, Halit, Kan, Berk, Karadagli, Ece, 2004）。谢（2010）等对台湾地区企业集团的研究发现，多元化及家族关系正向影响企业创新。

（1）分散财务风险机制。

在多元化研究领域，其中一个视角就是多元能否降低企业经营风险，蒙哥马利和哈比尔（Montgomery and Harbir, 1984）用 Beta 系数衡量企业系统风险发现相比于其他多元化类型的企业，经营非相关多元化有着更大的系统性风险；集团采取多元化的动机其中之一是出于资产组合理论，实际控制人把成员企业布局在不同的行业以构建商业帝国大厦进而扩大声誉，虽然从集团层面来看是属于不相关行业，但从独立企业来说是专业化经营，集团将不同的成员企业放在市场中不同的"篮子"里，以减少集团经营风险（Almeida，Wolfenzon，2006）。姜付秀、刘志彪和陆正飞（2006）发现上市公司的多元化能降低企业收益的波动程度等，目前研究都是对独立企业进行分析探讨的，从集团层面的多元化来看，虽然附属企业经营业务大多是非相关的，但从企业个体来看主要是经营单一或相关多元化业务，因此，这种组织模式不仅可以在集团层面形成范围经济，还可以减少独立企业经营非相关多元化带来的系统性风险，避免过度投资、经理人能力等问题（肖星、王琨，2006），企业集团在缓解成员企业的融资约束外，多元化也可以帮助成员企业分担风险（Jia，Oliver，Xiaolei，2013），提高内部资本市场的效率（王峰娟、邹存良，2009），所以，企业集团的多元化有着避害取其优的组织特征，通过降低成员集团企业经营的风险（Khanna，Tarun，Krishan，1997），特别是财务风险进而使成员企业能够持续进行研发投资来提升创新能力。

（2）知识溢出机制。

企业集团采取多元化经营的另一个优势是基于资源基础观视角，企业集团通过多元化经营利用知识溢出效应在不同产品或技术中寻求转换和协同来促进企业创新。知识溢出是具有连锁效应的知识传播再造（Hsieh，Yeh，Chen，2010），对于非企业集团成员来说溢出效应越大，模仿效应和研发风险使企业本身进行研发投入的动机更小，所以研发溢出是独立企业多元化经营的负面效应，但从企业集团层面来看，这个缺点不仅可以被弱化，还有可能成为企业集团内部中独有的优势，企业集团可以将知识溢出效应限于集团内部，不仅减小了研发成果被外部竞争企业所模仿的风险，也使得其在企业集团中成为研发投入向创新成果的催化剂，从这个意义上来说，发生在集团内部的知识溢出，通过集团内部化方式获得了一种内部资源的重新分配与共享，促进了成员企业创新。因此，企业集团在成员企业主营单一业务集团层面实现多元化的模式，不仅可以减少独立企业进行多元化所带来的负面成本，还可利用整个集团内部创建的产品技术组合产生的多种知识存储池，来支持成员企业的创新活动（Mahmood，Rufin，2005）。有学者（Cohen，Levinthal，1989）指出如果企业能很好地吸收外部知识和技术就能提高它们的创新能力，而集团多元化能够形成一个关于顾客和供应商等方面的知识存储池，这一独特的知识源可以被成员企业更有效地吸收和利用，以培育创新（Mahmood，Rufin，2005）。

（3）改善投资效率机制。

企业的多元化战略发展有时并不是具有效率的，在融资约束和委托代理下可能会出现过度投资和投资不足问题。在企业的委托代理下，经理们可能以损害股东的利益采取降低经营风险的多元化扩张投资行为来实现自身的利益，加之管理者的过度自信引起的过度投资问题（Gervais，Heaton and Odean，2007），不仅造成投资效率低下，还挤出了企业进行创新所需的资源。另一方面，一般来说外部市场的融资成本高于内部融资，在出现融资约束情形下，经理人出于财务保守的行为理念，会错过市场出现的好的投资机会进而容易造成投资不足问题，而在企业集团层面，这些缺点都可以被弱化。集团总部一方面可以利用资源优势甄别出好的投资机会，为成员企业提供隐藏在不完全新兴市场经济中投资发展机会并通过多元化创造更大的内部资本市场为成员企业提供资源以缓解投资不足问题（Myers，1977），另一方面还可以通过在企业个体层面专业化，形成集团层面的多元化的组织模式，降低独立企业实行多元化发展引起的过度投资问题。在集团层面，投资流动符合有效内部资本市场假说，投资会从增长较低的成员企业流向增长较高的成员企业，即投资流有着正确的方向，在有效的资源分配下，改善成员企业的投资效率也成为可能。因此集团多元化发展可以通过提高企业的投资效率来增强企业的技术创新

基于以上分析本章提出假设 H3 - 2：集团多元化通过分散企业的财务风险、共享知识集团的知识存储池、改善投资效率对企业成员创新有促进作用。

3. 产权性质及市场化程度调节作用的理论分析与假设

处于经济转轨的中国，任何经济问题的探讨都可能会受到产权性质的影响，企业集团多元化也不例外。从集团多元化角度来看，国有企业集团

和民营企业集团在多行业投资的目的不尽相同，国有企业集团的构建往往是在政府指导下由以往的行业监管机构改制而成，其根本目的是做大做强形成航母型集团[①]，却并没有考虑到对集团多元化的独特优势进行有效利用，因此其多元化扩张能否提升企业的创新能力不得而知。本章从搜集数据中发现国有企业集团的控制链较长，表明国有企业集团的产权结构大多数是一种层层委托的代理关系，是通过国资委进行行政式委派，由于委托层次较多，实际控制人无法对企业经营者的投资行为进行有效约束，导致投资约束软化，也就弱化了实际控制人对各个成员的监管和资源分配，企业管理层可能为谋取自己的私利而采取多元化战略，而没有考虑企业的长远发展（张纯、高吟，2010），而且国有企业集团由于资金获得较为容易，在经营多个行业时资金运用率上相对于民营企业集团可能较低。因此，国有企业集团的多元化扩张战略可能只是注重集团的发展规模，在层层委托的代理下，管理者可能出于某种动机，在某些产业进行"过度投资"或投资不足，降低了集团所提供的资源利用率，集团多元化对成员企业创新的影响相对民营企业来说可能会减弱。

企业集团的形成是对外部制度缺失的一种反应（黄俊、张天舒，2010），主要是弥补市场化发展的不成熟以及金融市场的不发达，而集团多元化是企业集团的进一步延伸，从而也增强了其弥补制度缺失的能力。在市场化发展程度较低的企业可以利用集团多元化提供的内部市场来取代外部交易，来降低市场交易成本以及缓解融资约束，而对于原本在市场化发展程度较高地区的企业来说，同样的集团多元化被充分运用的效果可能就会降低，对企业技术创新的影响也会较小。

基于以上分析提出假设 H3－3：相对于国有企业集团多元化来说，民营企业集团多元化更能促进成员企业创新；集团多元化对低市场化发展程度地区企业的技术创新的提升要强于高市场化发展地区的企业。

---

① 引自 2001 年国家经贸委、中央企业工委等政府部门联合发布的《关于发展具有国际竞争力的大型企业集团的指导意见》。

3.3　企业集团多元化对成员企业技术创新影响的研究设计

3.3.1　样本选择

本章使用沪深股票市场 2006～2017 年共 12 年的上市公司数据为初始样本。由于专利数据只更新到 2017 年，且本中所用到的市场化指数指标也只到 2017 年，因此本章的数据只使用截至 2017 年的数据进行实证检验。着眼于本章研究的主题，本章对数据做了以下处理：首先剔除了 ST 和金融类上市公司，其次删除了样本缺失的样本观测值，最后对除虚拟变量以外的所有连续变量进行首尾各 1% 的 Winsorize 处理，以剔除极端值对回归结果的影响。最终得到 2062 个企业的 9722 个样本观测值，本章所使用的数据，除企业集团和集团多元化指标是笔者手工整理、计算得出，其他财务数据均来自国泰安（CSMAR）、万得（Wind）数据库以及巨潮资讯网。

3.3.2　变量定义

1. 创新指标

创新在企业维持竞争优势扮演着重要的地位，尽管已经有许多研究都集中在与创新相关的话题上，但创新指标仍然难以有统一的衡量标准。鉴于创新涵盖了技术和工艺进步的许多方面，研究者根据自己研究的目的也以不同的方式衡量去创新。有些学者通过以在市场中引进的新产品或服务的数量来衡量企业的创新；一些学者则根据企业对应用新生产工艺的程度来评估企业的创新；而还有一些学者则使用研发投入比例或专利数量和其被引用频率来衡量创新。因为本章打算研究企业整体的创新绩效，且专利数量相较于研发投入强度更能体现出创新的成果，更能直接地反映企业的创新能力（周煊、程立茹、王皓，2012），因此本章选用样本企业及其关联企业①的专利总申请量作为企业创新的衡量指标，并将研发投入作为控制变量，以控制其对创新产出的影响。在发明专利、实用新型和外观设计三种专利②中，发明专利原创性最高、体现的关键技术成果多，能更好地代表企业创新的水准，因此，本章将其作为企业创新的辅助衡量指标。企业专利授予数量更能体现企业最终的创新成果，因此，本章用专业授予数量作为企业集团及其多元化对企业技术创新的稳健性检验，本章在实证过程中依据通常做法，对专利数据加 1 后取自然对数。

2. 企业集团

企业集团是由多个独立的法人实体组成的组织结构，但早期在有些国家，几个企业的联合体在一个法人实体企业下统一经营和所有也被认为是企业集团。最早在我国出现企业集团的概念是在 1986 年，著名经济学家厉以宁教授把企业集团定义为是经济中企业之间横向联合发展的产物，是在同一地区、同一部门或在不同地区、不同部门的几个企业共同组成的经济共同体，后来随着企业集团的发展，在 1989 年，国家发改委规定了企业集团的特征，一是至少要有三个独立法人被同一控制人控制，二是集团内部各企业之间要有一定的纽带联系，三是组织结构要有多个层次，四是集团中存在一个核心企业，其能够主导、统一、规划成员企业的业务。

本章研究的是上市企业的创新能力且考虑到数据的可获得性，因此本章关于上市公司是否隶属于企业集团，借鉴了克莱森斯等（Claessens et al.，2000）采用的方法，利用上市公司年报中提供的股权控制链信息图，来判断上市企业的最终控制人是由哪一个经济主体所控制。若两家及以上上市公司同由一个经济主体控制，就认定为这些上市企业为企业集团，否则为独立企业。按照企业集团的定义来说，若多个法律主体（比如一家上

---

① 根据余明桂等（2016），上市企业可以将创新活动转移到关联公司，因此仅考虑上市企业本身的专利数是不够的，应综合考虑上市企业及其子公司、联营企业、合营企业的专利水平。

② 《中华人民共和国专利法》第二条：本法所称的发明创造是指发明、实用新型和外观设计。发明，是指对产品、方法或者其改进所提出的新的技术方案。实用新型，是指对产品的形状、构造或者其结合所提出的适于实用的新的技术方案。外观设计，是指对产品的形状、图案或者其结合以及色彩与形状、图案的结合所作出的富有美感并适于工业应用的新设计。

市公司和多家非上市公司）同时被同一个主体所控制，这种情况下这些法律主体都可被认为是企业集团，即这家上市企业也可以被认为是企业集团。但是由于现有技术无法获取非上市企业的数据，从而导致无法进行下一步的实证分析，因此现有研究企业集团大都采用此种判别方法。由于大多数国有企业的最终控制人为国资委，为了避免按这种判断将出现所有国有企业都隶属于同一集团这种情况，本章追溯到国资委的下一层级的实体企业进行判定，图 3-1 所示的就为本章所认定的一个典型企业集团。此外，在国有企业和民营企业的区别时，利用最终控制人的信息，如果最终控制人为政府单位或者国资委，企业就被认为是国有企业，除此之外为民营企业。

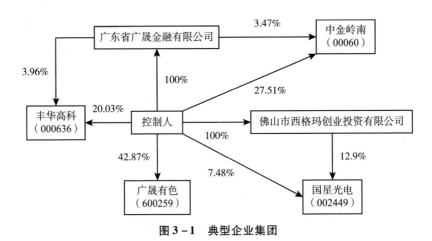

图 3-1 典型企业集团

资料来源：上市公司控股链图。

3. 多元化指标

长期以来，多元化一直是研究者们探讨的重要分支，但由于多元化的测度方式有多种，各个研究者也根据自己研究的目的选取不同的测度方式，因此，并没有一致的衡量标准，其中用到最多的两种多元化指标是赫芬道尔指数法和熵指数法。

（1）赫芬道尔指数法（Herfindahl Index，以下简称 H）的表达式如下：

$$H = \sum_{i}^{n} P_i^2 \tag{3.1}$$

赫芬道尔指数法在国内研究中一般用于衡量公司经营的产品多元化，其中 P_i 为公司第 i 中产品销售额占公司总销售额的比值，H 取值范围在 $0 \sim 1$ 之间，最大值为 1，表示只经营一种产品，进行专业化经营。H 值越小，企业经营的产品种类越多，多元化程度越高。

（2）熵指标（Entropy 指标，以下简称 EI）法的表达式如下：

$$EI = \sum_{i=1}^{n} p_i \times \ln(1/p_i) \tag{3.2}$$

熵指数是在 1979 年被提出来的，其将多元化分为两个部分，包括行业多元化与行业间多元化，其相较于 H 指数法具有信息量包容大、测度相较于其他指标更加精准的特点，因此，在研究中被较为广泛运用。其中，P_i 为一个行业的销售额占总行业销售额的比值，EI 指标越大，表明多元化程度越高。

目前国内研究集团多元化的很少，有些研究企业集团多元化但仍以企业个体数据按照产品多元化的方式算出多元化指标这显然不是实际意义上的集团层面的多元化，只有肖星、王琨（2006）采用集团所涉及的行业和集团内上市公司的个数比值来衡量集团多元化程度。而本章要研究集团层面的多元化，本章则借鉴谢（2010）的方法，利用熵指数法衡量多元化程度，并利用肖星、王琨（2006）所采用的集团多元化比率这一衡量指标，即"集团上公司的行业总数"除以该集团拥有的上市公司的总数，进行稳健性检验。

本章首先根据国民经济行业分类 SCI 前两位代码对企业集团内上市所经营的产业部门进行分类，然后计算出每个企业集团中每个行业的相应的销售额及每个行业的销售额占集团总销售额的比值。其中 n 代表这个集团中经营的行业个数，P_i 为各行业的销售额占集团总销售额的比值，多元化系数 EI 越大，表示企业集团的多元化程度越高。

4. 控制变量

由于企业创新能力受到多方面因素的影响，参考现有研究关于企业创新的文献，除了主要解释变量与被解释变量外，本章采用以下控制变量来减弱其他因素对技术创新的影响：（1）企业规模（Size），采用企业总资产的对数来衡量，一般来说，企业规模越大，有更多的资源来承担创新的风险，风险 *RD* 的投入也就越多，创新能力越强，且相对于小公司来说大公司里面存在的有形和无形资产都更有利于研发创新。但小公司也有其优势，在面对外部变化的市场环境有更强的灵活性，这也弥补了小企业通过外部市场获取创新资源的能力。（2）总资产净收益率（*ROA*），更好的公司绩效可以保障公司有足够的利润来支持 *RD* 支出，而差的公司绩效可能为扭转趋势会抑制研发的投入，其采用净利润与总资产的比值来度量。（3）公司杠杆率（*Lev*），采用企业的资产负债率即期末总资产除以总负债来度量。（4）公司年龄（*Age*），采用公司已经经营的年限来度量。对于年龄对企业创新的影响研究者有不一致的观点，一些学者认为刚成立的新公司由于组织机构的不完善、不成熟，缺乏培养创新的经验和知识，另外一些学者认为老公司有着组织惰性而不利于它们的创新绩效。（5）研发投入比例（*RDRat*），采为 *RD* 支出与营业收入的比值。（6）流动比率（*Current*），采用为流动资产除以流动负债。除此之外，本章还控制了年度效应和行业效应。各变量的详细定义见表 3 - 1，描述性统计结果见表 3 - 2。

表 3 - 1　　　　　　　　　　　主要变量定义

符号	名称	定义
Apply	企业创新指标	ln(专利申请总数 + 1)，专利申请总数为发明专利、实用新型和外观设计之和
Iapply		ln(发明专利申请数 + 1)
Group	企业集团	虚拟变量，属于企业集团记为 1，否则为 0
Size	企业规模	ln(总资产)
RDRat	研发投入比例	研发投入/营业收入
ROA	总资产净收益率	净利润/总资产
Age	企业年龄	当前年份 - 企业成立年份 + 1
Lev	杠杆率	总负债/总资产
EI	多元化指标	熵指数
Current	流动比率	流动资产/流动负债
Soe	产权性质	虚拟变量，国企为 1，否则为 0

表 3 - 2 变量的描述性统计

变量	企业集团样本			非企业集团样本		
	样本数	均值	标准差	样本数	均值	标准差
Apply	6532	3.076243	1.323701	3190	2.711633	1.131992
Iapply	6532	2.143735	1.341621	3190	1.837789	1.152073
RDRat	6532	0.0367905	0.0481347	3190	0.0580574	0.0606412
Current	6532	3.435862	6.459108	3190	4.807089	7.246096
Lev	6532	0.4294302	0.2001676	3190	0.3070551	0.1757103
ROA	6532	0.0434973	0.0514452	3190	0.0500972	0.0487143
Age	6532	16.62385	4.864679	3190	15.21599	4.554061
Size	6532	22.05102	1.158598	3190	21.22125	0.7851229
EI	6532	0.2406				

注：本表报告了变量的描述性统计结果，变量定义见表 3 - 2。

表 3 - 2 呈现了集团成员上市公司与非集团成员上市公司的描述性统计特征，包括均值、标准差和中位数。结果显示，企业集团控制的样本企业的创新指标无论是总的专利申请总数还是发明专利申请总数都高于非集团控制的样本企业，这种差异有助于本章接下来进行的回归检验。

3.3.3 计量模型设定

为考察企业集团与创新之间的关系。为此，本章采用了如下检验模型：

$$Apply_{it}(Iapply_{it}) = \alpha + \beta Group_{it} + \theta X_{it} + \sum Year + \sum Ind + \varepsilon_{it}$$

(3.3)

其中，被解释变量 $Apply_{it}$、$Iapply_{it}$ 分别为企业在 t 年企业专利申请总数、发明专利申请数加 1 的对数，反映企业创新水平。主要解释变量为 $Group_i$，如果企业 i 附属于某个集团，那么 $Group_i = 1$，否则为 0。X_{it} 为控制变量的集合，本章还控制了年份固定效应 $\sum Year$ 和行业固定效应 $\sum Ind$，ε_{it} 是残差项。由于专利数据是左断尾的，本章采用面板 Tobit 估计方法（无特殊说明，本章以专利数据为被解释变量的简单回归均采用 Tobit 估计方法）。

3.4 企业集团多元化对成员企业技术创新影响的实证分析

3.4.1 企业集团与技术创新关系的实证结果

1. 基本回归结果

表3-3提供的是假设Ha的检验结果。第（1）栏是以申请专利总量来衡量创新，第（2）栏是以发明专利来衡量创新，从回归结果来看，两者的系数都显著为正且都在1%上的水平上显著，且发明专利的系数要大于申请专利总量。说明相比于独立企业来说，附属于集团的上市公司的创新能力更强，且企业集团更有利于"实质性"创新。

控制变量的系数表明企业规模越大，研发投入比例越高，营业收入增长率越高企业的创新绩效越好，流动性的系数为负表明在一定程度上营运资本在企业创新中起到了平滑作用。

表3-3   企业集团与企业创新

变量	全样本	
	（1）	（2）
	Apply	*Iapply*
Group	0. 1693 *** （7. 98）	0. 1901 *** （7. 73）
Size	0. 5662 *** （45. 82）	0. 6091 *** （43. 51）
Lev	0. 1961 *** （2. 73）	0. 1460 * （1. 74）
Age	0. 0049 ** （2. 26）	0. 0031 （1. 23）

续表

变量	全样本	
	(1)	(2)
	Apply	*Iapply*
RDRat	5. 1365 *** (15. 94)	8. 6630 *** (22. 96)
Current	− 0. 0057 *** (− 3. 19)	− 0. 0094 *** (− 4. 30)
ROA	2. 8972 *** (13. 12)	2. 9502 *** (11. 33)
Year	Yes	Yes
Ind	Yes	Yes
Constant	− 11. 3225 *** (− 38. 22)	− 13. 2171 *** (− 37. 28)
Observations	11884	11884
Pseudo R^2	0. 1473	0. 1194

注：*** 、** 、* 分别表示在1%、5%、10%显著性水平上显著，括号内为 Z 统计值。

2. 企业集团与企业创新关系的稳健性分析

（1）Heckman 两步法。

考虑到企业集团的形成可能不是一个随机过程，而存在着自我选择行为（Khanna，Tarun，Krishan，1997）。为此为了更稳健地考察企业集团对创新的贡献，本章接下来用 Heckman 两步法来考虑选择误差。第一阶段，构建选择模型，利用 Probit 模型来估计若干影响因素对 Group 的影响，同时构造 Inverse Mills Ratio 参数 Lambda。参考潘红波和余明桂（2010）的做法，在第一阶段回归中加入了市场化指数、公司规模、固定资产比率、盈利能力、公司成长性、第一大股东持股比例、行业和年度哑变量。第二阶段，将 Lambda 参数作为一个额外的解释变量添加到前文的基准影响模型中进行估计，以修正选择性偏误（见表 3 - 4）。

表 3 – 4 稳健性分析

变量	(1)	(2)
	Apply	Iapply
Group	0. 211 ***	0. 191 ***
	(8. 29)	(7. 54)
lambda	– 1. 044 ***	– 0. 862 ***
	(– 28. 63)	(– 23. 66)
控制变量	Yes	Yes
Year	Yes	Yes
Ind	Yes	Yes
Constant	– 3. 40 ***	– 3. 40 ***
	(– 12. 46)	(– 12. 46)
Observations	16433	16433

注：***、**、* 分别表示在 1%、5%、10% 显著性水平上显著，括号内为 Z 统计值。

从回归结果来看，Lambda 系数十分显著，证明确实存在样本选择问题。而在对该问题进行矫正之后，企业集团仍显著提高了企业专利申请总数和发明专利申请数，这意味着企业集团确实能够促进企业创新。

（2）用不同回归方法进行检验。

由于实际的专利数据为计数形式，是一种离散分布，因此作为稳健性检验，本章还改用负二项回归（Negative Binominal Regression，NBR）对原始专利总申请数（Patent）和发明专利申请数（Invention）作为被解释变量，表 3 – 5 汇报了该结果，无论解释变量是专利总申请数还是发明专利申请数，$Group_{it}$ 的系数均为正，且有显著性影响，本章的主要结论保持稳健。

表 3 – 5 企业集团与企业创新：NBR 回归

变量	(1)	(2)
	Patent	Invention
Group	0. 088 **	0. 131 ***
	(2. 97)	(3. 63)
控制变量	控制	控制

续表

变量	(1)	(2)
	Patent	*Invention*
Year	Yes	Yes
Ind	Yes	Yes
Constant	−4. 355 *** (−13. 95)	−5. 461 *** (−9. 34)
Observations	11884	11884
Pesudo R²	0. 0922	0. 1069

注：*** 、** 、* 分别表示在 1%、5%、10% 的显著性水平上显著，括号内为 t 统计值。

（3）改变企业创新的衡量方式分析。

考虑到创新的最终实质性成果是被授予，本章采用专利申请和发明专利被授予数量进行回归。被解释变量分别为专利申请授予数量和发明专利被授予数量，并和前文处理一致，用其各自的数量加 1 的对数，各自的变量标识分别为 G_apply、G_iapply。表 3 − 6 汇报了该实证结果，从结果来看，不论是以专利申请授予数量还是发明专利授予数量作为被解释变量，集团属性都显著积极影响了成员企业的技术创新。

表 3 − 6　　　　　　企业集团与企业创新：改变创新的衡量指标

控制变量	(1)	(2)
	G_apply	G_iapply
Group	0. 1829 *** (7. 99)	0. 1484 *** (5. 37)
Year	Yes	Yes
Ind	Yes	Yes
Constant	−12. 7637 *** (−42. 54)	−15. 1824 *** (−36. 59)
N	13570	13570
Pesudo R²	0. 1444	0. 1995

注：*** 、** 、* 分别表示在 1%、5%、10% 显著性水平上显著，括号内为 t 统计值。

3. 企业集团与企业创新关系的内生性分析

因为企业集团与企业技术创新可能有着内生性的关系，即技术创新较强的企业也可能更易形成企业集团，所以，为进一步检验企业集团对创新的影响，本章采用 PSM 检验了企业集团的内生性影响，将属于企业集团为处理组，独立企业为对照组进行倾向得分匹配，然后检验其平稳性，结果显示控制变量的标准化平均差异已非常接近，所有控制变量的不平衡性均显著降低。从最后一列的方差比来看，虽然两组控制变量的方差存在一定的差异，但我们主要更关心控制变量的平均值的平衡性。通过 PSM 匹配之后，企业集团与独立企业的特征差异得到较大程度的消除，随后进行回归检验，企业集团的估计系数仍在 1% 水平下显著，进一步说明本章结论的可靠性。回归结果见表 3 - 7。

表 3 - 7　　　　　　　　　　内生性检验

平衡性检验		mean		reduce（%）		T
		Group = 1	Group = 0	% bias	| bias |	
Age	Unmatched	17.092	15.417	34.6		0
	Matched	17.046	17.155	- 2.2	93.5	0.028
Lev	Unmatched	0.45785	0.32482	70.3		0
	Matched	0.45521	0.46578	- 5.6	92.1	0.008
Current	Unmatched	3.0002	4.671	- 25.2		0
	Matched	3.0187	3.1977	- 2.7	89.3	0.157
RDRat	Unmatched	0.03183	0.05251	- 51.7		0
	Matched	0.03206	0.03503	- 7.4	85.6	0
Size	Unmatched	22.239	21.334	88		0
	Matched	22.207	22.219	- 1.1	98.7	0.611
ROA	Unmatched	0.04107	0.04903	- 15.7		0
	Matched	0.04127	0.04039	1.7	89	0.4

续表

PSM 估计结果						
	Apply			*Iapply*		
Group	0.096 *** (2.72)			0.144 *** (3.48)		
控制变量	Yes			Yes		
Year	Yes			Yes		
Ind	Yes			Yes		
Constant	−11.253 *** (−25.03)			−13.337 *** (−24.99)		
Observations	5802			5802		
Pesudo R^2	0.1496			0.1246		

注: ***、**、*分别表示在1%、5%、10%的显著性水平上显著，括号内为t统计值。

4. 企业集团促进集团成员企业创新的机制检验

实际控制人通过控制多个法律实体形成企业集团已经成为一种趋势，必然有相比于独立企业的优势，比如一早就被研究者们提出的企业集团是新兴市场为弥补不完善市场制度的缺失而出现的，其形成的内部资本市场可以为企业提供在外部资本市场中难以获得的宝贵资金支持，并发挥这种创新的组织形式的治理效果帮助企业更好地成长，那么，企业集团是否通过这些途径来为企业提供各种资源进而提高了企业的技术创新？接下来，本章对此一一验证。

（1）市场环境替代机制。

企业集团就是在新兴市场环境中由于市场不完善、信息不对称、交易成本高产生的，为检验企业集团是新兴市场环境中制度的一种替代与完善，在市场化程度较低时，企业集团可以通过完善市场环境来提高企业技术创新，即成员企业的技术创新对企业集团的敏感性较高，而逐步完善的市场制度即市场化程度较高会弱化企业集团的作用。为检验是否具有这一倒"U"形关系，本章采用王小鲁、樊纲的《中国省份市场化指数报告（2016）》中的指数来代表上市公司注册地省份的市场环境的发展程度，该指标越大，表明该企业所在省份的市场发展越完善，对企业技术创新越有利，本章为该变量设置标识为 $Score$，并建立以下模型进行实证：

$$Apply_{it}(Iapply_{it}) = \alpha + \beta Group_{it} + \beta_1 Score_{it} + \beta_2 Score_{it} \times Group_{it}$$
$$+ \beta_3 Score_{it}^2 \times Group_{it} + \sum z + \varepsilon_{it} \quad (3.4)$$

其中，$\sum z$ 表示一系列控制变量及行业和年度效应，下文同。本章主要关心交乘项系数 β_2 和 β_3 的符号，表 3-8 报告了该模型的检验结果。从全样本来看，企业集团与市场化指标的交乘项为正，在 1% 上的水平上显著，与市场化指标的平方的交乘项为负且都在 10% 上的水平上显著，表明在市场化程度较低时，企业集团对成员企业的技术创新的影响更强，即较高的市场化程度会弱化企业集团与成员企业技术创新的关系（即市场化发展程度机制的影响）呈现倒"U"形。

表 3-8　　　　　　　　　　市场环境替代机制

变量	(1)	(2)
	Apply	*Iapply*
Group	0.0825 *** (3.49)	0.0940 *** (3.47)
Score	0.021 * (1.85)	0.053 *** (4.02)
Group × Score	0.1554 *** (3.05)	0.2210 *** (3.76)
Group × Score²	−0.0057 * (−1.66)	−0.0075 * (−1.88)
Size	0.5715 *** (44.84)	0.6162 *** (42.29)
Lev	0.2105 *** (2.71)	0.1625 * (1.83)
Age	0.0063 *** (2.59)	0.0048 * (1.72)
RDRat	4.7753 *** (14.85)	8.1532 *** (22.25)

变量	(1)	(2)
	Apply	*Iapply*
Current	-0.0048^{***} (-2.84)	-0.0087^{***} (-4.46)
ROA	2.7959^{***} (11.73)	2.8621^{***} (10.49)
Year	Yes	Yes
Ind	Yes	Yes
Constant	-11.2779^{***} (-35.33)	-13.3230^{***} (-36.06)
Pseudo R^2	0.1494	0.1223
N	9931	9931

注：***、**、*分别表示在1%、5%、10%显著性水平上显著，括号内为 t 统计值。

（2）集团治理机制。

每个企业内部都或多或少存在委托代理问题，即企业的管理者会以损害企业股东的利益而使自己的私人利益最大化，集团为所控制企业提供了内部人才市场，而其存在性使得内部晋升成为对所属企业管理层的激励进而有效减轻管理层与企业在经营目的的不一致，可作为传统的以薪酬为基本的激励模式的一种补充，进而管理层的代理问题可以得以减轻（钱婷、武常岐，2016），并加强了对企业创新的监督来提高企业创新能力。那么企业集团是否通过降低管理层的代理问题而促进企业创新了呢？以下基于此进行实证检验，在现有对中国企业治理结构的文献中，管理层代理问题的指标通常使用企业的管理费用与销售收入的比值来衡量（张兆国等，2008；李寿喜，2007）。因此本章采用这一指标，标识为 *Mee*，并通过建立以下模型来进行机制检验：

$$Apply_{it}(Iapply_{it}) = \alpha + \beta Group_{it} + \beta_1 Mee_{it} + \beta_2 Mee_{it} \times Group_{it} + \sum z + \varepsilon_{it}$$

$$(3.5)$$

其中 *Mee* 是代理成本的代理变量，该值越大，表示代理问题越严重其他变量定义与前文一致。本章主要关心交乘项系数 β_2 的符号，表 3-9 报告了该模型的检验结果。从全样本来看管理的代理成本会负向影响企业的创新，而企业集团和代理成本的交乘项系数为正，并在 1% 和 5% 的水平上显著，表明企业集团确实可以减轻代理问题来提高企业创新。

表 3-9 机制检验：代理成本机制

变量	(1)	(2)
	Apply	*Iapply*
Group	0. 0787 ** (2. 47)	0. 1047 *** (2. 70)
Mee	- 0. 7650 *** (- 3. 76)	- 0. 5003 ** (- 1. 96)
Group × Mee	0. 8024 *** (3. 82)	0. 7542 *** (2. 85)
控制变量	控制	控制
Year	Yes	Yes
Ind	Yes	Yes
Constant	- 11. 2104 *** (- 37. 49)	- 13. 1757 *** (- 36. 85)
Pseudo R^2	0. 1477	0. 1197
Observations	11884	11884

注：*** 、** 、* 分别表示在 1%、5%、10% 显著性水平上显著，括号内为 t 统计值。

（3）融资约束机制。

前文回归结果表明企业集团属性对企业创新有着正向影响，其背后影响机制之一是企业集团通过内部资本市场缓解了融资约束，从而改善了企业进行 RD 投资的资金约束。有关企业的融资约束研究中，具有代表性的融资约束测度的指标有 KZ 指数和 SA 指数，为了避免内生性的干扰，本章借鉴鞠晓生、卢荻和虞义华（2013）所采用的 SA 指数，其仅使用不仅随时间变化不大而且又不容易有内生性的变量来构建，即企业规模和企业年龄，表达式如下： $-0.737 \times Size + 0.043 \times Size2 - 0.04 \times Age$。数据显示 SA 指数都小于 0，表明上市公司都在一定程度上存在融资约束，本章取其绝对值，其指标越大，表明公司的融资约束越强，越不利于企业技术创新，并通过建立以下模型来进行机制检验：

$$Apply_{it}(Iapply_{it}) = \alpha + \beta Group_{it} + \beta_1 SA + \beta_2 Group_{it} \times SA + \sum Controls + \varepsilon_{it}$$

$$(3.6)$$

其中 SA 是融资约束的代理变量，该值越大表明公司面临的融资约束越大，其他变量定义与前文一致。本章依旧关心交乘项系数 β_2 的符号，表 3 - 10 报告了该模型的检验结果。从全样本来看，企业集团对创新有正向的影响而融资约束对创新有负向的影响，且主要关心的交乘项的系数为正，分别在 1% 的水平上显著，表明企业集团确实可以通过缓解融资约束来提高企业创新，且对发明专利的作用更强。

表 3 - 10　　　　　　机制检验：融资约束机制检验

变量	(1)	(2)
	Apply	*Iapply*
Group	0.2042 *** (9.35)	0.2276 *** (8.98)
SA	− 0.3903 *** (− 5.86)	− 0.4488 *** (− 5.81)
Group × SA	0.3715 *** (5.84)	0.4275 *** (5.85)
控制变量	控制	控制
Year	Yes	Yes
Ind	Yes	Yes
Constant	− 11.5628 *** (− 37.23)	− 13.4888 *** (− 36.56)
Observations	11868	11868
Pseudo R²	0.1484	0.1204

注： *** 、 ** 、 * 分别表示在 1% 、5% 、10% 显著性水平上显著，括号内为 t 统计值。

3.4.2 企业集团多元化与技术创新关系的实证结果

1. 基本计量模型的结果

为检验假设 3 - 2 即企业集团的组织特征对成员企业创新的影响，本章建立以下模型：

$$Apply_{it}(Iapply_{it}) = \alpha + \beta EI_{it} + \theta X_{it} + \sum Year + \sum Ind + \varepsilon_{it} \quad (3.7)$$

其中 EI_{it} 是表明集团多元化的熵指数，该值越大，表示集团层面多元化程度越高，其他变量定义与前文一致，从表 3 - 11 报告的回归结果来看，不论是申请专利总量还是发明专利总量，在控制了公司规模、杠杆率、企业年龄、研发投入、公司的盈利能力和流动性和行业效应、年度效应后，申请专利和发明专利都在 1% 的水平上显著，并且发明专利的系数相较来说更大，说明集团多元化可以促进成员企业创新并对发明创新的影响较大，这一结论支持了本章的第二个研究假设。

表 3 - 11　　　　　　　　集团多元化与企业创新

变量	全样本	
	（1）	（2）
	Apply	*Iapply*
EI	0.1262 *** （3.03）	0.2751 *** （5.65）
Size	0.5734 *** （30.73）	0.6161 *** （29.74）
Lev	0.1525 （1.36）	0.2197 * （1.72）
Age	0.0011 （0.30）	0.0041 （1.02）
RDRat	6.3389 *** （10.19）	9.9380 *** （13.58）

续表

变量	全样本	
	（1）	（2）
	Apply	*Iapply*
Current	− 0. 0048 （− 1. 60）	− 0. 0065 * （− 1. 79）
ROA	3. 2474 *** （9. 54）	3. 3683 *** （8. 35）
Year	Yes	Yes
Ind	Yes	Yes
Constant	− 10. 8092 *** （− 24. 01）	− 13. 1299 *** （− 23. 17）
Pseudo R^2	0. 1581	0. 133
Observations	5077	5077

注： *** 、 ** 、 * 分别表示在1% 、5% 、10% 显著性水平上显著，括号内为 t 统计值。

2. 稳健性检验

（1） 用不同的多元化衡量指标。

为了进一步检验集团多元化对成员企业创新的影响，本章采用集团多元化不同的衡量指标进行稳健性检验，借鉴肖星和王琨（2006）采用的集团多元化比率，即"集团上公司的行业总数"除以该集团拥有的上市公司的行业总数，比率越大表明该集团这个层面涉及的行业越多，多元化程度越高，该变量标识为 *Div_ratio*，表3 - 12 报告了该检验结果，从回归结果来看，在采用不同的指标衡量企业集团的多元化时，申请专利和发明专利分别在5% 、1% 的水平上显著，说明集团多元化确实能提高成员企业的创新能力。

表3 - 12　　　　　　　　　　稳健性检验

变量	*Apply*	*Iapply*
Div_ratio	0. 081 ** （2. 01）	0. 219 *** （4. 82）

续表

变量	Apply	Iapply
控制变量	Yes	Yes
Year	Yes	Yes
Ind	Yes	Yes
Constant	-10.947*** (-22.05)	-13.352*** (-21.11)
Pseudo R^2	0.1584	0.1307
Observations	7035	7035

注：***、**、*分别表示在1%、5%、10%显著性水平上显著，括号内为 t 统计值。

（2）用不同的创新衡量指标。

同样考虑到创新的最终实质性成果被授予才能体现出专利的应用价值，本章采用与企业集团对创新的影响的稳健性检验一样采用专利申请和发明专利被授予数量进行回归。被解释变量分别为专利申请授予数量和发明专利被授予数量，并和前文专利申请数量处理一致，用其各自的数量加1的对数，各自的变量标识分别为 G_apply、G_iapply。表3-13汇报了该实证结果，从结果来看，在控制了各个控制变量之后，不论是以专利申请授予数量还是发明专利授予数量作为被解释变量，集团多元化都显著积极影响了成员企业的技术创新。

表 3-13　　　　　　　　　　　稳健性检验

控制变量	(1)	(2)
	G_apply	G_iapply
EI	0.0897** (2.26)	0.2778*** (5.92)
Year	Yes	Yes
Ind	Yes	Yes
Constant	-12.7086*** (-28.92)	-15.8904*** (-27.35)

续表

控制变量	(1)	(2)
	G_apply	G_iapply
N	6151	6151
Pesudo R^2	0.1598	0.1731

注: *** 、 ** 、 * 分别表示在1%、5%、10%显著性水平上显著,括号内为t统计值。

3. 集团多元化促进成员企业创新的机制检验

多元化一直是学术者们研究的热点,但研究者们大多对企业的多元化对公司影响的经济后果进行了探究,很少在集团层面讨论集团多元化对成员企业的影响,企业集团化形成了内部资本市场已被研究者们所证实,而集团多元化又进一步扩大了这个内部资本市场为成员企业提供资金支持,从而可以降低成员企业进行研发造成资金不足的财务风险。先前,学者们提出研发存在知识溢出风险而造成研发成本较高,但在集团多元化层面,这个缺点可以被弱化并有可能成为成员企业的优势,集团多元化把知识溢出局限于集团内部,不仅可以降低被外部模仿的风险,还可以成为集团成员共享的知识存储池进而增强成员企业的创新能力。企业多元化很有可能造成企业的过度投资而挤出研发所需的资源,同时,在资金缺乏情况下,企业也有可能错失好的研发项目、好的投资机会而造成投资不足,但在集团多元化层面,控制者可以站在较高的层面根据各个公司自身的情况进行管控,防止企业个体多元化的过度投资,让专业化和集团多元化发展成为可能,以及对缺乏资源的企业进行支持,避免造成企业的投资不足,进而改善成员企业的投资效率。那么集团多元化是否通过财务风险、知识共享、投资效率这些途径提高了成员企业的技术创新? 本章就依此借鉴温忠麟提出的中介效应进行检验,看企业财务风险、知识溢出、投资效率在集团多元化影响企业技术创新是否存在中介效应。

(1) 分散财务风险机制。

现有文献已说明了企业多元化的目的分散风险,但在企业集团层面是否也是如此? 由于集团多元化涉及多个行业,相比独立企业这种分散风险能力在集团中显得更为突出,特别是财务风险,那么,集团多元化提高企业创新，财务风险的减少是否是其中介效应？由此，借鉴温忠麟（2004）等提出的中介效应检验程序进行实证检验。具体步骤为：（1）检验自变量（集团多元化）对因变量（企业创新）的回归系数是否显著，如果显著则进行第（2）步，否则停止检验（此步骤在前面已经检验并具有显著影响）。（2）单独检验自变量（多元化）与中介变量（财务风险）的回归系数是否显著，若以上两个步骤的系数都显著，则表明中介变量在自其中有一定的传导效应，则进入步骤（3）；若有不显著的系数出现，表明此检验的功效较低，所以还不能下结论，进行第（4）步检验。（3）在加入中介变量后，如果自变量和中介变量对因变量的系数都显著，则中介效应显著；如果自变量对因变量的系数不再显著则中介变量为完全中介效应。（4）进行 Sobel（1982）检验看是否有显著效应，若有，则可以得出中介变量在自变量对因变量的影响中有中介作用，否则中介变量无中介效应，检验结束。指标选取中，本章采用 Mackie – Mason 修正后的 AitmanZ 值测度企业财务风险，其计算公式如下：$Z = (3.3 \times$ 息税前利润 $+ 1.0 \times$ 销售收入 $+ 1.2 \times$ 营运资金 $+ 1.4 \times$ 留存收益 $)/$ 总资产（Jeffrey K. Mackie – Mason，1990）。选取该指标是因为可以减轻股票市场指标对财务风险衡量稳定性的干预，其经常用于评价中国这种新兴经济体中的企业财务风险，并建立以下模型进行检验：

$$Z_{it} = \alpha + \beta EI_{it} + Lev_{it} + Size_{it} + Growth_{it} + Cash_{it} + Idpct_{it}$$
$$+ Salary_{it} + \sum Year_{it} + \sum Ind_{it} + \varepsilon_{it} \tag{3.8}$$

$$Applt_{it}(Iapply_{it}) = \alpha + \beta EI_{it} + \beta_1 Z_{it} + \theta X_{it} + \sum Year_{it} + \sum Ind_{it} + \varepsilon_{it}$$
$$\tag{3.9}$$

其中，模型（3.8）是自变量对中介效应的检验，Z 是企业财务风险的代理指标，Z 值越大，企业陷入财务困境的潜在可能性越小，财务风险也相应越小，为更准确考察集团多元化对财务风险的影响，本章根据相关文献及上市公司本身的实际情况，加入相关控制变量，$Growth$ 为企业的成长性，$Cash$ 为企业的现金持有，$Salary$ 为上市公司高管前三名的薪酬总额，$Idpct$ 为独立董事占总董事的比例，其他变量与前文一致，模型（3.9）为加入中介变量后，自变量（集团多元化）及其中介变量对企业创新的影响。检验结果如表 3 – 14 所示。

表 3 – 14　　　　　　　　　分散财务风险机制

变量	(1)	(2)	(3)
	Z	Apply	Iapply
EI	0. 0580 *** (3. 94)	0. 1213 *** (2. 92)	0. 2711 *** (5. 58)
Z		0. 3263 *** (7. 88)	0. 2407 *** (5. 24)
Lev	– 1. 0871 *** (– 40. 02)	0. 3032 *** (2. 71)	0. 3327 *** (2. 59)
Size	0. 0881 *** (17. 09)	0. 5788 *** (31. 34)	0. 6193 *** (30. 07)
Cash	1. 3350 *** (19. 25)		
Idpct	– 0. 001 * (– 1. 7)		
Salary	0. 0006 *** (23. 88)		
Growth	0. 0401 *** (11. 17)		
Age		0. 0015 (0. 43)	0. 0044 (1. 12)
RDRat		7. 1331 *** (11. 36)	10. 5021 *** (14. 18)
Current		– 0. 0062 ** (– 2. 07)	– 0. 0075 ** (– 2. 10)
ROA		1. 1404 *** (2. 69)	1. 8348 *** (3. 80)
Year	Yes	Yes	Yes
Ind	Yes	Yes	Yes

续表

变量	(1)	(2)	(3)
	Z	Apply	Iapply
Constant	−0.5874*** (−4.28)	−11.2893*** (−25.35)	−13.4742*** (−23.91)
Pseudo R²	0.3209	0.1624	0.1347
N	12500	5071	5071

注：*** 、 ** 、 * 分别表示在1%、5%、10% 显著性水平上显著，括号内为t统计值。

表3-14 的回归结果中，第（1）列是集团多元化对企业财务风险的影响，可以看出集团多元化显著降低了成员企业的财务风险。第（2）列和第（3）列是同时加入集团多元化和中介变量财务风险对企业创新的结果，两者都有显著性的影响，联合第（1）列的回归结果说明集团多元化提高成员企业创新至少有一部分是通过降低企业的财务风险来实现的，为了更确切地说明具有中介效应，本章并进行了 Sobel 检验，z 统计量分别为3.662、3.558，在1% 显著水平上显著，即企业财务风险的降低对集团多元化影响企业创新有着中介效应。

（2）知识溢出机制。

集团层面的多元化相较于独立企业多元化好处在于集团不仅将这种溢出效应局限于集团内部，还使得其在企业集团中成为研发投入转化为成果的催化剂，为了验证知识溢出是否是集团多元化对创新影响的中介效应，本章从知识外溢的视角出发，同样采用温忠麟等提出的中介效应检验程序进行实证检验。回归模型如下：

$$oth\_Applt_{it}(oth\_Iapply_{it}) = \alpha + \beta EI_{it} + \theta X_{it} + \sum Year_{it} + \sum Ind_{it} + \varepsilon_{it} \tag{3.10}$$

$$Applt_{it}(Iapply_{it}) = \alpha + \beta EI_{it} + \beta_1 oth\_Apply_{it}(oth\_Iapply_{it})$$
$$+ \theta X_{it} + \sum Year_{it} + \sum Ind_{it} + \varepsilon_{it} \tag{3.11}$$

其中，oth_Apply（oth_Iapply）是企业集团内除了本公司以外其他成员的申请专利数量/发明专利之和，若其能影响本公司的技术创新，表明集团间存在知识溢出，其他变量与前文一致，表3-15 报告了中介效应的检验结果。

表 3－15 知识溢出机制检验

变量	(1)	(2)	(3)	(4)
	Oth_App	*Oth_Iapp*	*Iapply*	*Apply*
EI	16. 101 ***	15. 245 ***	0. 193 ***	0. 059
	(35. 79)	(37. 26)	(3. 37)	(1. 17)
Oth_Iapply			0. 012 ***	
			(2. 62)	
Oth_Apply				0. 009 **
				(2. 47)
Size	0. 305 ***	0. 289 **	0. 614 ***	0. 573 ***
	(2. 27)	(3. 32)	(29. 39)	(30. 47)
Lev	1. 799 **	2. 045 **	0. 208	0. 138
	(2. 03)	(2. 49)	(1. 62)	(1. 24)
Age	0. 766 ***	0. 085 ***	0. 004	0. 002
	(2. 67)	(3. 17)	(1. 1)	(0. 51)
RDRat	5. 541 ***	4. 907 ***	9. 952 ***	6. 308 ***
	(7. 27)	(5. 22)	(13. 54)	(10. 1)
Current	0. 028 *	0. 039 **	－ 0. 007 *	－ 0. 005
	(1. 86)	(2. 37)	(－ 1. 89)	(－ 1. 62)
ROA	9. 838 **	8. 804 **	3. 387 ***	3. 265 ***
	(3. 54)	(3. 35)	(8. 36)	(9. 58)
Year	Yes	Yes	Yes	Yes
Ind	Yes	Yes	Yes	Yes
控制变量	控制	控制	控制	控制
Constant	－ 19. 45 ***	－ 21. 33 ***	－ 13. 034 ***	－ 10. 66 ***
	(－ 6. 03)	(－ 7. 17)	(－ 22. 39)	(－ 23. 94)
Pseudo R^2	0. 196	0. 205	0. 1327	0. 1574
N	6740	6727	5035	5048

注： *** 、 ** 、 * 分别表示在 1%、5%、10% 显著性水平上显著，括号内为 t 统计值。

从表 3 - 15 的第（1）列和第（2）列回归结果来看，集团多元化能够显著促进成员间的知识溢出进而供成员企业间共享，第（3）列和第（4）列加入中介变量后，集团多元化对企业创新的影响下降甚至对总申请专利不显著，说明了集团多元化对成员企业创新的影响至少有一部分或者完全是通过中介变量集团间的知识溢出效应实现的。中介效应检验中，为了更精确地判断知识溢出的中介效应，本章进一步进行了 Sobel 检验，结果显示集团多元化对知识溢出的 z 值分别为（oth_Apply/oth_Iapply）5.71、4.417，都在 1% 水平上显著，说明集团多元化确实可以通过促进集团成员间的知识溢出带来的共享，对企业创新发挥正向间接作用。

（3）投资效率机制。

企业的过度投资和投资不足都会引起投资效率的下降，过度投资会挤出研发投资的资源而不利于创新，投资不足则会错过研发创新的机会，而企业集团多元化则会通过提高企业的投资效率促进企业的创新，本章关于投资效率的衡量采用辛清泉（2007）采用的投资模型，为下面的式（3.12）：

$$Inv_{it} = \alpha + \beta EI_{it} + Lev_{it} + Size_{it} + Growth_{it} + Cash_{it}$$
$$+ EBIT_{it} + \sum Year_{it} + \sum Ind_{it} + \varepsilon_{it} \tag{3.12}$$

$$Applt_{it}(Iapply_{it}) = \alpha + \beta EI_{it} + \beta_1 Inv_{it} + \theta X_{it} + \sum Year_{it} + \sum Ind_{it} + \varepsilon_{it} \tag{3.13}$$

其中，Inv 代表 i 公司第 t 年的实际投资，用企业的固定资产和无形资产和其他长期资产总和占总资产的比例来衡量，式（3.12）回归估计得到企业的正常投资水平，实际投资与正常投资的残差即代表企业的投资效率，残差大于 0 和小于 0 分别代表过度投资和投资不足，本章对残差取绝对值，其绝对值越大就意味着投资效率越差。EI 为企业集团的多元化，根据相关研究企业投资效率的文献，本章选择以下控制变量：$Growth$ 代表企业的成长能力，用托宾 Q 来衡量，$EBIT$ 代表企业的盈利能力，用税前利润与总资产的比值来衡量，与前文一致，$Size$ 代表企业的规模，Lev 代表企业的杠杆率，$Cash$ 代表企业的现金持有，具体模型见式（3.11）所示。模型（3.13）为集团多元化加入中介变量后，两者对企业创新的影响。

从表 3 - 16 的回归结果第（1）列来看，集团多元化在控制企业规模、杠杆率、经营活动现金流、成长性、息税前利润下确实提高了成员企业的投资效率，并在第（2）列和第（3）列中加入中介变量后，无论是集团多元化还是投资效率都显著影响成员企业的创新，投资效率会负向影响企业的创新，且集团多元化对企业创新的影响在加入投资效率变量后变小，因此联合第（1）列回归结果可以说明集团多元化确实在一定程度上通过提高企业的投资效率来促进企业创新，为了更能说明投资效率的中介效应，本章并仍进行了 Sobel 检验，z 值分别为（oth_Apply/oth_Iapply）2.821、1.698，仍具有显著影响，说明投资效率确实有中介效应。

表 3-16 投资效率机制检验

变量	（1）	（2）	（3）
	Inv	*Apply*	*Iapply*
EI	-0.0046 **	0.1161 ***	0.2599 ***
	（-2.51）	（2.76）	（7.29）
Inv		-1.2388 **	-1.0473 *
		（-2.51）	（-1.81）
Size	-0.0083 ***	0.5696 ***	0.5391 ***
	（-17.25）	（30.03）	（26.93）
Lev	-0.0198	0.1228 ***	0.1868
	（-7.45）	（1.09）	（1.45）
Age		0.002	0.008 **
		（0.54）	（2.18）
RDRat		6.173 ***	14.172 ***
		（9.86）	（18.73）
Current		-0.006 *	-0.009 **
		（-1.95）	（-2.36）
ROA		3.307 ***	3.283 ***
		（9.62）	（8.13）
Cash	0.0178 ***		
	（4.19）		
Growth	0.002		
	（0.88）		

续表

变量	(1)	(2)	(3)
	Inv	*Apply*	*Iapply*
EBIT	0.071 *** (15.13)		
Year	Yes	Yes	Yes
Ind	Yes	Yes	Yes
控制变量	控制	控制	控制
Constant	0.2264 *** (21.02)	− 10.6903 *** (− 23.26)	− 10.6612 *** (− 26.28)
N	12446	4990	4990
Pseudo R²	0.0443	0.1586	0.0918

注：*** 、** 、* 分别表示在1%、5%、10%显著性水平上显著，括号内为 t 统计值。

4. 异质性分析

（1）基于产权性质的异质性分析。

为探讨产权性质的影响，本章在分析集团属性和集团多元化对创新的影响时将样本分为国有企业集团和民营企业集团，实证结果表 3 – 17 所示：

表 3 – 17　　　　　　　　　　产权性质分析

变量	国企		民营	
	(1)	(2)	(3)	(4)
	Apply	*Iapply*	*Apply*	*Iapply*
EI	− 0.0052 (− 0.10)	0.0698 (1.16)	0.3518 *** (3.94)	0.4991 *** (5.35)
Size	0.5738 *** (23.80)	0.6024 *** (22.70)	0.5713 *** (18.72)	0.5904 *** (17.31)
Lev	− 0.0940 (− 0.64)	− 0.2671 (− 1.60)	0.3875 ** (2.15)	0.7819 *** (3.86)

续表

变量	国企		民营	
	（1）	（2）	（3）	（4）
	Apply	*Iapply*	*Apply*	*Iapply*
Age	−0.0043 (−0.86)	−0.0017 (−0.29)	0.0073 (1.45)	0.0068 (1.17)
RDRat	6.1807*** (7.58)	8.8700*** (9.05)	6.0529*** (6.61)	10.4288*** (10.03)
Current	0.0009 (0.22)	−0.0013 (−0.24)	−0.0091** (−2.02)	−0.0089* (−1.87)
ROA	2.5489*** (5.70)	2.7742*** (5.08)	3.8376*** (7.39)	4.1142*** (6.75)
Year	Yes	Yes	Yes	Yes
Ind	Yes	Yes	Yes	Yes
Constant	−10.5899*** (−18.60)	−12.4932*** (−17.81)	−11.4600*** (−18.64)	−13.6298*** (−12.85)
N	2717	2717	2346	2346
PseudoR²	0.190	0.150	0.1415	0.1319

注：***、**、*分别表示在1%、5%、10%显著性水平上显著，括号内为 t 统计值。

表 3 - 17 是对本章第三个研究假设的实证结果，可以看到在集团多元化对企业创新的影响中，无论是申请专利还是发明专利，国有企业集团多元化对成员企业创新能力的提升都弱于民营企业集团多元化，由此可以说明虽然附属于企业集团都能提升成员企业的技术创新，但民营集团的多元化增强了成员企业的创新能力，而这种多元化效果在国有企业集团中确没有很好地显现，即国有企业集团多元化对成员企业技术创新的影响没有达到与民营企业集团多元化相同的效用，其原因可能就在于国有企业集团的多元化更多注重集团规模的发展，在集团内的资源并没有被有效利用，在层层代理的情况下，实际控制人对各个公司的管理监督不到位，资源没有得到很好的分配，并没有很好地利用多元化带来的优势，因此，其对企业

技术创新的影响没有达到与民营企业同样的效果。本章的第三个假设得到经验证据的支持。

（2）基于市场化发展程度异质性分析。

先前研究一直说明集团是市场机制缺失的补充，而在前面集团属性机制分析也说明了集团确实是市场机制的一部分替代与补充，而集团多元化在集团的基础上可以进一步扩大集团的内部资本市场，相对于集团属性来说也会有一部分市场制度缺失进行补充的功能，因此在市场发展程度不同的地区，集团多元化对创新的影响效果也可能就有所不同。本章先取市场化指数的中位数，并以其为参考，将大于中位数的省份划分为高市场化地区，低于中位数的省份划分为低市场化地区。分类结果见表 3 – 18 所示，第（1）列和第（3）列为低市场化地区上市公司的实证结果，第（2）列和第（4）列为高市场化地区上市公司的实证结果。从结果来看，在以申请专利以被解释变量时，即表中的第（1）列和第（2）列，集团多元化在市场化发展程度较低时在 10% 水平上提升了企业技术创新，而在发展程度较高时，集团多元化没有什么显著影响，而以发明专利以被解释变量，即表中的第（3）列和第（4）列，集团多元化在市场化程度发展程度较低时对企业技术创新的影响更大，说明更能提升企业的技术创新，这表明集团多元化在市场化发展程度不同的地区对企业技术创新的影响效果不一致，在低市场化地区，市场机制更加不完善，产权保护程度相对不高，金融市场发展不够成熟，人才市场也比较欠缺，因此企业集团的多元化能够部分弥补这些缺失从而更能促进企业的技术创新。

表 3 – 18　　　　　　　　市场化发展程度异质性分析

变量	(1)	(2)	(3)	(4)
	score 小于中位数	score 大于中位数	score 小于中位数	score 大于中位数
	Apply	*Apply*	*Iapply*	*Iapply*
EI	0.1079 *	0.0820	0.3521 ***	0.1644 **
	(1.95)	(1.35)	(5.43)	(2.28)
Year	Yes	Yes	Yes	Yes
Ind	Yes	Yes	Yes	Yes

变量	（1）	（2）	（3）	（4）
	score 小于中位数	score 大于中位数	score 小于中位数	score 大于中位数
	Apply	*Apply*	*Iapply*	*Iapply*
Cons	− 11. 9646 ***	− 13. 1280 ***	− 14. 8118 ***	− 16. 0797 ***
	（ − 19. 77）	（ − 23. 63）	（ − 19. 20）	（ − 24. 99）
N	2780	2839	2780	2839
PseudoR²	0. 1563	0. 1964	0. 1393	0. 2179

注：*** 、 ** 、 * 分别表示在 1% 、5% 、10% 显著性水平上显著，括号内为 t 统计值。

3.5　本章结论与政策启示

　　本章利用 2006 ~ 2017 年中国沪深股上市公司的数据，探究了企业集团及其多元化与企业创新的关系。研究发现：首先，企业集团的成员公司通过集团内部资本市场、集团治理优势和市场制度的补充与完善机制相比独立公司具有更强的创新能力，而集团多元化则能通过分散成员企业财务风险、共享集团内部的知识溢出、改善企业的投资效率进一步提升成员企业的创新能力，并且两者都通过了稳健性检验；其次，企业集团及其多元化对创新的影响均存在着所有制差异，尽管附属于集团的企业相对于独立企业来说有更好的创新能力，但民营企业集团通过多元化提升了成员企业的技术创新，而国有企业集团的多元化却没有这种效果，其可能的原因在于国有企业集团可能主要注重集团的发展规模，且存在着对成员企业监督和管理的缺位问题。企业集团原本就是为弥补市场制度的缺失而形成的，因此，集团多元化对市场化发展程度较低地区的上市公司的技术创新能力的影响强于市场化发展程度较高的上市企业。

　　我国企业集团已是经济发展的重要组织结构，尽管也有研究者指出企业集团的一些弊处，比如，代理成本、寻租、隧道挖空效应，但企业集团带来的益处要远多于其带来的成本，并且企业集团组成的内部资本市场在我国市场还不够完善导致民营企业融资难、融资贵的市场环境下还是极其重要的。多元化经营战略是企业集团发展壮大的重要战略选择之一，集团层面的多元化让专业化发展和多元化发展共存成为可能，成员企业在进行专业发展的同时在集团层面就构成了多元化，由此不仅可以共享多元化资源，又可以规避单一企业多元化发展带来的代理问题以及知识外溢的负面影响。特别地，对于民营企业集团来说可以发挥集团多元化的效用，而对国有企业集团则不然，所以国有企业集团在做大做强的同时，集团控制人要加强对附属成员企业的管理，尤其在涉及多层管理时，重视所控制企业管理层的投资安排，制定有效的管理机制，对集团资源进行有效率的整合与分配，发挥好集团内部资本市场的"多钱效应"和成员间所经营业务的协同效应，利用好集团内的共享资源和知识池来提高企业的创新能力。政府应创造公平竞争的外部市场环境，尽量让企业集团在市场作用下自发形成，提高集团中成员企业的专业化水平，在此基础上，再适当推动企业之间为发挥组合效应组建高效率的多元化企业集团，为企业创新提供有效的组织结构和适当的生成环境。

第 **4** 章
企业集团股权网络特征
与成员企业技术创新

集团成员企业间股权"强连接"界定了企业集团社会网络的有效边界,成员企业网络位置差异伴随的不同资源获取能力决定了企业行为决策差异。本章基于 2004～2017 年中国 A 股上市企业控股关系数据,构建企业集团股权关系网络,并考察了集团成员企业网络位置对企业创新的影响。本章拟从企业网络互动关系视角打开企业集团内部结构"黑箱",为深入理解企业集团与创新之间的作用关系提供了思路和证据,也为创新驱动发展战略下,如何进一步提升企业创新水平提供政策建议。

4.1 问题的提出

受日本和韩国在"二战"后利用大型企业集团实现经济跨越式发展成功经验的启发,我国也偏好于组建大型企业集团以促进产业技术升级和企业创新。虽然我国企业通过实现集团化发展,竞争优势已经逐步凸显,然而在一些产品附加值较高的产业或关键技术领域,其技术能力与世界先进技术水平相比,还存在一定差距。面对我国坚持创新驱动发展的战略要求,若想进一步强化企业集团的创新引领与示范作用,加快释放企业集团对我国企业技术升级的内在潜力,还需要更加深入和细致地探讨企业集团内部异质性结构特征对于企业创新的影响及作用机理。企业集团作为一种通过股权关系连接起来的网络化经济组织形式(Almeida and Wolfenzon,

2006），成员企业间股权关联关系可能会影响集团内部资源的交换与聚集（Gerlach and Lincoln，1992），从而导致企业创新决策行为存在差异。据此，在集团股权网络结构特征视角下，探讨不同网络位置成员企业在创新引领作用上的差异性，对于深化企业集团与创新关系问题研究将大有裨益。尽管现有研究从创新市场失灵的角度，发现企业集团可以通过缓解融资约束和内部技术溢出的机制促进企业技术创新（Belenzon and Berkovitz，2010；黄俊和陈信元，2011；蔡卫星等，2019），但鉴于企业集团内部结构的复杂性，多数文献倾向于假定集团成员企业为同质性个体，忽视或弱化了集团网络结构特征的影响，因而缺乏对集团内部资源集聚特征的探讨，也难以进一步认识企业集团驱动成员企业技术创新的作用机理。

创新作为企业是否具备长期竞争力的重要体现，其水平高低受到多方面的影响，除可得资金、知识和技术人才外，信息的获取能力也至关重要（Tsai et al.，2019；孙浦阳、刘伊黎，2020）。企业集团这一由多种纽带联结而成的企业联合体，其内部不仅储存了大量难以从外部市场获得的关键资源，基于企业集团所建立的社会网络关系更是为私有及异质性信息的流转和汇集提供了"桥梁"和"基地"（吕源等，2005），这无疑为企业创新提供了助力。虽然现有文献对企业集团内部资本市场以及内部技术溢出的功能与作用进行了验证，但受企业集团内部结构同质性假定的限制，少有文献能够进一步对企业集团影响创新的另一重要机制——信息机制进行识别和区分。本章拟从社会网络视角，研究集团成员企业网络位置对企业技术创新的影响。本章将利用集团成员企业不同网络位置伴随的异质性资源获取能力，及其带来的成员企业之间的创新差异，捕捉集团促进企业技术创新的不同作用机制，这不仅有利于我们更加深入地理解集团成员企业之间的互动关系，并有利于从集团内部结构特征方面提出破解企业创新激励不足问题的政策建议。

本章基于上述研究问题及背景，借助社会网络分析方法，以2004～2017年我国A股上市企业为研究对象，考察了集团成员企业不同网络位置引起的资源获取能力差异对企业创新的影响，研究发现：（1）相比于独立企业，集团附属成员企业具有更高的创新水平，且集团成员企业网络位置越核心，企业创新水平越高，表现为网络中心度较高的成员企业创新产出更多。（2）网络中心度较高成员企业在集团内部资本市场上更强的资金融通功能使其面临的融资约束程度更低，并通过获得更多技术溢出"红利"，提高了企业创新水平；在集团内部信息传递渠道中，网络中心度较高成员企业获取的信息更丰富，为企业进行外部创新（技术型并购、企业风险投资）提供了信息支撑，促使成员企业更积极地从事外部创新活动，进而提高了企业创新水平。（3）网络中心度较高成员企业更强的创新促进作用在金融市场化水平更低、行业外部融资依赖度更高、知识产权保护程度更低、成员企业间地理距离更近以及企业不存在交叉机构投资者时更明显。

与以往研究相比，本章的主要贡献在于：第一，丰富了企业集团相关研究视角。现有关于企业集团的研究多从集团隶属特征（是否属于集团企业）、集团整体及经营特征（内部资本市场、是否多元化经营）来考虑企业集团对企业经济行为的影响（Chang et al.，2006；Guzzini et al.，2014；Khanna and Palepu，2000），但鲜有文献将企业集团视作社会网络，考虑集团内部网络结构特征（网络位置）如何影响企业行为决策。本章通过手工整理拼接隶属于同一企业集团的上市企业控股关系图，得到完整的企业集团网络关系图，并通过 UCINET 软件计算出每一个成员企业的网络中心度，以考察成员企业网络位置差异对企业创新决策的影响。这一研究丰富了对我国企业集团相关问题的研究视角，有助于打开企业集团内部结构"黑箱"，更好地分析企业集团内部成员企业资源获取情况，为进一步厘清企业集团这一组织形式如何作用于企业创新战略决策提供了理论支持及经验证据。第二，拓展了企业集团影响企业创新的作用机制研究。现有关于企业集团对企业创新影响的研究，多侧重于企业集团内部资金融通以及集团内部技术溢出为集团成员企业创新带来的好处（蔡卫星等，2019；黄俊、陈信元，2011），但忽略了企业集团内部信息优势的作用。本章从集团网络位置异质性入手，不仅继续考察了集团内部资本市场与内部技术溢出机制，还借助集团成员企业网络位置优势带来的信息优势，验证了集团内部汇集的信息在企业进行外部创新活动（技术型并购、企业风险投资）过程中的支持作用，这一工作扩充了现有关于企业集团作用于创新的影响机制研究，丰富和深化了对于企业集团职能的理解。第三，丰富了现有关于社会关系网络领域的研究，考察了企业集团社会网络结构中成员企业相对位置对企业创新的影响。现有关于关系网络问题的研究多聚焦于董事网络（Chuluun et al.，2017；陈运森、谢德仁，2011）、贸易关系网络（孙浦阳、刘伊黎，2020）、担保网络（刘海明、曹廷求，2016）等，但鲜有研究将企业集团内部股权联系视作关系网络进行相关研究。本章以企业集团股权关系网络为研究对象，推进了我国相关关系网络问题研究。

文章后续内容安排如下：4.2 节是文献综述；4.3 节是研究假设；4.4 节是研究设计；4.5 节是实证结果与讨论，最后是结论与建议。

4.2　企业集团股权网络与成员企业技术创新的理论分析

4.2.1　相关文献综述

目前学者们多围绕于企业集团相比于非企业集团是否能带来更高的企业价值或绩效问题而展开研究，并从企业集团内部资本市场、企业集团共同保险效应以及集团多元化程度等多个层面进行了相关探讨。部分学者基于外部制度环境的角度，讨论了集团内部资本市场对外部市场的补充和替代作用，认为企业集团对于提升企业经济绩效具有显著的促进影响。张和崔（Chang and Choi，1998）认为企业集团可以弥补外部市场失灵，通过形成规模经济和范围经济降低企业交易成本，使得集团成员企业相比于非集团企业经济绩效更好。卡纳和帕勒普（Khanna and Palepu，1997）与张等（Chang et al.，2006）认为企业集团可以通过模仿市场机制，利用"看得见的手"在集团内部进行资金的再配置，缓解成员企业融资约束，从而提高成员企业经营绩效。另一部分学者考察了企业集团的共同保险效应。卡纳和雅菲（Khanna and Yafeh，2005）研究发现企业集团通过在集团内部进行资金调拨，平滑了集团内部收入流动，通过形成共同保险效应，避免了集团成员企业陷入经营困境。贾等（Jia et al.，2013）也发现企业集团通过资源的内部互助，在成员企业间实现了风险共担，防止了成员企业业绩大幅下滑。还有一部分学者基于集团多元化战略角度，论证了集团模式的多元化经营对于企业价值的提升作用，认为企业集团层面的多元化经营有助于降低企业经营风险，减少企业分散经营的成本，使其相比于独立企业，企业价值更高（肖星、王琨，2011；Khanna and Palepu，2000）。上述文献研究均发现，相比于非集团企业，集团企业具有更强的竞争优势以及更好的经济绩效。

具体聚焦到企业集团与创新之间相关关系的研究，则主要可以分为两类：一类文献集中于考察集团内部资本市场的"多钱"与"活钱"作用，认为集团内部资本市场能够有效缓解集团成员企业内部现金流压力，放大企业融资功能，从而降低成员企业融资约束程度，促进成员企业创新（Belenzon and Berkovitz，2010；黄俊和陈信元，2011；蔡卫星等，2019）。黄俊和陈信元（2011）研究发现，集团化经营降低了企业融资成本，并提高了企业研发的效应乘数，企业技术创新水平得以提升。贝伦松和贝尔科维茨（Belenzon and Berkovitz，2010）基于欧洲企业数据验证了企业集团内部资本市场对创新的促进作用，认为相比于单一法律实体主导的大型联合企业，由不同法律实体构建的大型企业集团可以通过形成内部资金借贷关系有效降低企业融资成本，提高成员企业创新水平。另一类文献则基于集团内部知识溢出视角，认为企业集团为成员企业提供了技术交流和知识分享的渠道与保障（Guzzini et al.，2014），从而降低了成员企业的"试错成本"（蔡卫星等，2019），加速了技术成果转化，提升了企业研发效率。同时，企业集团内部技术人才培育机制为集团内部提供了大量研发人才，部分替代了外部人才市场，解决了集团成员企业人才缺失的问题，而企业间的人才流转促进了集团内部知识的转移和扩散（Claessens and Fan，2010），进而提高了企业创新水平。张等（Chang et al.，2006）基于比较制度视角，对企业集团与创新的关系进行了探讨，认为集团内部所有的技术知识均可以视作一种无形资产，成员企业可以通过吸收其他成员企业的创新知识而从中受益。谢等（2010）以台湾地区企业集团为例，验证了企业集团对于创新绩效的促进效应，认为企业集团的建立有利于集团内部成员企业之间的相互学习，成员企业之间通过分享创新知识和经验可以有效提高企业创新水平。

关于企业间社会网络联系与创新关系的研究，根据企业社会网络连接主体的不同，也可以分为两类：一类文献基于企业中个体行为人所建立的社会网络联系，考察了企业间董事联结、政治关联等社会网络关系对企业创新的影响。丘鲁恩等（Chuluun et al.，2017）通过构建连锁董事网络，研究发现企业间董事连锁可以带来信息的扩散，通过促进企业创新过程中的信息流动，提高企业创新水平。蔡等（Tsai et al.，2019）基于中国上市公司企业家之间的政治关联关系，对企业间政治联系强度与创新之间的关系进行了研究，研究发现企业间更强的政治联系有助于企业获得更多政府补贴与高级人力资本从而促进企业创新；另一类文献则基于企业与企业之间的社会网络联系，集中考察了企业间网络关系的建立对于网络内部成员的创新提升效应。任胜钢（2010）基于中国企业的 346 个问卷调查数据，研究发现企业间网络联系强度对企业创新绩效有正向促进作用。而钱锡红等（2010）以深圳市 IC 产业为例，探讨了企业间合作创新网络的建立对网络内部企业的创新影响力，研究发现企业在合作创新网络中网络位置影响其对网络资源的获取力，网络位置的改善有助于提高企业创新水平。

综上所述，虽然已有文献关于企业集团与创新关系的研究已经较为充分，同时，也有不少学者注意到了企业间社会网络结构的建立与企业创新之间可能存在着影响及联系，但目前还少有学者将企业集团内部股权联系也视作社会网络，考察其不同程度股权联系引起的集团内部成员企业之间创新差异的问题。即使现有部分研究基于社会网络的角度，对企业间社会网络为创新带来的可能益处进行了考察，但也多基于企业中个体行为人所建立的社会网络联系，而这种以个人社会网络关系为基础所建立的网络关系，可能只有益于分析网络中信息交换的作用，却无法进一步对企业与企业之间产生的资金联系进行分析。因此，现有关于企业间社会网络与创新关系的研究可能是不充分的。本章通过构建企业集团股权社会网络，考察了集团成员企业由于不同资源获取能力引起的集团成员企业间创新差异的问题，相比于基于个人社会网络联系所建立的网络关系，本章探索的基于企业集团内部股权联系所建立的网络关系是一种强关系，它不仅可以具体分析网络中信息交换与扩散对于企业创新的影响及作用，还有利于同时分析资金、技术及隐性知识等难以通过浅信任关系得到的稀缺资源的共享与互换对于创新的影响及意义，从而为进一步理解企业集团作用于创新的机制研究提供了契机。本章试图对现有企业集团及社会网络与企业创新关系

的研究进行补充与拓展，为进一步理解企业集团内部成员企业之间的互动
联系以及企业集团内部结构的异质性问题研究提供思路和证据。

4.2.2　理论分析与研究假设

1. 企业集团网络

传统经济学认为物质资本决定企业最佳生产规模进而决定企业边界。
而现实社会中，除了传统的土地、劳动等物质资本外，知识、网络和客户
等社会资本作为一种可生产性资源也同样对企业发展起着重要作用（Cole-
man，1988），社会资本概念的引入实现了企业边界由企业内部向企业间的
突破。企业为满足自身发展需求，常常需要通过建立或利用社会网络寻求
更多外部资源，网络的建立为企业间实现资源交换、技术共享提供了"桥
梁"。科尔曼（Coleman，1988）认为企业间网络联系有助于网络内部信任
和规范的建立，促进了企业之间隐性知识的分享和资源利益的交换，使社
会资本价值得到最大化。伯特（Burt，1992）认为企业与外部企业间的交
流联系为企业提供了外界信息，避免了信息冗余，并带来了新的想法和创
造机会。网络关系的建立及其所伴随的网络资源为企业的知识创造过程提
供了支撑，并加速了企业的创新进程（Rost，2011）。

企业之间可以通过多种方式产生联系，较为常见的有企业间董事联结
关系、供应链关系以及贸易关系等，其中，股权联结关系最为直接和重要
（Almeida and Wolfenzon，2006；Khanna and Rivkin，2006），长期且稳定的
股权联系可以建立起网络成员间的强信任关系，从而带来密集互动使得网
络整体均从中受益（Tasi et al.，2019）。企业集团是一种典型的基于股权
联结关系而形成的企业关系网络（Almeida and Wolfenzon，2006），它通过
参控股关系将所有具有联系的企业密不可分地"绑定"在一起，这种企业
间内部股权"强接连"界定了企业集团网络的效率边界。集团网络中稳定
的成员关系通过在集团内部形成互惠规范，带来了资源及信息在集团内部
的充分传播与交换，从而有助于提高成员企业的执行和决策效率（杨博旭
等，2019）。具体来说，集团成员企业之间通过股权互动和联系促进了集

团内部企业间资金、技术及信息资源的交换与转移，汇集在集团内部的资源影响着集团成员企业的行为与业绩。此外，集团成员企业与外部企业之间的互动联系还可以带来多样化资源机会以及丰富的外界信息，集团成员企业间强而稳定的连接关系可以将得到的外部资源及信息转化为集团内部互惠资源，再与集团内部资源汇集产生叠加效应。由此得到的丰富资源及信息在集团内部成员企业之间进行互换和传播，将为集团内部成员企业创新提供支撑及助力。对于集团网络中的核心位置成员企业，由于与其具有直接或间接联系的其他成员企业更多，可以捕获的信息和资源也就越多（史金艳等，2019），广泛联系带来的丰富资源信息为核心位置成员企业提供了更大的决策空间，使其具有更好的决策表现。因此，本章将基于企业集团网络研究成员企业网络位置对企业创新决策的影响，以期获得中国企业集团网络位置影响企业创新的经验证据。

2. 企业集团与企业创新

企业创新不同于普通投资，面临着资金投入不足、不确定性强、存在正外部性及信息不对称等诸多问题，很容易导致企业创新水平偏低（Chang et al.，2015）。企业集团作为一种介于企业与市场的中间组织形式，可以部分弥补由于外部市场及制度环境不完善导致的效率损失，从而从以下几个方面对企业创新产生积极影响：首先，基于融资约束视角，企业集团形成了以资金融通和资源配置为核心的内部资本市场，可以为成员企业提供充足内部资金，有效缓解成员企业融资约束程度，促进企业创新水平提升。梅耶斯和马吉卢夫（Myers and Majluf，1984）指出，由于外部资本市场不完善，信息不对称的存在导致企业进行内源融资成本更低。企业集团内部资本市场为企业进行内源融资提供了渠道，成员企业可以通过内部股权连接将资金资源输送给具有更高投资收益项目的企业，降低其融资约束程度（Chang et al.，2006），并通过内部资本的再配置，增加企业从事高风险投资活动的概率。此外，相比于独立企业，集团成员企业在获得外源融资方面也更具优势。由于企业所获得的银行贷款与该企业的抵押担保能力正相关，抵押资产规模的上升将伴随着所获得的银行贷款的增加。而集团成员企业之间的相互担保行为为成员企业获得外部资金提供了信贷支持（Jia et al.，2013），因此，相比于独立企业，集团成员企业能够获得更多的银行信贷配给。基于上述考虑，企业集团内部资本市场通过降低企业内部融资成本，并帮助企业获得更多外部资金，为企业研发提供了大量资金支持，从而促进了企业创新。

其次，基于技术溢出视角，企业集团形成了以技术合作、知识共享为核心的内部知识市场（蔡卫星等，2019），知识和技术在集团内部的溢出有助于加快企业研发投入向技术成果的转化，促进企业研发能力的增强（赵月皎、陈志军，2016）。谢等（2010）认为知识溢出是知识的传播与再创造，具备连锁和模仿效应。集团成员企业之间通过相互示范模仿，可以有效降低企业研发"试错成本"，提高企业创新水平（蔡卫星等，2019）。此外，相同行业集团成员企业之间通过技术交流和相互切磋，有助于提高企业对现有知识和技能的消化吸收及运用能力，增强企业现有技术水平。而不同行业集团成员企业间的跨组织交流又可以带来互补性知识和技术，企业通过吸收外部知识和技术经验，可以提高自身创造能力。与此同时，企业创新作为一种复杂的知识活动，除了需要显性知识，更需要技术经验等隐性知识（杨博旭等，2019），集团成员企业间紧密联系所建立的信任契约，为集团内部隐性知识的挖掘与获取提供了保障，隐性知识及技术诀窍的溢出使得成员企业创新水平得以提高。

最后，基于信息传递视角，企业集团内部汇集的丰富信息资源通过在成员企业之间进行传播分享，可以有效降低成员企业与外部环境的信息不对称，增进企业对于外部环境的了解程度，减少企业决策的不确定性风险，促使其更容易做出对企业创新有利的决策。一方面，信息资源的多样化为企业发现外部投资机会提供了有利条件。信息的增多降低了企业的信息搜寻成本，企业对外界信息环境的敏锐程度得到提高（Carney，2012）。赵月皎和陈志军（2016）认为集团内部丰富异质信息能够帮助成员企业及时抓住有利投资机会，更好地识别外部投资环境，使其技术研发更贴近市场前沿，从而降低企业研发投资失败的风险。另一方面，多源信息流为原本不相熟企业间的相互合作提供了契机。马奇和西蒙（March and Simon，1958）认为信息互通有利于企业间的利益交换，丰富的信息源为原本在技术或者法律上不相联系的实体合作创造了机会和条件。信息不对称程度差异可能会使外部战略投资者由于不了解企业状况而降低兴趣，同时也可能会使潜在合作伙伴由于不确定风险而放弃合作。集团成员企业之间的信息互换在集团内部汇集了丰富信息，可以通过降低企业在外部战略投资过程的不确定性，增加其与外部企业的合作潜力，从而获得外部创新资源，促进企业创新。

综上所述，本章提出第一个研究假设。

假设 4.1　相比于独立企业，集团附属成员企业具有更高的创新水平。

3. 企业集团、网络位置优势与企业创新

企业的网络结构嵌入可以带来诸多潜在利益。由于基于网络关系形成的可利用资源存量难以被竞争对手所模仿，从而网络成员企业能够从中获得持续的经济租金（Dyer and Singh, 1998）。而企业网络位置作为影响企业获得经济租金的影响因素之一，可以被视为企业的无形战略资产（Gulati, 1999），因为它反映了企业在外部信息和知识获取、响应市场机会以及与网络伙伴分享资源的能力（Salman and Saives, 2010），因此在某种意义上，企业网络位置可能比市场位置更能解释企业的产出绩效（Gulati, 1999）。

对于企业集团网络，集团内部成员企业之间的强联系以及集团内部成员企业与外部企业之间的互动和联系在集团内部汇集了大量可用资源和可得信息，这些资源和信息在集团内部的分享与传播激发了成员企业内在与外在创新动力，从而提高了企业创新水平。但集团网络中成员企业创新水平提升程度可能会因其网络位置不同而有所差异。根据社会网络理论，企业网络位置直接影响其网络资源获取程度（Krackhardt, 1992）。其中，中心度常被用来衡量个体行动者在网络中的重要程度，可以考察企业或个体对资源的获取和控制力（Burt, 1992）。中心度越高，说明该企业或个体越位于网络位置的核心，资源获取和控制力越强，而中心度低则说明该企业或个体位于网络位置的边缘，资源获取和控制力越弱（钱锡红等, 2010）。因此，在企业集团网络结构中，核心位置成员企业获得的资源及利益可能更多，从而创新水平提升得也更快。

从企业内部创新活动促进作用来看，成员企业在集团网络结构中的位置越核心，即成员企业网络中心度越大，与其具有直接或间接联系的其他成员企业也越多，更多的联系增加了核心位置成员企业对资金及技术的获

取和控制能力，激励成员企业更积极地从事自主研发活动，企业创新水平更高。首先，在资金获取能力上，相比于边缘位置成员企业，核心位置成员企业资金来源更为广泛，往往能够更容易地从其他成员公司调动和汇集各类资金资源，更为充足的资金流使其相较于边缘位置成员企业具有更强的融资约束缓解能力，激发了企业自主研发动力，从而提高了企业创新水平。卡纳和里夫金（Khanna and Rivkin，2006）也提出，企业集团中的核心成员企业能够利用其与其他成员企业的广泛联系，从外围企业中调动和汇集资本，进而促进其价值提升。其次，在知识和技术获取能力上，核心位置成员企业能够获得的知识溢出网络正外部性更多。相比于边缘位置成员企业，核心位置成员企业与其他成员企业进行知识分享与技术交流的机会可能更多，从而越容易获得其他成员企业的互补性知识和技术（钱锡红等，2010）。学习交流机会的增多赋予了核心位置成员企业丰富的创新知识和技术储备，有助于增强核心位置成员企业的创造力，促使其萌生出新的想法及加快新技术的开发，实现创新水平提升（Salman and Saives，2010）。

从企业外部创新活动促进作用来看，企业集团内部信息渠道为企业发现外部投资机会，获取外部创新资源提供了便利，集团成员企业可以借助丰富优质信息寻求外部创新机会，从而提高企业创新水平。对于核心位置成员企业，与其他成员企业更多的接触意味着信息的来源更广，流动速度也更快。多样化信息源为企业在大范围内获取丰富的异质及私有信息提供了可能，而这有助于激发企业外部创新动力，其中并购和风险投资常被企业视为拓宽外部创新渠道的快速途径（Guo et al.，2019）。一方面，企业可以通过低价并购其他技术型企业获得新技术、新专利，从而快速提高企业创新水平。相比于边缘位置成员企业，核心位置成员企业处私有信息的增多为企业在进行并购活动时提供了决策依据，降低了并购过程中的不确定性，如并购对象的选择、被并企业的估值和定价以及谈判及整合过程中其他可能导致并购失败的问题等，减少了企业并购失败的风险（李善民等，2015）。此外，核心位置成员企业处信息的增多降低了并购企业双方的信息不对称程度，使得并购方在并购过程中更易占据谈判优势，从而具有更好的并购绩效及更低的溢价水平（陈仕华和卢昌崇，2013；Fuller，2002）。更低的企业并购风险及并购溢价水平促使核心位置成员企业更积极地做出技术型并购决策，以此促进了企业技术创新。另一方面，企业可以通过进行外部风险投资识别外部新兴技术环境，获得自己进入新技术或新市场的窗口或通道（Chemmanur et al.，2014），进而提高企业创新水平。企业风险投资被看作是企业了解最新创新想法的"机会之窗"（Dushnitsky and Lenox，2005），参与设立风险投资机构可以有效克服应对外部创新信息反应缓慢的问题，增强企业创新激励，是实现企业内外协同创新的理性选择（Ernst and Young，2002）。对于核心位置成员企业，其汇聚的丰富信息资源增加了企业对外部投资机会的洞察力，使得企业能够迅速辨别被投资企业的投资潜力，进行择优选取。通过选择有价值的企业进行投资可以获得其特有技术和知识，从而为自身创造更大的企业价值（Dushnitsky and Lenox，2005）。此外，核心位置成员企业处汇集的信息还有助于增进其对于被投资企业的了解程度，降低其投资失败的概率。由于投资者往往无法观察到创业企业所拥有的关于未来前景的私有信息，这便增加了低质量企业"冒充"自己为高质量企业的动机，降低了企业的战略投资收益（Gan and Stern，2003）。而企业决策信息的增多，有助于增加企业进行更多风险投资的激励，进而提高企业外部创新战略收益（Guo et al.，2019）。因此，核心位置成员企业位置优势带来的信息优势，可以通过促进企业进行更多风险投资，进而提高企业创新水平。

综上所述，本章提出第二个假设。

假设4.2 相比于边缘位置成员企业，核心位置成员企业创新水平更高。

4.3 企业集团股权网络与成员企业技术创新的研究设计

4.3.1 *样本与数据来源*

本章选取 2004～2017 年我国 A 股上市企业作为初始研究样本，并对上市企业年度最终控制人信息和专利数据进行了搜集整理，数据处理过程如下：（1）剔除金融行业样本企业、ST 样本企业；（2）剔除上市公司年报中未披露产权控制关系或者无法确定最终控制人的样本企业；（3）剔除其他关键变量数据缺失的样本企业。最终得到 12536 个样本观测值。本章对模型中所有连续观测变量均进行了上下 1% 分位数的 Winsorize 处理，并对回归标准差进行了企业层面的聚类调整，以减少样本聚集性特征的影响。研究所需专利及财务数据均来自 CSMAR 数据库，企业集团和网络中心度数据为笔者根据上市公司年报进行手工整理计算得到。

4.3.2 关键变量定义

1. 企业集团

一般认为，企业集团是由许多具有独立法人资格的企业通过正式或者非正式联结而形成的组织结构（Khanna and Rivkin，2006）。本章判断上市企业是否属于企业集团的依据，与何等（He et al.，2013）和蔡卫星等（2019）保持一致：利用企业年报中的最终控制人和股权控制链信息，手工识别企业最终控制人是否为同一经济主体，将两家或以上属于同一经济主体控制的企业认定为同一个集团企业。根据此判定方法得到的一个典型的企业集团控股图，如图 4-1 所示。

2. 集团成员企业网络位置

本章借鉴弗里曼（Freeman，1979）与陈运森和谢德仁（2011），采用网络中心度（*Centrality*）来衡量集团成员企业在集团网络中的相对位置。本章衡量成员企业网络中心度的指标主要有以下几种：（1）特征向量中心度（*Eigenvector*）。特征向量中心度不仅将成员企业的邻近成员企业个数纳入了考虑范围，还对与其相连接的其他成员企业重要性程度进行了考量，是一种基于网络总体结构来寻找位置最核心行动者的衡量方式。相比于其他网络中心度测度指标，特征向量中心度能够较为全面地反映集团成员企业之间的股权关联程度，更准确地判断出集团网络结构中最重要且最核心的位置。特征向量中心度的值越大，表明成员企业越位于网络位置核心。其计算方式为：

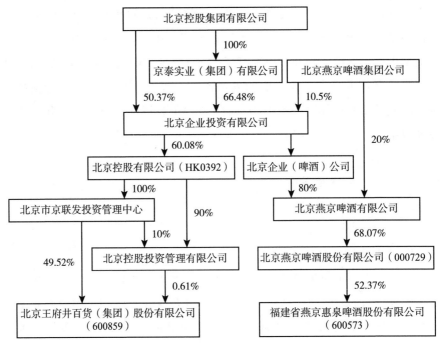

图 4-1 2005 年北京控股集团有限公司的控制结构图

$$Eigenvector_i = \sum_j b_{ij} E_j / \lambda \tag{4.1}$$

其中，b_{ij} 为企业—企业邻接矩阵，即若成员企业 i 与成员企业 j 有连接，则取 1，否则取 0。λ 为企业—企业邻接矩阵特征值，E_j 为成员企业 j 中心度的特征值。

程度中心度（Degree）。程度中心度是用来衡量成员企业在网络中重要程度的直接度量指标，值越大，表明与该成员企业相连的企业数目越多，该成员在集团网络中越重要。其计算方法为

$$Degree_i = C_{AD}(i) / (n-1) \tag{4.2}$$

其中，$C_{AD}(i)$ 表示成员企业 i 与其他所有成员企业相连接的个数，除以 $n-1$ 是为了消除不同年份企业集团网络间的规模差异。而在有向图中，根据顶点处弧的指向不同，又可以进一步将程度中心度分为入度和出度。其中，入度（Indegree）指的是以成员企业 i 为弧头，连接到成员企业 i 的其他成员企业个数；出度（Outdegree）则指的是以成员企业 i 为弧尾，成员企业 i 连接到其他成员企业的个数。由于特征向量中心度的计算方式类

似于对度中心度进行了迭代计算（Chuluun et al.，2017），从而更能够反映网络总体结构特征，它不同于程度中心度等其他常用指标，比较关注局部网络结构模式，而是通过对自身中心地位以及与其相连的企业中心地位进行综合评估，因此能够捕捉到整个网络中最核心的位置，也更适用于进行社会网络分析（黄灿和李善民，2019）。故为具体考察集团成员企业之间联系与交流的紧密程度及活跃性，本章将特征向量中心度作为本章衡量成员企业网络中心度的主要指标。为增加本章结果的可信度，在后续的稳健性检验中，本章也进一步选取入度与出度作为替代指标进行了相关分析。

本章构建企业集团网络的具体步骤如下：首先，通过国泰安数据库及企业年报搜查得到 A 股上市企业 2004～2017 年最终控制人及控股图数据，并根据最终控制人信息将属于同一企业集团的上市企业控股图进行手工拼接，得到如图 4-1 所示完整的企业集团控股图。其次，根据完整的企业集团控股图信息建立 2004～2017 共 9 个年份的"参控企业名称—被控制企业名称"关系列表，并进一步转换为"企业—企业"邻接矩阵导入 UCINET 软件，经软件计算得到企业集团网络中各成员企业的网络中心度数据。图 4-2 为据此方法得到的北控集团网络拓扑结构图，该图为有向连接，边的连接方向为控股路径方向。其中 BK1-BK12 为北控集团网络结构中涉及的成员企业名称编号，BK1 为最终控制人北京控股集团有限公司，BK6 为

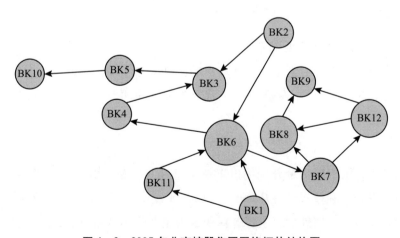

图 4-2 2005 年北京控股集团网络拓扑结构图

北京企业投资有限公司，其特征向量中心度最大，为 0.488。根据图 4 – 2 可以看出，与节点 BK6 相连接的企业个数最多，且与其相连的其他成员企业均在网络中占据了较为重要位置。故节点 BK6（北京企业投资有限公司）在该集团网络中位置最核心。

3. 企业创新

现有关于企业创新水平的度量方式主要分为两类：一类侧重于创新投入，用 R&D 支出来衡量企业创新水平（黄俊和陈信元，2011；蔡庆丰等，2020）；另一类则侧重于创新产出，用专利申请或者授权量来衡量企业创新水平（黎文靖和郑曼妮，2016；蔡卫星等，2019；Chang et al.，2015）。考虑到企业研发投入是否可以转化为创新成果存在较大的不确定性（余明桂等，2016），本章参照蔡卫星等（2019）和 Chang 等（2015）的做法，采用企业专利授权总量、发明专利授权量及非发明专利授权量作为本章衡量企业创新水平的主要指标，并参照已有研究的做法，对其进行了加 1 取自然对数处理。本章所有专利数据均来源于 CS-MAR 数据库，在稳健性检验部分，本章也采用企业 R&D 投入作为替代被解释变量进行了检验。

4.3.3 研究模型与变量定义

1. 企业集团与企业创新

本章借鉴以往研究企业创新水平的文献（蔡卫星等，2019；黎文靖和郑曼妮，2016），设立模型（4.3）来检验企业集团对企业创新的影响：

$$Innovation_{i,t+1} = \alpha_0 + \alpha_1 Group_{i,t} + \alpha_n Controls_{i,t} + \sum Ind + \sum Year + \xi_{i,t}$$

$$(4.3)$$

其中，被解释变量分别用以下三个指标来衡量：专利授权总量（*Patent*）、发明专利授权量（*Patent_I*）以及非发明专利授权量（*Patent_NI*），并对其做滞后一期处理。主要解释变量为企业集团变量（*Group*）。并参照已有文献做法（蔡卫星等，2019；Tian et al.，2016），控制了企业层面变量如总资产收益率（ROA）、企业规模（$Size$）、资本密集度（$Tang$）、经营活动现金流（OCF）、资产负债率（Lev）、第一大股东持股比例（Top_1）、独立董事占比（$Indep$）、托宾 Q 值（$Tobin\_Q$）、赫芬达尔指数（HHI）及其平方项（HHI^2）和企业年龄（Age）。此外，本章还控制了年度与行业固定效应，以减少时间和行业趋势对本章结果可能产生的影响。

2. 集团成员企业网络位置与企业创新

为验证本章假设 4.2，参照陈运森和谢德仁（2011）的做法，本章建立模型（4.4）来检验集团成员企业网络位置对企业创新的影响：

$$Innovation_{i,t+1} = \alpha_0 + \alpha_1 Centrality_{i,t} + \alpha_n Controls_{i,t}$$
$$+ \sum Ind + \sum Year + \mu_{i,t} \tag{4.4}$$

其中，集团成员企业网络中心度指标（$Centrality$）为模型（4.4）的主要解释变量，用来衡量集团成员企业在企业集团网络中的具体位置，成员企业网络中心度越大，表示该成员企业位置越核心。其余控制变量与式（4.3）保持一致。若 α_1 符号为正，则表示成员企业网络中心度越大，对企业创新水平的促进作用越明显。具体的变量定义见表 4-1：

表 4-1   主要变量定义

变量类型	变量名称	变量符号	变量定义
被解释变量	专利授权总量	$Patent$	企业年度专利（发明、实用新型、外观设计）授权总量加 1 取自然对数
	发明专利授权量	$Patent\_I$	企业年度发明专利授权总量加 1 取自然对数
	非发明专利授权量	$Patent\_NI$	企业年度非发明专利（实用新型、外观设计）授权总量加 1 取自然对数
解释变量	企业集团	$Group$	当两家及以上上市企业可以追溯到同一最终控制人，则被认为从属于同一个企业集团，$Group=1$；否则不属于企业集团，$Group=0$
	集团成员企业网络中心度	$Centrality$	根据企业集团网络由 UNICET 软件计算出成员企业特征向量中心度，作为本章衡量成员企业网络位置的指标。稳健性部分采用入度（$Indegree$）与出度（$Outdegree$）进行检验

续表

变量类型	变量名称	变量符号	变量定义
	总资产收益率	*ROA*	净利润/企业年末总资产
	企业规模	*Size*	企业年末总资产取自然对数
	资本密集度	*Tang*	固定资产净值/企业年末总资产
	经营活动现金流	*OCF*	经营活动现金流/企业年末总资产
	资产负债率	*Lev*	企业年末总负债/企业年末总资产
控制变量	第一大股东持股比例	*Top_1*	第一大股东持股占企业总股本的比例
	独立董事占比	*Indep*	企业独立董事会人数占董事会总人数的比例
	托宾 Q 值	*Tobin_Q*	总资产市场价值/总资产账面价值
	赫芬达尔指数	*HHI*	行业集中度，企业年度营业收入占行业营业总收入的平方和
	赫芬达尔指数平方项	*HHI²*	赫芬达尔指数 HHI 的平方项
	企业年龄	*Age*	企业上市年限

4.4　企业集团股权网络与成员企业技术创新的实证分析

4.4.1　描述性统计

表 4-2 为本章主要变量的描述性统计结果。从表 4-2 中可以看出企业集团（*Group*）的均值为 0.3127，这表明约有 31.27% 的上市公司属于企业集团，这与何等（He et al.，2013）和蔡卫星等（2019）的结果基本一致。集团成员企业网络中心度（*Centrality*）的均值为 0.0583，最大值为 0.7070，标准差为 0.1320，表明集团成员企业的网络位置具有一定程度的差异。专利授权总量（*Patent*）、发明专利授权量（*Patent_I*）与非发明专利授权量（*Patent_NI*）的均值分别为 2.6521、1.3237 和 2.2586，其余主要控制变量如总资产收益率（*ROA*）、企业规模（*Size*）、资产负债率（*Lev*）、独立董事占比（*Indep*）等的描述性统计结果均与以往同类文献

（蔡卫星等，2019；黎文靖和郑曼妮，2016；余明桂等，2016）数据较为接近，表明本章数据较为可信，适合后续研究。

表4-2　　　　　　　　　　　描述性统计

变量	N	均值	中位数	最大值	最小值	标准差
Patent	12536	2.6521	2.5649	9.2645	0.6931	1.3802
Patent_I	12536	1.3237	1.0986	7.9838	0	1.2439
Patent_NI	12536	2.2586	2.1972	9.2112	0	1.5126
Group	12536	0.3127	0	1	0	0.4636
Centrality	12536	0.0583	0	0.7070	0	0.1320
ROA	12536	0.0407	0.0369	0.1937	-0.2525	0.0535
Size	12536	9.6174	9.5292	11.2606	8.3867	0.5605
Tang	12536	0.2359	0.2049	0.7386	0.0023	0.1564
OCF	12536	0.0469	0.0451	0.2490	-0.1843	0.0674
Lev	12536	0.4384	0.4363	0.9774	0.0514	0.2004
Top_1	12536	0.3561	0.3401	0.7500	0.0900	0.1481
Indep	12536	0.3707	0.3333	0.5714	0.2857	0.0532
Tobin_Q	12536	2.1435	1.7390	8.5342	0.9053	1.2898
HHI	12536	0.0933	0.0712	0.7060	0.0158	0.0925
HHI2	12536	0.0172	0.0051	0.4985	0.0002	0.0526
Age	12536	9.1661	8	24	1	6.0914

4.4.2 回归分析

1. 基本回归结果分析

本章首先根据式（4.3）检验了企业集团对企业创新产出的影响，检验结果见表4-3的列（1）~（3）。其次，利用式（4.4）检验了集团成员企业网络中心度对企业创新产出的影响，检验结果见表3的列（4）~（6）。其中，列（1）和列（4）报告了使用年度专利授权总量的回归结果，列（2）和列（5）报告了使用年度发明专利授权量的回归结果，列（3）和列（6）报告了使用年度非发明专利授权量的回归结果。上述所有回归结果均对年度及行业固定效应进行了控制。

从表4-3的列（1）~（3）可以看出，无论是对专利授权总量还是发明专利授权量，抑或是非发明专利授权量，企业集团（Group）的系数均在1%的水平上显著为正。这表明，相较于独立企业，集团附属成员企业对于企业创新水平的促进作用明显更强，支持了本章的研究假设4.1。表4-3的列（4）~（5）栏中，集团成员企业网络中心度（Centrality）的估计系数也均在1%的水平上显著为正，表明集团成员企业网络中心度越高，其在集团网络中的相对位置越核心，越能促进企业创新，从而支持了本章的研究假设4.2。

表4-3 基本回归结果

变量	(1)	(2)	(3)	(4)	(5)	(6)
	Patent	Patent_I	Patent_NI	Patent	Patent_I	Patent_NI
Group	0.1445***	0.1112***	0.1526***			
	(3.64)	(3.24)	(3.56)			
Centrality				0.3779***	0.3178***	0.3894***
				(3.31)	(2.95)	(3.10)
ROA	-0.9386***	-0.7430***	-0.8942***	-0.9548***	-0.7549***	-0.9126***
	(-4.26)	(-3.40)	(-3.60)	(-4.30)	(-3.45)	(-3.65)
Size	1.0270***	0.9402***	0.9722***	1.0260***	0.9381***	0.9713***
	(18.28)	(17.31)	(16.39)	(18.28)	(17.29)	(16.41)
Tang	0.2471**	0.2079*	0.2575**	0.2507**	0.2099*	0.2615**
	(2.09)	(1.82)	(1.98)	(2.12)	(1.83)	(2.01)
OCF	0.0478	0.2361*	0.0926	0.0461	0.2343*	0.0911
	(0.33)	(1.68)	(0.57)	(0.32)	(1.67)	(0.56)
Lev	-0.1308	-0.1403	-0.0756	-0.1230	-0.1342	-0.0671
	(-1.26)	(-1.44)	(-0.65)	(-1.18)	(-1.38)	(-0.58)
Top_1	-0.2260*	-0.2588**	-0.1450	-0.2374*	-0.2682**	-0.1550
	(-1.70)	(-2.06)	(-1.03)	(-1.79)	(-2.14)	(-1.10)
Indep	-0.0484	0.0883	-0.2288	-0.0670	0.0719	-0.2497
	(-0.21)	(0.38)	(-0.89)	(-0.29)	(0.31)	(-0.97)

变量	（1）	（2）	（3）	（4）	（5）	（6）
	Patent	Patent_I	Patent_NI	Patent	Patent_I	Patent_NI
Tobin_Q	0.0004 (0.04)	0.0169 * (1.86)	− 0.0130 (− 1.16)	− 0.0002 (− 0.02)	0.0165 * (1.80)	− 0.0135 (− 1.21)
HHI	− 1.0766 (− 1.19)	− 2.6379 *** (− 3.11)	− 0.2157 (− 0.22)	− 1.0672 (− 1.17)	− 2.6278 *** (− 3.10)	− 0.2059 (− 0.21)
HHI²	2.6185 (1.58)	3.4937 ** (2.25)	1.3664 (0.78)	2.6058 (1.57)	3.4805 ** (2.24)	1.3528 (0.77)
Age	0.0022 (0.64)	0.0037 (1.16)	0.0039 (1.03)	0.0043 (1.27)	0.0052 * (1.68)	0.0062 * (1.66)
Constant	− 8.2703 *** (− 15.91)	− 8.0286 *** (− 16.24)	− 8.4728 *** (− 15.42)	− 8.2526 *** (− 15.92)	− 8.0035 *** (− 16.23)	− 8.4563 *** (− 15.43)
Year	Yes	Yes	Yes	Yes	Yes	Yes
Industry	Yes	Yes	Yes	Yes	Yes	Yes
N	12536	12536	12536	12536	12536	12536
R^2	0.3841	0.3956	0.2568	0.3836	0.3959	0.2560

注：***、**、*分别表示系数在 1%、5% 和 10% 的水平上显著，括号中为经过企业层面聚类调整的 t 值。

2. 影响机制分析

上述基本回归结果表明，企业集团与企业创新之间存在正相关关系，且集团成员企业网络中心度越大，越能促进企业创新。根据前文理论分析，企业集团会通过内部资本市场、内部技术溢出以及内部信息渠道对企业创新产生影响，接下来本章将从这三个可能机制出发来加以验证。

（1）企业集团内部资本市场。

企业研发活动由于不确定性强，复杂程度高，往往需要大量资金投入（Chemmanur et al.，2014）。企业集团内部资本市场可以充分发挥集团内部的资金协调和调配功能为企业创新活动提供资金支持，缓解成员企业融资约束。网络中心度高的成员企业，由于其位置更为核心，与其具有密切联系的成员企业更多，故当其面临融资约束难题时，资金来源渠道更为广泛，融资约束问题更易得到缓解。为验证该机制，本章首先考察了企业创新水平对集团内部其他成员企业资金现金流（OOCF）的敏感性（蔡卫星等，2019），估计结果见表4－4的第（1）~（2）列。结果显示，其他成员企业平均现金流与企业专利产出之间呈现显著（1%水平上）的正相关关系，这表明企业创新水平确与集团内部现金流正相关。其次，本章还根据其他成员企业平均现金流高低将样本分为低内部现金流子样本与高内部现金流子样本，以此来考察集团成员企业网络位置更优是否更容易得到其他成员企业的资金支持。据表4－4的第（3）~（6）列结果显示，在内部现金流更高的企业集团样本中，集团成员企业网络中心度（Centrality）的估计系数均更大，且更显著，组间系数差异也分别在1%与5%的水平上显著。这表明，相较于低内部现金流的企业集团，成员企业位置优越性在高内部现金流的企业集团中更突出。即企业集团内部现金流越多，成员企业较高的网络中心度越能促进企业创新。

表4－4　　　　　　　　机制分析1——内部资本市场

Dependent variable	集团整体层面		分组检验			
			低内部现金流	高内部现金流	低内部现金流	高内部现金流
	(1)	(2)	(3)	(4)	(5)	(6)
	Patent	*Patent_I*	*Patent*	*Patent*	*Patent_I*	*Patent_I*
OOCF	1.0052 ***	0.6787 ***				
	(3.67)	(2.65)				
Centrality			0.3165 **	0.5533 ***	0.2724 **	0.4420 ***
			(2.36)	(3.65)	(2.20)	(3.00)
Constant	− 8.3511 ***	− 8.0945 ***	− 8.0486 ***	− 8.6947 ***	− 7.9123 ***	− 8.1784 ***
	(− 16.10)	(− 16.39)	(− 15.52)	(− 16.80)	(− 15.89)	(− 16.07)
All Controls	Yes	Yes	Yes	Yes	Yes	Yes
Year	Yes	Yes	Yes	Yes	Yes	Yes
Industry	Yes	Yes	Yes	Yes	Yes	Yes
N	12536	12536	10205	10551	10205	10551
R^2	0.3839	0.3961	0.3702	0.3683	0.3807	0.3804

续表

Dependent variable	集团整体层面		分组检验			
			低内部现金流	高内部现金流	低内部现金流	高内部现金流
	（1）	（2）	（3）	（4）	（5）	（6）
	Patent	*Patent_I*	*Patent*	*Patent*	*Patent_I*	*Patent_I*
组间系数差异检验（P值）			0.0008		0.0372	

注：***、**、*分别表示系数在1%、5%和10%水平上显著，括号中为经过企业层面聚类调整的 t 值。

（2）企业集团内部技术溢出效应。

不同经营范围或者行业的集团成员企业之间可以交换研究技术人员，分享和交流研发经验，从而导致研发知识和技术在集团内部的广泛扩散与传播，这种基于集团网络结构的内部技术溢出提高了成员企业研发能力。对于中心度较大的成员企业，与其直接或间接相连的行为主体更多，从中能够获得的溢出性技术与专业知识及经验也更为丰富，故企业创新水平更高。为验证该机制，本章借鉴蔡卫星等（2019）的做法，考察了集团内除本企业之外其他成员企业专利授权总量与其他成员企业发明专利授权量（*Otherpatent*、*Otherpatent_I*）分别对企业专利授权总量与发明专利授权量的影响，同时还对集团外部行业溢出效应的可能影响进行了控制。从表4-5的第（1）~（2）列可以看出，无论是专利授权总量还是发明专利授权量，其他成员企业专利数量（*Otherpatent*、*Otherpatent_I*）的估计系数均在1%的水平上显著为正，从而验证了企业集团内部技术溢出效应的存在。此外，为进一步验证中心度高的成员企业是否享受了更多的技术溢出"红利"，本章按照其他成员企业专利数进行了内部技术溢出程度高低分组，估计结果见表4-5的第（3）~（6）列。从估计结果可以看出，相对于低内部技术溢出程度样本组，高内部技术溢出程度样本组中，无论是专利授权总量还是发明专利授权量，集团成员企业网络中心度（*Centrality*）的估计系数均更大，且系数显著性更高，组间系数差异也均在1%的水平上显著。这表明，相对于低内部技术溢出程度样本组，高内部技术溢出程度样本组中，中心度大的成员企业，由于其享受的技术溢出"红利"更多，企业创新水平更高。

表4-5 机制分析2——内部技术溢出效应

Dependent variable	集团整体层面		分组检验			
			低内部技术溢出程度	高内部技术溢出程度	低内部技术溢出程度	高内部技术溢出程度
	(1)	(2)	(3)	(4)	(5)	(6)
	Patent	*Patent_I*	*Patent*	*Patent*	*Patent_I*	*Patent_I*
Otherpatent	0.0697 ***					
	(7.21)					
Patent_Ind	0.0768 ***		0.1334 ***	0.0534 ***		
	(4.85)		(5.01)	(3.33)		
Otherpatent_I		0.1018 ***				
		(8.45)				
Patent_I_Ind		0.1334 ***			0.1808 ***	0.1047 ***
		(8.60)			(9.11)	(6.30)
Centrality			0.2866 **	0.7479 ***	0.1734	0.8601 ***
			(2.29)	(3.77)	(1.57)	(4.53)
Constant	-8.5569 ***	-8.4046 ***	-8.7942 ***	-8.7613 ***	-8.0805 ***	-8.6725 ***
	(-16.36)	(-17.14)	(-16.36)	(-16.65)	(-15.91)	(-16.77)
AllControls	Yes	Yes	Yes	Yes	Yes	Yes
Year	Yes	Yes	Yes	Yes	Yes	Yes
Industry	Yes	Yes	Yes	Yes	Yes	Yes
N	12536	12536	10204	10810	10334	10680
R^2	0.3903	0.4090	0.3563	0.3817	0.3774	0.3943
组间系数差异检验（P值）			0.0007		0.0040	

注：***、**、*分别表示系数在1%、5%和10%水平上显著，括号中为经过企业层面聚类调整的t值。

（3）企业集团内部信息传递。

企业集团社会网络中的每位成员企业均可被视为信息资源的"交换中心"，成员企业之间的股权联系构建了信息交换的"桥梁"。集团成员企业网络中心度越大，其位置越趋于中心，信息资源越倾向于向其流动（Freeman，1979；李善民等，2015），因此，中心度较大的成员企业处更容易汇集信息，且信息的交换频次也更快。成员企业在网络中的位置优势可以进一步转化为信息优势，为其带来行为决策上的好处。从企业并购决策上来看，大量优质信息降低了成员企业在并购活动中的不确定性，促使成员企业在战略决策上可以通过直接并购其他创新能力强的企业来提升自身创新水平。为验证这一机制，本章考察了集团成员企业网络中心度（Centrality）对企业并购行为的影响，并采用以下几个变量来具体衡量企业的并购行为：（1）并购哑变量（M&A_D），即若企业当年至少发生过一次并购行为，则取 1，否则取 0。（2）被并购方企业创新能力，参考郭等（Guo et al.，2019）采用以下两个指标进行衡量：第一，截止到被收购之日，所有被收购企业的平均累计专利授权量（lnTargpatent）；第二，截止到被收购之日，所有被收购企业的平均累计发明专利授权量（lnTargpatent_I）。（3）并购溢价程度（Premium），参考陈仕华和卢昌崇（2013）的计算方法，采用公式：并购溢价 =（每股收购价格 − 每股市值）/每股市值计算得到。该值越小，表示企业并购溢价程度越低，并购活动越成功。估计结果见表 4–6的第（1）~（4）列。

表 4–6 的第（1）~（3）列中，集团成员企业网络中心度（Centrality）的估计系数均显著为正，表明集团成员企业网络中心度越大，越容易发生并购行为，且在并购活动中更倾向于并购创新能力强的企业以提高自身创新水平。第（4）列中，集团成员企业网络中心度（Centrality）的估计系数为负，且在 5% 的水平上显著，表明成员企业在集团网络中的位置优势导致了其在并购活动中以更低价格获得了标的，并购溢价程度越低，这是因为网络中心度大的成员企业在并购过程中掌握了更多的信息，从而能够对标的进行较为准确的估值，进而在价格谈判中获得谈判优势，以更贴近标的市值的水平完成并购。

为进一步验证中心度大的成员企业是否通过并购式创新提升了自身创

新水平，本章考察了交乘项 $Centrality \times M\&A\_D$ 分别对企业专利授权总量（$Patent$）与发明专利授权量（$Patent\_I$）影响的回归结果，从表 4 – 6 的第（5）列和第（6）列可以看出，交乘项 $Centrality \times M\&A\_D$ 的系数均在 5% 的水平上显著为正，表明中心度大的成员企业通过战略式并购提高了企业自身创新水平，从而验证了企业集团内部信息传递渠道的存在。

表 4 – 6 机制分析 3——内部信息渠道（战略并购）

Dependent variable	战略并购				战略并购式外部创新	
	（1）	（2）	（3）	（4）	（5）	（6）
	$M\&A\_D$	$LnTargPatent$	$LnTargPatent\_I$	$Premium$	$Patent$	$Patent\_I$
$Centrality$	0. 2602 ***	0. 3842 **	0. 2630 *	– 7. 6163 **	0. 3146 ***	0. 2587 **
	(7. 46)	(2. 09)	(1. 66)	(– 2. 19)	(2. 69)	(2. 34)
$M\&A\_D$					0. 0073	– 0. 0278
					(0. 38)	(– 1. 41)
$Centrality \times M\&A\_D$					0. 2676 **	0. 2841 **
					(2. 20)	(2. 21)
$Constant$	0. 3768 ***	– 6. 0523 ***	– 5. 6058 ***	– 65. 9452 ***	– 8. 2669 ***	– 8. 0089 ***
	(3. 87)	(– 9. 95)	(– 10. 05)	(– 5. 34)	(– 15. 96)	(– 16. 25)
$All\ Controls$	Yes	Yes	Yes	Yes	Yes	Yes
$Year$	Yes	Yes	Yes	Yes	Yes	Yes
$Industry$	Yes	Yes	Yes	Yes	Yes	Yes
N	12536	6483	6483	7798	12536	12536
R^2	0. 0442	0. 4085	0. 4247	0. 0231	0. 3840	0. 3963

注：***、**、* 分别表示系数在 1%、5% 和 10% 水平上显著，括号中为经过企业层面聚类调整的 t 值。

此外，成员企业网络位置优势带来的信息优势还可以激励企业进行外部风险投资来提高企业创新水平。郭等（2019）认为企业风险投资（CVC）为企业了解最前沿创新技术提供了机会之窗，对企业的创新产出存在着"增量效应"。成员企业位置优势带来的信息优势为企业发现外部创新投资机会提供了契机，促使其可以通过进行风险投资（CVC）获得快速进入新技术和新市场的窗口或通道，进而提高企业自身创新水平（Chem-manur et al.，2014）。为进一步验证企业集团网络内部存在信息传递功能，本章考察了集团成员企业网络中心度（Centrality）对企业风险投资行为的影响，并采用以下两种方式来衡量企业的风险投资行为：（1）CVC 二值虚拟变量（CVC_D）：即若企业当年参与 CVC 投资，则取 1，否则取 0；（2）CVC 投资累积效应（CVC_T）：将企业参与 CVC 投资后的第一年及之后年份取值为 1，其余年份取 0。为验证企业进行风险投资是否会提升自身创新水平，本章进一步考察了交乘项 Centrality × CVC_D 与交乘项 Centrality × CVC_T 分别对企业专利授权总量 Patent 与发明专利授权量 Patent_I 影响的回归结果，估计结果见表 4–7。

从表 4–7 的第（1）列与第（2）列可以看出，集团成员企业网络中心度（Centrality）的估计系数均为正，且分别在 5% 和 10% 的水平上显著，表明集团成员企业网络中心度越大，越倾向于对外进行风险投资。其中交乘项 Centrality × CVC_D 以及 Centrality × CVC_T 的估计系数均为正，且当被解释变量为发明专利授权量时，Centrality × CVC_D 的估计系数在 10% 的水平上显著，Centrality × CVC_T 的估计系数在 1% 的水平上显著，表明成员企业凭借其在集团网络中的位置优势，借助外部创新战略如风险投资提升了企业自身创新水平。

表 4–7　　机制分析 3——集团内部信息渠道（企业风险投资）

Dependent variable	企业风险投资		战略投资式外部创新			
	（1）	（2）	（3）	（4）	（5）	（6）
	CVC_D	CVC_T	Patent	Patent_I	Patent	Patent_I
Centrality	0.0610 ** (2.22)	0.0491 * (1.68)	0.3674 *** (3.13)	0.2745 ** (2.53)	0.3187 ** (2.44)	0.1683 (1.40)
CVC_D			0.0042 (0.09)	−0.0309 (−0.62)		
CVC_T					0.0696 (1.22)	0.0693 (1.19)
Centrality × CVC_D			0.1181 (0.46)	0.5017 * (1.70)		

续表

Dependent variable	企业风险投资		战略投资式外部创新			
	（1）	（2）	（3）	（4）	（5）	（6）
	CVC_D	*CVC_T*	*Patent*	Patent_I	*Patent*	*Patent_I*
Centrality × *CVC_T*					0.2997	0.7832 ***
					(0.99)	(3.12)
Constant	− 0.3175 ***	− 0.4077 ***	− 8.2463 ***	− 7.9905 ***	− 8.2033 ***	− 7.9199 ***
	（ − 4.23）	（ − 2.86）	（ − 15.96）	（ − 16.29）	（ − 15.69）	（ − 15.98）
All Controls	Yes	Yes	Yes	Yes	Yes	Yes
Year	Yes	Yes	Yes	Yes	Yes	Yes
Industry	Yes	Yes	Yes	Yes	Yes	Yes
N	12536	12536	12536	12536	12536	12536
R^2	0.0566	0.1190	0.3836	0.3962	0.3839	0.3973

注：*** 、** 、* 分别表示系数在1%、5%和10%水平上显著，括号中为经过企业层面聚类调整的 t 值。

4.4.3 异质性分析

1. 金融市场发展程度

发达的金融市场可以降低外部信息不对称，减少市场交易成本，提高企业信贷配给，缓解企业融资约束程度，促进企业创新。当地区金融市场发展水平较低时，企业集团内部资本市场可以形成对外部资本市场不完善的补充，促使企业通过内部资金渠道弥补资金缺口，提高企业创新水平。对于核心位置成员企业，其资金获取能力更强，故相比于金融市场化发展程度较高的地区，其在金融市场化发展程度较低地区融资约束缓解作用更大，从而企业创新水平提升作用更明显。表4-8为对金融市场发展程度进行分组之后，集团成员企业网络中心度（*Centrality*）分别对企业专利授权总量（*Patent*）与发明专利授权量（*Patent_I*）影响的回归结果。根据表4-8，当金融市场化程度较低时，无论是对于专利授权总量还是发明专利授权量，*Centrality* 的估计系数均更大，且组间系数差异分别在1%和10%的水平上显著，表明集团成员企业网络中心度越大，越能够通过内部资金市场弥补外部金融市场缺陷，缓解企业融资约束，促进企业创新。

表 4 - 8　　　　　　　　异质性分析 1——金融市场发展程度

Dependent variable	金融市场化程度较低	金融市场化程度较高	金融市场化程度较低	金融市场化程度较高
	（1）	（2）	（3）	（4）
	Patent	*Patent*	*Patent_I*	*Patent_I*
Centrality	0. 6087 ***	0. 3200 **	0. 4806 **	0. 2948 **
	（3. 04）	（2. 39）	（2. 22）	（2. 40）
Constant	− 9. 2701 ***	− 8. 1201 ***	− 9. 1067 ***	− 7. 7627 ***
	（ − 9. 74）	（ − 13. 46）	（ − 9. 32）	（ − 13. 87）
All Controls	Yes	Yes	Yes	Yes
Year	Yes	Yes	Yes	Yes
Industry	Yes	Yes	Yes	Yes
N	3702	8834	3702	8834
R^2	0. 3831	0. 3784	0. 4023	0. 3900
组间系数差异检验（P 值）	0. 0043		0. 0978	

注：*** 、 ** 、 * 分别表示系数在 1% 、5% 和 10% 水平上显著，括号中为经过企业层面聚类调整的 t 值。

2. 行业外部融资依赖度

企业所处行业外部融资依赖度可以直接反映企业资金需求状况，行业外部融资依赖度越高，企业对于外部资金的需求越大。企业集团内部资本市场为企业融资提供了新的渠道，有效缓解了企业外部融资依赖程度。对于中心度较大的成员企业，其在内部资本市场上融资能力更强，故当企业面临的行业外部融资依赖度较高时，中心度较大成员的企业创新促进作用应更明显。本章借鉴拉詹和辛格莱斯（Rajan and Zingales，1998）的方法，采用公式：EFD = （资本支出 − 调整后的现金流）/资本支出，来计算企业外部融资依赖度，并取年度—行业中位数作为企业所处行业的外部融资依赖度，最后按照企业所处行业外部融资依赖程度与所有行业中位数相对高低进行分组。表4-9为对行业外部融资依赖度分组之后，集团网络中心度（Centrality）分别对企业专利授权总量（Patent）与发明专利授权量（Patent_I）影响的回归结果。从表4-9可以看出，高行业外部融资依赖度样本组中，Centrality的估计系数均大于低行业外部融资依赖度样本组中Centrality的估计系数，且组间系数差异显著，表明当集团成员企业面临高行业外部融资依赖度时，中心度大的成员企业缓解融资约束的能力更强，从而企业创新水平更高。

表4-9　　　　　　　　异质性分析2——行业外部融资依赖度

Dependent variable	行业外部融资依赖度低	行业外部融资依赖度高	行业外部融资依赖度低	行业外部融资依赖度高
	(1)	(2)	(3)	(4)
	Patent	Patent	Patent_I	Patent_I
Centrality	0.3054 * (1.80)	0.4336 *** (3.38)	0.2451 (1.56)	0.3726 *** (3.02)
Constant	-11.0015 *** (-16.46)	-8.1310 *** (-14.62)	-9.8139 *** (-14.76)	-8.1136 *** (-15.36)
All Controls	Yes	Yes	Yes	Yes
Year	Yes	Yes	Yes	Yes
Industry	Yes	Yes	Yes	Yes
N	4019	8517	4019	8517
R^2	0.4420	0.3540	0.4215	0.3838
组间系数差异检验（P值）	0.0082		0.0148	

注：***、**、*分别表示系数在1%、5%和10%水平上显著，括号中为经过企业层面聚类调整的t值。

3. 知识产权保护程度

当地区知识产权保护程度较低时，企业更可能模仿或非法盗用其他企业专利技术。较低的侵权成本增加了企业知识产权被盗用的风险，降低了企业研发的创新收益。企业集团作为一种介于企业与市场的中间组织形式，对外部制度缺失形成补充，较好地保护了集团内部研发成果专有性。一方面，知识和技术在集团成员企业间的传播与再造通过在企业集团层面形成技术垄断从而降低了外部侵权企业的侵权收益，集团内部研发创新收益得以增加；另一方面，集团内部知识溢出形成的创新累积增加了集团层面的专利保护宽度，降低了集团外部企业进行后续创新的可能（Greenand Scotchmer，1995），这将增加集团企业内部研发与溢出激励。故当地区知识产权保护程度较低时，外部侵权压力会加速集团内部知识溢出，中心度大的成员企业，凭借其位置优势能够享受更多的集团内部知识溢出"红利"，推进其创新活动。本章借鉴张健华和王鹏（2012）的做法，采用王小鲁等（2019）的《中国分省份市场化指数报告》中的知识产权保护指数，按照指数高低分为低知识产权保护省份与高知识产权保护省份。从表4-10中可以看出，在知识产权保护程度低的样本组中，集团成员企业网络中心度Centrality的估计系数均更大，且系数显著性更强，组间系数差异检验分别在5%和10%的水平上显著，表明当地区知识产权保护程度较低时，集团内部知识溢出程度的增加导致了中心度大的成员企业创新水平更高。

表4-10　　　　　　异质性分析3——知识产权保护程度

Dependent variable	知识产权保护程度低	知识产权保护程度高	知识产权保护程度低	知识产权保护程度高
	（1）	（2）	（3）	（4）
	Patent	Patent	Patent_I	Patent_I
Centrality	0.4623 ***	0.3110 *	0.3590 **	0.2896 *
	(3.30)	(1.71)	(2.42)	(1.88)
Constant	-7.9903 ***	-9.1619 ***	-7.6925 ***	-8.9540 ***
	(-11.17)	(-13.15)	(-11.71)	(-13.07)
All Controls	Yes	Yes	Yes	Yes
Year	Yes	Yes	Yes	Yes
Industry	Yes	Yes	Yes	Yes
N	6756	5780	6756	5780

续表

Dependent variable	知识产权保护程度低	知识产权保护程度高	知识产权保护程度低	知识产权保护程度高
	(1)	(2)	(3)	(4)
	Patent	*Patent*	*Patent_IPatent_I*	
R^2	0.3524	0.4241	0.3949	0.4043
组间系数差异检验（P 值）	0.0205		0.0694	

注：***、**、*分别表示系数在 1%、5% 和 10% 水平上显著，括号中为经过企业层面聚类调整的 t 值。

4. 地理距离

鲍姆和梅齐亚斯（Baum and Mezias，1992）认为地理上的邻近为组织个体间有计划或偶然的互动创造了机会，有利于组织个体间的知识溢出。集团成员企业之间较短的地理距离，促进了集团内部知识系统的联通，增进了成员个体间相互学习交流的意愿，因此，较短的路径长度可以通过加速成员企业间知识溢出带来更多的专利产出。为验证集团成员企业网络中心度对企业创新的促进作用是否随着地理距离的邻近而增加，本章考察了按照集团内部技术溢出程度进行高低分组之后，集团成员企业网络中心度（*Centrality*）与成员企业间地理距离（*Distance*）交互效应对企业创新产出的影响，借鉴索伯森和奥迪亚（Sorenson and Audia，2000）提出的地理距离公式：$LD_{it} = \sum_j \dfrac{1}{(1 + d_{ij})}$，对成员企业间地理距离（*Distance*）进行了衡量，其值越大，表示成员企业 i 与其他成员企业间平均距离越短，其中 d_{ij} 为企业 i 与企业 j 之间的距离。根据表 4-11，在高内部技术溢出程度样本组中，交乘项 *Centrality × Distance* 对企业专利授权总量（*Patent*）与发明专利授权量（*Patent_I*）的估计系数均为正，且在 1% 的水平上显著，表明当集团内部技术溢出程度较高时，成员企业之间地理距离越近，越有利于中心度较大成员企业创新，由此验证了前文推论。低内部技术溢出程度样本组中，交乘项 *Centrality × Distance* 对企业专利授权总量（*Patent*）的估计系数显著为负，此外，两个样本组中组间系数差异检验分别在 1% 与 5% 的水

· 152 ·

平上显著，这表明当集团内部整体创新水平较低时，集团成员企业间地理上的过度邻近可能不利于中心度较大成员企业创新。这可能是因为集团内部整体创新水平偏低时，集团成员企业在地理上的邻近导致了其对研发资源的争抢，从而对企业创新产生了不利影响。

表 4-11 异质性分析 4——地理距离

Dependent variable	低内部技术溢出程度	高内部技术溢出程度	低内部技术溢出程度	高内部技术溢出程度
	(1)	(2)	(3)	(4)
	Patent	*Patent*	*Patent_I*	*Patent_I*
Centrality	0. 3234 *** (2. 64)	0. 6924 *** (3. 43)	0. 1876 * (1. 71)	0. 7501 *** (4. 06)
Distance	0. 4208 (1. 46)	0. 1155 (0. 94)	−0. 0619 (−0. 21)	0. 1484 (1. 04)
Centrality × Distance	−2. 2785 *** (−3. 72)	0. 9837 *** (2. 99)	−0. 3394 (−0. 37)	2. 1037 *** (4. 77)
Patent_Ind	0. 1339 *** (5. 02)	0. 0532 *** (3. 32)		
Patent_I_Ind			0. 1806 *** (9. 09)	0. 1018 *** (6. 27)
Constant	−8. 7745 *** (−16. 34)	−8. 7465 *** (−16. 60)	−8. 0774 *** (−15. 91)	−8. 6301 *** (−16. 67)
All Controls	Yes	Yes	Yes	Yes
Year	Yes	Yes	Yes	Yes
Industry	Yes	Yes	Yes	Yes
N	10204	10810	10204	10810
R^2	0. 3573	0. 3820	0. 3775	0. 3955
组间系数差异检验（P 值）	0. 0001		0. 0232	

注：*** 、** 、* 分别表示系数在 1% 、5% 和 10% 水平上显著，括号中为经过企业层面聚类调整的 t 值。

5. 机构投资者交叉持股

交叉机构投资者相比于散户投资者，在信息收集与分析方面具备规模经济效应，从而更容易获取上市企业的私有信息（Luong et al.，2017），其通过持有不同企业股份也具有了信息传递效应（黄灿和李善民，2019）。相比于未被交叉机构投资者持有股份的企业，被交叉机构投资者持有股份的企业更能够从交叉机构投资者处获得其他企业私有信息。因此，对于未被交叉机构投资者持有股份的企业来说，中心度较大成员企业网络位置上附着的信息资源应更有价值。本章借鉴陈等（Chen et al.，2018）的做法，若机构投资者同时持有本企业或同行业其他企业股份数大于5%，则认为被持股企业存在机构交叉持股，取值为1，否则取0。根据表4－12可以看出，在不存在交叉机构投资者的样本组中，集团股权中心度（Centrality）的估计系数均更大，且系数显著性更高，表明对于不存在交叉机构投资者的成员企业，集团网络之间的信息流动可以部分替代交叉机构投资者的信息传递功能，成员企业网络中心度越大，其具有的信息资源越丰富，从而更能促进企业创新。

表4－12　　　　　　　异质性分析5——机构投资者交叉持股

Dependent variable	不存在交叉机构投资者	存在交叉机构投资者	不存在交叉机构投资者	存在交叉机构投资者
	（1）	（2）	（3）	（4）
	Patent	Patent	Patent_I	Patent_I
Centrality	0.3585 ***	0.1569	0.3511 ***	0.0263
	（3.02）	（0.62）	（3.05）	（0.12）
Constant	－7.9387 ***	－7.6935 ***	－7.5966 ***	－5.7671 ***
	（－14.77）	（－7.81）	（－15.04）	（－6.45）
All Controls	Yes	Yes	Yes	Yes
Year	Yes	Yes	Yes	Yes
Industry	Yes	Yes	Yes	Yes
N	10963	1573	10963	1573

Dependent variable	不存在交叉机构投资者	存在交叉机构投资者	不存在交叉机构投资者	存在交叉机构投资者
	(1)	(2)	(3)	(4)
	Patent	*Patent*	*Patent_I*	*Patent_I*
R^2	0.3277	0.2652	0.3528	0.2304
组间系数差异检验（P 值）	0.0000		0.0347	

注：***、**、*分别表示系数在 1%、5% 和 10% 水平上显著，括号中为经过企业层面聚类调整的 t 值。

4.4.4 稳健性检验

为增强本章结果的可信度，本章采用多种方式对计量结果进行了稳健性检验，具体如下。

1. 更换解释变量度量方式

前文分析中，本章主要采用特征向量中心度（*Eigenvector*）作为本章衡量集团成员企业网络中心度的主要指标，这里，本章使用程度中心度中的细化指标入度（*Indegree*）与出度（*Outdegree*）作为替代指标进行了回归分析。根据表 4 - 13 的回归结果，集团成员企业入度（*Indegree*）与出度（*Outdegree*）的估计系数均在 1% 水平上显著为正，表明本章回归结果较为稳健。

表 4 - 13　　　　稳健性检验 1——更换解释变量度量方式

Dependent variable	入度		出度	
	(1)	(2)	(3)	(4)
	Patent	*Patent_I*	*Patent*	*Patent_I*
Indegree	0.2219 *** (2.81)	0.2191 *** (3.32)		

续表

Dependent variable	入度		出度	
	（1）	（2）	（3）	（4）
	Patent	*Patent_I*	*Patent*	*Patent_I*
Outdegree			0. 2314 *** （4. 24）	0. 2483 *** （3. 29）
Constant	− 8. 2581 *** （− 15. 79）	− 7. 9939 *** （− 16. 12）	− 8. 2737 *** （− 16. 02）	− 7. 9813 *** （− 16. 24）
All Controls	Yes	Yes	Yes	Yes
Year	Yes	Yes	Yes	Yes
Industry	Yes	Yes	Yes	Yes
N	12536	12536	12536	12536
R^2	0. 3888	0. 3958	0. 3835	0. 3967

注：***、**、*分别表示系数在1%、5%和10%水平上显著，括号中为经过企业层面聚类调整的 t 值。

2. 更换被解释变量及滞后期数

考虑到企业研发投入也可以用来衡量企业创新水平（黄俊和陈信元，2011），本章分别采用企业研发投入与销售收入之比（*R&D/Sales*）和企业研发投入的自然对数（ln（*R&D*））作为被解释变量进行回归分析，根据表4 – 14 中前两列的回归结果，*Centrality* 的系数显著为正，表明集团成员企业中心度越大，企业研发投入越多，创新能力越强。此外，本章对专利授权总量（*Patent*）和发明专利授权量（*Patent_I*）分别滞后二期和三期，再进行回归，回归结果见表4 – 14 的列（3）~列（6）。表4 – 14 的检验结果表明，无论是改变被解释变量度量方式，还是改变滞后期数，检验结果均与前文结论相符，本章结果较为稳健。

3. 控制不同固定效应组合

考虑到企业层面个体因素也可能会对企业创新水平产生影响，为减少不随时间变化的企业个体差异对本章结果可能产生的影响，本章进一步控制了企业个体固定效应，检验结果见表4 – 15 中的列（1）~列（2）。此外，考虑到我国经济发展可能具有较强的区域异质性，不同地区的发展水平可能存在差异，为进一步减少地区特征对本章结果的影响，本章进一步控制了地区固定效应，检验结果见表 4 - 15 中的列（3）~列（4）。表 4 - 15 中的回归结果与前文回归结果基本一致，表明本章结果较为稳健。

表 4 - 14　　　　稳健性检验 2——更换被解释变量及滞后期数

Dependent variable	研发投入		滞后 2 期		滞后 3 期	
	（1）	（2）	（3）	（4）	（5）	（6）
	$R\&D/Sales$	$\ln(R\&D)$	$Patent_{t,t+2}$	$Patent\_I_{t,t+2}$	$Patent_{t,t+3}$	$Patent\_I_{t,t+3}$
Centrality	0.0069 **	2.1323 ***	0.3919 ***	0.3120 **	0.3261 **	0.4210 ***
	(2.48)	(2.62)	(3.16)	(2.56)	(2.31)	(3.11)
Constant	0.0465 ***	− 2.1116	− 7.6650 ***	− 7.1447 ***	− 6.8893 ***	− 6.2856 ***
	(3.01)	(− 0.74)	(− 13.08)	(− 13.15)	(− 11.09)	(− 10.96)
All Controls	Yes	Yes	Yes	Yes	Yes	Yes
Year	Yes	Yes	Yes	Yes	Yes	Yes
Industry	Yes	Yes	Yes	Yes	Yes	Yes
N	6044	6044	9727	9727	8079	8079
R^2	0.0834	0.5433	0.3826	0.3702	0.3695	0.3457

注：***、**、*分别表示系数在 1%、5% 和 10% 水平上显著，括号中为经过企业层面聚类调整的 t 值。

表 4 - 15　　　　稳健性检验 3——控制不同固定效应组合

Dependent variable	控制时间 + 行业 + 个体		控制时间 + 行业 + 地区	
	（1）	（2）	（3）	（4）
	Patent	Patent_I	Patent	Patent_I
Centrality	0.2698 **	0.2655 **	0.3800 ***	0.3071 ***
	(2.17)	(2.33)	(3.33)	(2.89)
Constant	− 5.2282 ***	− 7.4123 ***	− 8.3202 ***	− 7.9062 ***
	(− 6.48)	(− 10.40)	(− 16.13)	(− 16.07)
All Controls	Yes	Yes	Yes	Yes
Year	Yes	Yes	Yes	Yes

续表

Dependent variable	控制时间 + 行业 + 个体		控制时间 + 行业 + 地区	
	(1)	(2)	(3)	(4)
	Patent	*Patent_I*	*Patent*	*Patent_I*
Industry	Yes	Yes	Yes	Yes
Firm	Yes	Yes	No	No
Pro	No	No	Yes	Yes
N	12536	12536	12536	12536
R^2	0.3885	0.4431	0.3849	0.3984

注: *** 、** 、* 分别表示系数在1% 、5% 和10% 水平上显著，括号中为经过企业层面聚类调整的 t 值。

4. 内生性问题

考虑到本章结果可能会存在的潜在内生性问题，本章采用了以下两种工具变量构造方式进行了再次检验：（1）借鉴弗里斯曼和斯文森（Frisman and Svensson，2007）关于工具变量的构造思路，采用集团成员企业网络中心度的行业—地区均值（IV1）作为工具变量进行了两阶段最小二乘估计（2SLS），研究结论不变。（2）借鉴戈帕兰和谢（Gopalan and Xie，2011），采用企业集团占行业销售收入的比例（*PSDIV*）作为企业集团（*Group*）的工具变量，并按照吉安内蒂等（Giannetti et al.，2015）关于工具变量的构造方式，在此基础上交乘行业契约密集度（Zi）得到最终成员企业网络中心度的工具变量（IV2）。由于契约密集度较高的行业，往往产业链中间环节更多，需要处理的合约关系也更为复杂，因而制度依赖程度更高（Nunn，2007）。而为降低这种外部制度依赖性，通过将生产过程进行内部整合或在交易双方之间建立所有权联系，将有利于减少契约无法按约定履行的风险，保障交易过程顺利进行（Nunn，2007；Williamson，1975）。因此，一个企业处于高契约密集度行业，其更有可能与其他企业建立较为稳定的纽带关系，故而更可能位于网络位置的中心。据此，本章所构建的工具变量 IV2 满足了相关性与排他性的要求，工具变量构造方式较为合理。根据表 4 – 16 的工具变量估计结果，研究结论与前文基本一致，表明本章结果较为可信。

表 4 – 16   内生性问题——工具变量回归结果

Dependent variable	第一阶段		第二阶段			
	Centrality		IV1		IV2	
			Patent	Patent_I	Patent	Patent_I
Centrality – IV1	0.9945 *** (45.40)					
Centrality – IV2		5.1924 *** (12.00)				
Centrality			0.5056 ** (2.57)	0.6502 *** (3.41)	1.0537 * (1.89)	1.1251 ** (2.42)
Constant	– 0.1990 *** (– 4.47)	– 0.5808 *** (– 6.92)	– 9.8871 *** (– 16.36)	– 9.3096 *** (– 15.52)	– 9.5431 *** (– 14.21)	– 9.0115 *** (– 13.82)
All Controls	Yes	Yes	Yes	Yes	Yes	Yes
Year	Yes	Yes	Yes	Yes	Yes	Yes
Industry	Yes	Yes	Yes	Yes	Yes	Yes
N	12536	12536	12536	12536	12536	12536
R^2	0.7363	0.2627	0.4231	0.3712	0.4206	0.3680
F 值	5581.01	1790.23				

注：***、**、*分别表示系数在1%、5%和10%水平上显著，括号中为经过企业层面聚类调整的 t 值。

4.5   本章结论与政策启示

传统的企业理论中，通常将企业假定为独立的原子个体，认为企业之间是一种孤立且零散的关系，可以独立实现和创造价值。而现代企业理论倾向于将企业纳入商业生态系统，考虑企业的网络关系嵌入，从"整个森林"去看"树木"的价值创造。企业集团成员企业之间的股权联系也可以被视作一种网络关系，基于此构建的稳定网络体系建立起了成员企业之间的信任和互惠联系，汇集在集团网络结构内部的丰富资源使得集团内部成员企业相较于独立企业具有更强的竞争力。成员企业在集团网络中的位置差异伴随着资源获取机会差异，更多的资源获取机会及更强的资源控制力使得核心位置成员企业竞争力更强。

本章从社会网络视角出发，以 2004～2017 年中国 A 股上市企业为研究样本，考察了企业集团网络中成员企业位置差异对企业创新的影响。研究发现，相比于独立企业，集团附属成员企业具有更高创新水平，且集团成员企业位置越核心（网络中心度越高），企业创新水平越高。机制分析表明，集团成员企业网络中心度越高，集团内部的资金资源、技术资源及信息资源均倾向于向其流动，企业创新水平更高。具体来说，网络中心度较高成员企业在集团内部资本市场上资金筹集功能更强，企业进行研发活动所面临的融资约束程度更低，企业创新水平更高；网络中心度更高成员企业享受了更多集团内部技术溢出"红利"，促使企业更积极地从事技术研发，从而提高了企业创新水平；网络中心度更高成员企业掌握的优质信息降低了企业在并购过程中的不确定性，促使企业通过技术型并购提高了企业创新水平；网络中心度更高成员企业位置优势所带来的信息资源有助于企业挖掘好的投资机会，促使企业通过风险投资获得进入新技术和新市场的窗口或通道，提高企业创新水平。异质性研究发现成员企业位置优势伴随的资源优势在金融市场化发展水平更低、知识产权保护程度更低的地区以及行业外部融资依赖更高、成员企业间地理距离更近和不存在交叉机构投资者的企业中更为突出。

本章具有以下几个方面的文献拓展和理论价值。第一，拓展了企业集团相关问题研究。本章放松了现有文献关于企业集团内部结构同质性假定，考察了不同位置成员企业在技术创新层面的差异性问题，丰富了企业集团异质性研究视角。第二，丰富了现有企业创新相关文献研究。现有文献主要从市场制度环境（如要素市场扭曲、知识产权保护）、政府政策（如研发补贴、税收优惠、产业扶持）以及企业内部治理（如员工薪酬差距、员工持股计划）等角度对其与企业创新的关系进行考察，但少有文献考察企业集团网络联系与创新之间的关系，本章基于企业集团视角，考察了企业间股权关联对企业创新决策的影响，对现有企业创新相关文献进行了拓展和补充。第三，深化了企业集团作用于企业创新的机制研究。现有文献从集团内部资本市场与内部技术溢出两个作用机制考察了企业集团对创新的促进作用，本章通过引入企业外部创新活动（技术型并购、企业风险投资）捕捉了企业集团内部信息集聚对企业创新的促进效应，不仅拓宽了对创新渠道（内部创新和外部创新）的考察，也推进了企业集团作用于创新的机制研究。

此外，本章还有如下几点建议或启示。首先，本章研究为新时代创新驱动高质量发展背景下如何进一步发挥企业集团创新优势提供了一些可行性建议。本章研究揭示出，企业集团在提高企业创新水平方面具备有效性，且基于集团内部股权联系所建立的稳定网络体系，其内部集聚了大量资金、技术及信息资源，这些资源成为加快企业创新进程的"助推器"。因此，通过打造企业集团"朋友圈"效应，鼓励集团企业"走出去"与"引进来"相结合，对外支持集团内部成员企业与大企名企建立关系和联系，尽可能地将集团外部资源"内部化"，对内加快集团兼并重组步伐，优化整合集团内部资源，将能为新形势下我国集团企业技术升级提供有效支撑，也将积极推动我国企业创新跻身世界先进水平。

其次，本章的研究对于促进企业创新的相关扶持政策的制定具有一定的指导意义。本章提出企业集团能够部分应对由于金融体系相对不完善以及法律制度相对不健全导致的市场失灵，但企业集团成员企业间由于资源获取能力具有差异，因此，所面临的市场失灵程度也会呈现出异质性。相对于边缘位置成员企业，核心位置成员企业所面临的外部融资约束程度相对更低，且受外部技术模仿的威胁较小，故企业的创新决策更不容易受到市场失灵的影响。因此，在制定相关扶持政策时，有关政府部门可以根据成员企业不同网络位置呈现的资源异质性来制定相对应的扶持政策并设置不同的考核要求，以确保政策的合意性。

最后，本章还为企业创新战略的选择提供了启发。本章研究发现企业集团网络结构内部汇集的丰富信息为企业寻求外部创新渠道提供了动机和助力，因此，当企业在选择创新战略时，可以考虑通过主动增加对外界信息的搜集，加强与外部信息渠道的联系，积极开拓外部创新途径，通过吸收外部企业专利技术和创新成果，提高企业创新能力。

第三篇

外部经营环境与企业集团成员企业的决策

第5章
产业生命周期与企业集团成员企业的战略选择

跨产业经营的企业集团在产业周期不同阶段的战略决策，既关系到微观层面的集团自身发展和转型，又关乎我国产业结构优化升级的宏观目标。本章在产业生命周期的背景下，本章以2004～2019年中国上市企业为研究样本，研究企业集团在产业生命周期不同阶段中的战略选择和作用机制。本章有利于厘清企业集团促进激进战略制定的微观机理及其产业边界条件，并能为我国产业组织政策的制定和产业结构优化升级提供政策启示。

5.1 问题的提出

企业集团作为一种在世界范围内普遍流行的组织形式（Khanna and Yafeh，2005；Faccio et al.，2021），可以通过其内部市场的作用实现跨产业的资金再配置，并能弥补外部市场的缺失。然而，在新兴市场国家的产业发展过程中，对于如何看待企业集团扮演的角色，则存在两种不同的观点。一种观点认为，企业集团在后发国家的产业追赶过程中发挥了重要作用（Kock and Guillen，2001），但也有观点认为企业集团可能导致一国陷入"中等收入陷阱"（Eichengreen et al.，2013）。从国际经验看，"二战"后的日本通过集团化经营实现了产业的跨越式发展，且该成功经验对我国理论界和政府决策部门产生了强烈的示范效应（周黎安和罗凯，2005）；

但自 20 世纪 90 年代以来，日本的企业集团并没有成功引领该国产业结构迅速向信息科技等新兴产业转型，反而造成一批僵尸企业（任云，2014；中国民生银行研究院，2017）。对此，我们感兴趣的是，在理论上，企业集团是否能成为一种促进产业之间资源优化配置以及促进产业结构转型升级的有效"组织装置"；在政策上，该组织形式能否助力我国高质量发展路径的实现和新旧动能的转换。

随着新一轮科技革命的推进和产业结构的深刻变革，一批处于产业生命周期前沿的新兴产业不断涌现，而另一些夕阳产业则逐步走向衰退，加快产业的"新陈代谢"是推动我国经济由数量增长转向高质量发展的关键。我国在进入新时代以来，一方面通过推进供给侧结构性改革淘汰落后产能，另一方面则愈发重视对处于产业周期前沿的新能源、新材料、高端装备等战略性新兴产业的布局，更在"十四五"规划中提出"要瞄准新兴产业机遇，构建面向未来的产业体系"。与此同时，我国在产业政策设计过程中也更为重视产业组织形式的构建，例如"十四五"规划中提出在新兴产业发展中要"鼓励企业兼并重组，防止低水平重复建设"。那么，通过兼并重组组建起来的企业集团，究竟是促进了还是阻碍了产业结构的调整和优化？换句话说，企业集团是否可以自发调节和压缩其在传统和落后产业的投入，转而将更多资源投入更具有发展潜力的新兴产业？进一步地，企业集团的内部资本市场会如何运作，其资源调配作用是如何影响其处于不同产业成员企业的战略决策，进而对我国产业迭代与结构转型产生作用的？遗憾的是，现有相关研究更多的是从微观层面关注于企业集团对成员企业投资（Almeida et al.，2015）或研发决策（黄俊和陈信元，2011；蔡卫星等，2019）的影响，尚缺乏在产业动态演化环境下探讨企业集团的作用，因此难以针对上述问题进行满意的回答。

鉴于企业战略为企业全局性和长期性的资源配置的依据（Chandler，1962；Steen，2016），且企业战略变革是促进产业结构转型的关键驱动因素（张明等，2020），本章拟从企业战略制定的角度，研究我国企业集团在产业生命周期不同阶段中的战略布局和资源投入导向问题，以期能部分回应企业集团与产业结构调整和优化的关系。就理论上而言，企业集团可以通过跨行业资金调配的功能影响其处于不同产业成员企业的战略选择。

若企业集团的目标是提升自身的竞争力，则集团将通过内部资本市场的融资约束缓解和"共同保险"作用，促使处于产业周期中成长性产业的成员企业执行激进战略，以助其获取先动优势。然而，若企业集团的主要目标更倾向于维护集团整体经营的稳定性（Ferris et al.，2003），而对处于衰退产业的成员企业进行"交叉补贴"和救助，虽有助于各成员企业的战略稳定，但也会导致成长性产业中的成员企业由于缺乏集团的支持而难以执行激进战略，并错失大量发展机会。

本章以 2004～2019 年中国上市企业为研究样本，研究企业集团在产业生命周期不同阶段中的战略选择和作用机制。在借鉴马克西莫维奇和菲利普斯（Maksimovic and Phillips，2008）将产业生命周期划分为成长产业、整合产业、变革产业以及衰退产业四种周期阶段的基础上，研究发现：（1）在成长产业中，集团企业的战略激进度显著高于独立企业；在衰退产业中，集团企业的战略激进度则显著低于独立企业；在整合与变革两类产业周期中，集团成员企业的战略激进度与独立企业没有显著差异。（2）在作用机理方面，发现企业集团通过内部市场的融资约束缓解机制与共同保险机制促进了处于成长产业成员企业的战略激进度。（3）就集团内部特征的异质性影响而言，企业集团对战略激进度的促进作用集中在盈利能力更高的成长产业企业中；并且，当企业集团处于成长产业与衰退产业成员企业的盈利能力差距越大时，处于成长产业成员企业的战略越激进。这一结论验证了集团的"优胜者选拔"原则。（4）就集团外部经营环境的异质性影响而言，当行业外部融资依赖度越大以及经济政策不确定性越高，集团处于成长性产业企业的战略激进度越大。（5）就战略实施的具体路径和经济后果而言，处于成长产业的成员企业一方面为扩大产能而增加固定资产投资，另一方面为提升技术水平而增加无形资产投资和研发投入，以及进行更多的技术型并购。此外，本章发现处于成长产业中的成员企业，在实现激进战略后其经营业绩显著提升。这些结论也进一步表明集团的资源配置遵循了"效率"的原则。

与以往研究相比，本章的主要贡献在于：第一，从组织结构的角度丰富了企业战略的影响因素研究。战略理论一般认为，企业战略的制定既受其内部条件的影响，也受到外部环境的制约（Chandler，1962；张明等，

2020）。现有研究主要从组织内部特征和外部环境的角度，分别探讨了管理者特征（刘刚和于晓东，2015；韵江等，2021）、货币政策（Yang et al.，2015）以及卖空机制（孟庆斌等，2019）等因素对企业战略选择的影响，但忽略了企业与企业之间的相互依赖关系对企业战略制定的影响。本章从集团成员企业间互动的角度，考察企业集团这一特殊组织结构对企业战略选择的影响，以及这种影响在不同产业生命周期阶段的差异，从而有助于丰富企业战略管理理论的相关研究。

第二，拓展了对企业集团共同保险效应经济后果的研究。相关文献发现，企业集团可以通过内部资本市场的资源调配，降低处于不同行业成员企业的现金流相关性和破产概率，从而形成风险共担或共同保险的作用（Khanna and Yafeh，2005；He et al.，2013）。同时，也有研究发现企业集团的共同保险作用，能够降低银行和外部投资者对企业违约的担心，并相应降低银行贷款成本（Byun et al.，2013）、提高企业的授信等级（蔡卫星等，2015）以及降低债券融资成本（韩鹏飞等，2018）。然而，此类文献没有考察集团的共同保险机制对企业长期决策的影响，很难判断集团负债能力的增强是否有利于自身竞争力的提升。本章在同时考虑内部资本市场融资约束缓解作用的基础上，发现企业集团可以通过共同保险机制促使企业进行战略变革。

第三，在产业演进的背景下，对有关企业集团内部市场的功能和效率问题进行了回应。现有研究关于企业集团内部市场资源配置是遵循"优胜者选拔"（Almeida et al.，2015）还是"交叉补贴"（Ferris et al.，2003；Larrain et al.，2019）的原则，未有定论。例如，费里斯等（Ferris et al.，2003）和拉雷因等（Larrain et al.，2019）分别利用韩国或欧洲多国的数据发现，企业集团通过"交叉补贴"导致低绩效成员企业进行了过度投资。本章的研究结论则支持了"优胜者选拔"假说，通过研究企业集团处于不同产业生命周期成员企业的战略决策差异，验证了集团内部的资源分配是有效率地将资源分配给经营业绩更好的以及处于成长性产业的企业，而非通过交叉补贴救助弱势成员企业以及处于衰退产业的企业。因此，本章不仅从产业演进与企业集团战略决策的角度拓展了内部市场运作机制的实证研究，而且发现了与费里斯等（2003）和拉雷因等（2019）基于韩国和欧洲国家的实证研究显著不同的结论。

第四，丰富了企业集团内部市场与外部经营环境关系的研究。现有文献认为对于发展中国家而言，企业集团的存在是对外部制度缺失的替代（Chang et al.，2006；Thapa et al.，2020），也有部分文献发现企业集团积极作用的发挥也可以与外部制度完善程度呈互补关系（Manikandan and Ramachandran，2015）。本章通过探讨企业集团在不同产业生命周期阶段采取的企业战略激进度，从产业环境的视角识别了企业集团发挥作用的边界条件，并发现企业集团可能是一种促进产业结构优化和调整的有利组织形式。

剩余部分的结构安排如下：第二部分是文献综述与理论分析，第三部分是研究设计，第四部分是实证分析，第五部分是进一步分析，最后是结论与政策含义。

5.2 产业生命周期与集团成员企业战略选择的理论分析

5.2.1 文献回顾

企业战略是企业为求得长期生存和不断发展，对企业经营目标和执行手段的整体计划。迈尔斯和斯诺（Miles and Snow，2003）基于战略的激进程度将企业战略分为进攻型、分析型和防御型三种类型。其中，进攻型企业的主要特征是具有较高的创新导向和市场导向，以技术领先作为核心竞争优势，乐于在不确定的环境中寻找增长机会（Rajagopalan，1997；Higgins et al.，2015），具体表现为激进的战略偏好。而防御型企业通过降低生产成本和提升生产效率来维持现有的市场份额，缺乏开拓新业务的热情，具体表现为保守的战略偏好（Bentley et al.，2013）。分析型公司的特点则介于两者之间。在战略制定的经济影响方面，现有研究探讨了企业战略对税收规避（Higgins et al.，2015）、盈余管理（孙健等，2016）、过度投资（王化成等，2016）以及违规行为（孟庆斌等，2018）等方面的影响。

就企业战略制定的影响因素而言，企业战略既受其内部条件的影响，也受外部环境的制约（Chandler，1962；张明等，2020）。在内部条件方面，部分学者发现企业高管对特定战略的选择偏好（刘刚和于晓东，2015）、家族控制权涉入（巩键等，2016）、CEO 薪酬（Carpenter，2000）、CEO 的核心自我评价（Hiller and Hambrick，2005）、CEO 过度自信（韵江等，2021）以及组织经营期望（连燕玲等，2019）等均会影响到企业的战略选择。在外部环境方面，一些学者相继从货币政策（Yang et al.，2015）和卖空机制（孟庆斌等，2019）等外部因素对企业战略的影响展开实证分析。张明等（2020）则进一步从内外环境结合的视角，综合分析了 CEO 来源和权力、高层管理团队异质性、企业前期绩效和环境复杂性的不同组合对企业战略制定的影响。

尽管现有相关研究对企业战略制定的影响因素进行了丰富的探讨，但文献大多以企业这一"原子个体"作为分析基准，鲜有研究涉及企业与企业之间的相互联结关系对战略选择的影响。作为一种通过企业与企业之间股权连接而成的独特经济组织，企业集团既广泛存在于一些新兴经济体中，也在日本、韩国等发达国家的经济发展中扮演着重要的角色（Khanna and Palepu，2000；Khanna and Yafeh，2005；He et al.，2013）。企业集团可以利用其内部市场的融资约束缓解作用（Khanna and Palepu，2000；Almeida et al.，2015）和共同保险效应（Khanna and Yafeh，2005），帮助成员企业适应不断变化的内外部环境，这就有可能影响到企业的战略选择。鉴于有关企业集团的文献，大多侧重于考察企业集团在促进成员企业技术创新（Hsieh et al.，2010；Belenzon and Berkovitz，2010；黄俊和陈信元，2011）以及缓解投资不足（Almeida et al.，2015）等方面发挥的作用，因此，有必要继续探究企业集团与战略选择的关系，以将企业与企业之间的互动关系纳入战略制定的分析框架之中。

此外，企业集团内部资本市场作用的发挥一般被认为与外部经营环境特征相关（Chang et al.，2006；Thapa et al.，2020）。作为外部环境的重要组成部分，产业生命周期演变反映着产业结构的变迁，势必会影响到企业集团的作用及其成员企业的战略选择。对于产业生命周期与企业战略的关系，波特（Porter，1997）论述了新兴产业、成熟产业和衰退产业中企业的竞争战略差异。克莱伯（Klepper，1996）通过构建理论模型，发现产业生命周期会影响企业的经营战略、融资约束与创新行为等。麦克加汉等（McGahan et al.，2004）则进一步分析了产业生命周期对企业的组织结构、技术变革和战略决策等方面的影响。可这些研究大多局限于理论分析，缺乏大样本的经验证据。另外，对于企业集团与产业生命周期的关系，尚未有文献直接对两者关系进行研究，仅有马克西莫维奇和菲利普斯（Maksimovic and Phillips，2008）从产业生命周期的角度考察多厂制企业的内部市场对并购行为的影响。尽管在内部资本市场融资约束缓解的作用上，多厂制企业与企业集团较为类似，但多厂制企业的不同经营单元（division）并非是独立的法人，因此无法制定企业战略。而企业集团的成员企业是独立的法人实体，具有独立的资产负债表，因此集团成员企业不仅可以制定自身的企业战略，还可以通过改变其资产负债结构以更加灵活地调整战略。另外，马克西莫维奇和菲利普斯（2008）在研究多厂制企业内部资本市场对并购的促进作用时，没有考虑到企业风险承担的影响，而企业战略的制定会遭遇企业经营风险的冲击（Tang et al.，2011）。本章在探讨产业周期与集团成员企业战略的关系时，将会同时考虑企业集团的融资约束缓解以及共同保险机制的相应影响。

综上所述，本章将考察不同产业生命周期下企业集团与独立企业的战略决策差异。本章与现有文献相比有如下拓展或研究优势：首先，与现有讨论产业生命周期与企业战略的文献不同，已有研究集中于理论分析和模型构建，而我们提供了大样本的经验证据。其次，现有文献集中研究了企业集团对创新与投资等行为的影响，尚未涉及企业集团与战略制定的关系。本章则进一步考察企业集团对成员企业战略决策的影响。最后，现有研究主要从制度的角度出发，认为市场机制缺失或较低的市场化水平，是企业集团发挥积极作用的边界条件（Chang et al.，2006），本章则在发展中国家产业结构快速演进的背景下，讨论产业生命周期与企业集团的关系，以识别企业集团内部资本市场有效运行的产业边界。

5.2.2　理论分析与研究假设

首先，本部分将基于两类理论基础，探讨相比于独立企业，企业集团在不同产业生命周期下对成员企业战略制定的作用：第一种情况考虑内部资本市场是效率导向的，企业集团主要通过融资约束缓解和提供"共同保险"的作用机制提升成员企业战略激进度；第二种情况考虑集团内部存在代理问题，在代理问题的作用机制下，成员企业的战略激进度也可能增加。接着，讨论集团内部特征和外部经营环境特征，是如何调节企业集团与成员企业战略之间的关系及其作用机制的。此外，本章还将分别讨论不同作用机制下成员企业进行战略调整的具体路径及其经济后果。本章的理论分析框架如图 5-1 所示：

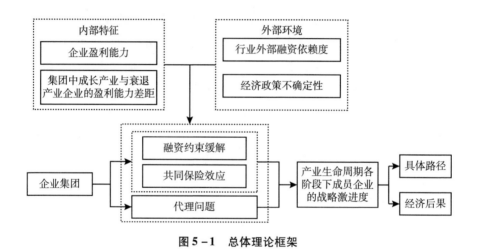

图 5-1　总体理论框架

1. 产业生命周期下企业集团的战略选择：基于融资约束缓解和"共同保险"机制

一般意义而言，企业所处的产业生命周期阶段决定了其市场增长潜力，必然会直接影响到企业的战略选择。当产业处于成长期时，企业不仅面临着较多的投资和增长机会，且由于较大的产业发展空间不断诱导着大量潜在市场进入者的持续涌入，企业还面临着激烈的市场竞争（刘刚和于晓东，2015）。此时，在位企业需要执行激进的战略，不仅通过迅速扩大生产规模以满足市场需求和把握增长机会，还要通过提高产品差异化程度以及完成自身技术升级，以迅速开拓市场并抢占市场先机（Akdogu and MacKay，2008）。当产业处于整合时期时，尽管产业仍处于持续增长状态，但新进入企业大幅减少，市场份额主要被通过前期激烈市场竞争而崛起的垄断型大企业所占据。由于市场竞争格局较为稳固，在位企业倾向于更稳健的战略决策以维持市场地位。当产业处于变革时期，新进入者仍在持续增加，但企业的销售增长速度缓慢且潜在的增长空间尚未显现，此时企业倾向于采取保守的战略以等待产业机会。而在衰退产业中，整个产业的市场需求趋向于萎缩且销售额增长速度趋向于下降，产业中的企业数量也逐渐减少，多数企业进入发展停滞的状态甚至退出市场，为应对产业危机，企业可能会选择更为保守的战略决策。

既然在市场逐利动机下，企业在成长产业中采取激进战略的倾向性相对较高，而在衰退产业中采取相对保守战略选择的倾向性更大，那么，对于企业集团而言，其成员企业的战略激进度是否与独立企业相比具有显著不同？对于企业集团而言，其在实现整体利益最大化的经营目标之下，相对于独立企业更容易通过内部资本市场的资源调配作用，促使处于衰退产业成员企业进行战略收缩，并支持处于成长产业成员企业进行战略扩张（Folta and Dickler，2020）。[①] 一方面，鉴于衰退产业的增长潜力逐渐枯竭，企业集团更倾向于从衰退产业中抽离资源，甚至是直接要求处于衰退产业成员企业服从整体利益，逐步撤出相关业务并收缩战略布局，这就导致处于衰退产业成员企业的战略激进度相对于独立企业下降幅度更大；[②] 另一方面，企业集团可以依靠内部资本市场的作用，将更多的集团内部资源转移并投入至成长性产业中，以抓住行业中大量的增长机会，该作用有利于促使其处于成长产业成员企业的战略决策相对于独立企业更加激进。总而言之，相对于独立企业，企业集团在成长产业中的成员企业的战略激进度将更高，而在衰退产业中成员企业的战略激进度将更低。

以上关于产业生命周期下企业集团成员企业战略激进度的理论判断，也得到了现实案例的支持。例如，复星集团率先进入处于快速成长期的医

---

① 福尔塔和迪克勒（Folta and Dickler，2020）认为多元化企业相对于专业化企业更有利于在市场机会增加时支持业务单元扩张，而在市场机会较少时促使业务单元收缩业务，该调整作用在这里与企业集团则较为类似。当然，福尔塔和迪克勒（2020）没有考察产业生命周期的影响，也不涉及企业战略制定。

② 对于处于衰退产业的独立企业而言，一旦退出市场则意味着企业的整体"死亡"，独立企业仍可能维持较为保守的战略活动以保障企业生存。

药产业，成立上市公司"复星医药"，并在相关领域进行了大规模的并购和整合（李焰等，2007）。值得一提的是，2007年"复星医药"通过关联交易，将旗下资产以高溢价的方式出售给其他成员企业，从而保障了自身的资金来源和经营业绩。相反地，由于钢铁产业的不景气，集团将11家钢铁产业企业的股份低价转让，且部分亏损企业于一年后被注销。无独有偶，字节跳动集团的下属成员企业"朝夕光年"，处于近年来快速成长的游戏产业中。由于游戏产业的市场竞争较为激烈，而"朝夕光年"起步较晚，面临着产品匮乏、技术落后、营收困难等问题。但依托字节跳动集团的雄厚资金和抵抗风险能力，企业在战略上不断加大研发投入、开展并购活动，标志性的如2021年并购"沐瞳科技"，补齐研发和产品短板，并在营收上屡创新高。同时，其成员企业"大力教育"，处于受国家"双减"政策限制的教育产业中，目前正在迅速收缩业务、裁减人员，其战略激进度大幅降低。

至于整合产业和变革产业，企业集团成员企业与独立企业的战略激进度应该没有明显差异。在整合产业中，由于市场格局较为稳固，无论独立企业或者集团成员企业均无动机进行战略调整；在变革产业中，产业增长机会尚未出现，企业营收也难以增长，独立企业或集团成员企业更倾向于保持现有战略，以等待产业机会。

基于以上理论分析和现实案例分析，本章提出以下假设：

假设 5.1a　在成长产业中，企业集团成员企业的战略激进度将显著高于独立企业。

假设 5.1b　在其他不同生命周期的产业（整合产业、变革产业、衰退产业）中，企业集团成员企业的战略激进度则不会显著高于独立企业。具体而言，在衰退产业中，集团成员企业的战略激进度将显著低于独立企业；而在整合产业和变革产业中，集团成员企业的战略激进度与独立企业无明显区别。

进一步地，我们将考察在处于不同生命周期的产业中，成员企业的战略选择是如何受到企业集团内部资本市场的影响。对于处于成长产业中的成员企业，尽管其在外部环境所释放的增长机会的驱动下有实施激进战略的动力，但是，限于自身面临较大融资约束以及较强的经营风险问题，其激进战略可能难以实施。结合企业集团的内部资本市场理论,本章认为,相比于独立企业,企业集团可以借助于内部资本市场的优势,通过内部资金调配缓解融资约束,以及通过提供"共同保险"的作用提升企业风险承担能力,进而促进成长性产业成员企业的战略扩张。同时,我们试图考察成长产业下企业集团相比独立企业的战略选择差异是否受到其他因素(集团内部特征和外部环境)的调节。我们将关注以下四个因素的调节作用:成长产业企业盈利能力、集团中成长产业企业与衰退产业企业的盈利差距、行业外部融资依赖度和经济政策不确定性。

针对企业集团的融资约束缓解作用,我们认为相比于独立企业,企业集团可以通过内部资本市场的融资约束缓解机制促进成员企业的战略激进度。在成长产业中,企业可能面临着更强的外部融资约束:首先,为把握不断涌现的市场机会和开发新的产品,高成长性的产业特征会激发企业的资金需求,而在内部资金供应有限的情况下,企业对外部融资产生更大的需求(Hambrick,1983)。其次,由于成长产业处于发展的起步阶段,潜在的机遇与风险尚不明确,企业在战略制定和后续执行阶段缺乏详细的规划,导致外部投资者很难掌握充分的信息并有效评估战略项目的真实价值(Higgins et al.,2015),进而提高企业的融资成本。最后,在成长产业中,激烈的市场竞争带来的内部组织结构的不稳定性和经营业绩的波动,进一步降低了外部投资者对企业的信任程度,导致企业面临更强的外部融资约束(叶志伟等,2021)。而融资约束是影响企业战略选择的重要因素,特别在成长产业中,面临着广阔的市场前景和丰富的投资机会,融资约束往往决定了企业能否在激烈的竞争中取得先决优势(杨兴全等,2016)。企业集团则可以通过内部市场在集团内进行资金的调配,为企业持续输送"血液",缓解成员企业所面临的融资约束问题(Thapa et al.,2020),从而促进成员企业执行更为激进的战略。在案例分析方面,前文就复星集团给出了内部股权融资的分析,不再赘述。而对于整合产业和变革产业,集团成员企业并没有变革企业战略的动机,且企业集团也没有转变这些成员企业战略选择的意愿,因此,内部资本市场的融资约束缓解不会发挥显著的作用。对于衰退产业而言,企业集团可能通过内部资本市场抽离资金的方式,降低处于衰退产业成员企业的战略激进度。

此外，我们关注了四个调节因素如何对企业集团的融资约束机制产生影响。第一，成长产业企业盈利能力越大，企业集团通过缓解融资约束以提升成员企业战略激进度的作用越强。为充分利用成长产业中的增长机会，企业集团遵循"优胜者选拔"原则，对盈利能力较好的成长产业成员企业给予更多的资金支持，以帮助其在激烈的市场竞争中占据优势地位（Giroud and Mueller，2015；Larrain et al.，2019）。因此，盈利能力较强的成长产业成员企业，更容易获得内部资本市场事前的资金支持（王峰娟和粟立钟，2013），从而更好地发挥集团融资约束缓解的作用，保障激进战略的执行。

第二，集团中成长产业企业与衰退产业企业的盈利能力差距越大，企业集团通过缓解融资约束来提升成员企业战略激进度的作用越强。企业集团的资源配置需要考虑成员企业之间的盈利能力差距，当集团将资源分配给盈利能力较弱的成员企业时，可能会承担较高的机会成本（Maksimovic and Phillips，2001）。如果成长产业企业与衰退产业企业的盈利能力差距越大，支援衰退产业企业的机会成本越大，企业集团更愿意将衰退产业成员企业的资源重新分配给盈利能力较强的成长产业成员企业，以有效利用成长产业中的增长机会并实现集团利益最大化（Maksimovic and Phillips，2008）。此时，企业集团通过为成长产业成员企业提供充裕的现金流以缓解融资约束，促使成长产业企业采取更加激进的战略。

第三，成长产业企业所在行业的外部融资依赖度越高，企业集团通过缓解融资约束来提升成员企业战略激进度的作用越强。优序融资理论认为，当行业外部融资依赖度较高时，通常代表该产业投资机会的信息含量较少，企业与外部投资者之间的信息不对称问题较大（Rajan and Zingales，1998），导致企业更倾向于进行债务融资。然而，由于企业缺乏足够的担保品、抵押物，且债务融资要求定期还本付息，企业进行债务融资的难度大大增加（Bottazzi et al.，2001；刘端等，2019）。此时，企业集团可以发挥内部市场调配资金的优势，缓解成长产业企业的融资约束，从而更能促进成员企业实施激进的战略。

第四，成长产业企业面临较高的经济政策不确定性时，企业集团通过缓解融资约束来提升成员企业战略激进度的作用更强。一方面，较高的经济政策不确定性增强了外部投资者与企业之间的信息不对称，进而提高了企业的外部融资成本（李凤羽和杨墨竹，2015；Xu，2020）；另一方面，受到经济政策不确定性的影响，金融中介会通过提高贷款成本和减少信贷规模来降低借贷的风险，从而导致企业面临更大的外部融资约束（Yan and Luis，2013；才国伟等，2018）。此时，在成长产业中，相比于独立企业，企业集团能够通过内部市场的融资约束缓解大大减轻经济政策不确定性对企业采取激进战略的阻碍作用，因此，成员企业更容易实施激进战略。

基于以上分析，我们提出第二个理论假说：

假设 5.2a 在成长产业中，企业集团可以通过内部市场的融资约束缓解提高成员企业的战略激进度；而在其他产业生命周期中，融资约束缓解难以提高企业的战略激进度。

假设 5.2b 当成长产业企业盈利能力越强、集团中成长产业企业与衰退产业企业的盈利差距越大、行业外部融资依赖度越大、经济政策不确定性越强，企业集团内部资本市场的融资约束缓解作用机制越明显，处于成长产业成员企业的战略相比于独立企业将更加激进。

针对企业集团的共同保险机制，我们认为处于成长性产业的企业可能面临更强的经营风险。相比于独立企业，企业集团可以通过内部资本市场的"共同保险"作用提高成员企业的风险承担能力，进而促进成员企业的战略激进度。由于成长产业的发展前景与市场需求具有一定的不确定性和模糊性，在位企业深受信息不对称和结果不确定性的困扰（Habib and Hasan，2020），其经营活动可能面临着较高的失败风险。同时，成长产业中激烈的市场竞争往往伴随着更具侵略性的"掠夺"行为，企业经营一旦遭遇失败，就可能落入市场份额迅速被竞争者瓜分的困境，这导致企业的经营风险进一步增加（Loukopoulos et al.，2017）。在经营风险较高的情况下，为维持企业的正常运转，避免经营业绩大幅波动对股东利益造成的损失，管理者不得不放弃风险较高的冒险性业务，进而导致企业的战略激进度下降。企业集团则可以借助内部市场的"共同保险"效应，在企业遇到经营困境时提供援助，进而提高成员企业的风险承担能力（He et al.，2013；韩鹏飞等，2018），并保障处于成长产业成员企业激进战略的执行。就"共同保险"机制的现实案例而言，仍以复星集团为例，复星集团成员企业在与其自身加入集团之前相比，集团化后企业的经营和违约风险降低，银行授信随之提高，授信等级基本处于 AA 级以上。[①] 而对于整合产业和变革产业，处于其中的集团成员企业不仅自身倾向于采取更为稳健的战略决策，并且，一旦成员企业发生经营风险，企业集团也不会积极救援，因此"共同保险"机制对成员企业的战略选择自然不会产生明显影响。对于衰退产业，鉴于衰退产业的市场需求下降以及发展空间萎缩的趋势和信号较为明确，集团可能依靠直接命令与控制的办法促使成员企业大幅降低战略激进度，而非通过内部资本市场的"共同保险"来救助处于衰退产业的成员企业。例如在前文提到的案例中，复兴集团在钢铁行业不景气时将相关企业的股份进行了转让甚至是直接注销企业，字节跳动集团对旗下处于衰退阶段的教育行业成员企业，进行了快速和大幅度的战略收缩。

同样地，我们关注企业集团的共同保险机制如何在四个调节因素的影响下发挥作用。第一，成长产业企业盈利能力越强，企业集团通过提高风险承担水平来提升成员企业战略激进度的作用越强。由于成长产业中的市场格局尚未稳固，企业一旦在竞争中取得胜利，就会形成"赢者全得"的局面（Frank and Cook，1995）。盈利能力较强的成员企业作为集团选拔的"优胜者"率先参与成长产业的市场角逐，由竞争引致的外部风险也大幅增加（杨兴全等，2016）。企业集团更倾向于优先为其提供"共同保险"能力（黎文靖、严嘉怡，2021），以帮助成员企业快速占据竞争优势地位。因而，盈利能力较强的成长产业成员企业，更容易获得企业集团优先承担风险的承诺，进而通过集团的共同保险效应保障其激进战略的执行。

第二，集团中成长产业企业与衰退产业企业的盈利能力差距越大，企业集团通过提高风险承担水平来提升成员企业战略激进度的作用越强。企业集团的主要目标是以有限的资源实现整体价值的最大化，当集团中成长产业企业与衰退产业企业的盈利能力差距越大时，企业集团越有动机舍弃对陷入困境的衰退产业成员企业进行救援，转而会全力为盈利能力较好的

---

① 企业集团"共同保险"的作用机制很难直接观察，文献上一般从银行信用的角度进行捕捉（Byun et al.，2013）。其理由为，集团的"共同保险"作用，使其可以在成员企业出现经营困难时予以救援，从而大大降低成员企业违约的风险，因此，银行对成员企业破产的担忧减少，提供的银行信用得以提高。

成长产业成员企业提供"共同保险"支撑（Niehaus，2018；Hsiaoa and Shiu，2021）。因此，集团中成长产业企业与衰退产业企业的盈利能力差距越大，企业集团集中力量保护成长性产业成员企业的动机越强，越能促使成长产业企业采取更加激进的战略。

第三，成长产业企业所在行业的外部融资依赖度越高，企业集团通过提高风险承担水平来提升成员企业战略激进度的作用越强。当行业外部融资依赖度较高时，企业所面临的信息不对称和结果不确定性较强，潜在的项目失败风险随之增加（李连发和辛晓岱，2009）。而在内外部资金紧缺的压力下，伴随着开展扩张性业务导致的现金流不稳定，企业的经营风险可能会进一步加剧（屈文洲等，2011）。此时，企业集团可以通过提供"共同保险"以提升成员企业的风险承担能力，从而更能促进成员企业实施激进的战略。

第四，我们认为成长产业企业面临较高的经济政策不确定性时，企业集团通过提高风险承担水平来提升成员企业战略激进度的作用更强。一方面，经济政策不确定性较强时，经济发展的未来趋势和增长机会尚不明确，这些不确定性加剧了企业所面临的经营风险（顾夏铭等，2018；连燕玲等，2019）；另一方面，在经济政策不确定性的影响下，企业的未来现金流波动性大幅增加，企业的经营环境受到严重的外部冲击（申慧慧等，2012；张成思和刘贯春，2018）。而在成长产业中，企业集团能通过内部市场的"共同保险"效应，缓解经济政策不确定性带来的不利影响并提高企业的风险承担能力，从而保障企业执行激进的战略。

基于以上分析，我们提出第三个理论假说：

假设 5.3a 在成长产业中，企业集团可以通过内部市场的"共同保险"效应提高成员企业的战略激进度；而在其他产业生命周期中，"共同保险"效应难以提高企业的战略激进度。

假设 5.3b 当成长产业企业盈利能力越强、集团中成长产业企业与衰退产业企业的盈利差距越大、行业外部融资依赖度越大、经济政策不确定性越强，企业集团内部资本市场的"共同保险"作用机制越明显，处于成长产业成员企业的战略相比于独立企业将更加激进。

2. 产业生命周期下企业集团的战略选择：基于代理问题的机制分析

以上分析均假设企业集团内部不存在代理问题。然而，近年来部分实证研究表明集团内部可能存在相对于独立企业更为严重的代理问题，而代理问题也可以构成企业集团与成员企业激进战略正向关系的另一种潜在的作用机制。通常，企业可能存在两类代理问题。第一类是股东与管理者之间的代理问题，企业管理者出于升职加薪、在职消费等动机，通过寻租、设租等行为谋取私利，直接损害股东权益。根据自由现金流理论（Jensen，1986；窦欢等，2014），相对于独立企业，集团化经营可以通过增加成员企业现金流，放大管理层代理问题。因此，在成长产业中，成员企业管理层通过获得集团提供的自由现金流，更容易实施"帝国构建"行为，并加剧其战略激进度。第二类代理问题，则是存在于大股东与中小股东之间的代理问题。大股东可能通过挪用资金或关联交易等方式掏空上市公司，并依靠扩大资本的投入以获得控制权私利（王化成等，2015）。相对于独立企业，集团"金字塔"形的股权结构加剧了所有权和控制权的分离程度，使控股股东为获取控制权私人利益和股权溢价（Bae et al.，2002；Baek et al.，2006；朱春艳和张昕，2019），进行更多无效率的资本投资和并购，侵占中小股东权益的机会主义行为加重（Claessens et al.，2000）。因此，在成长产业中，控股股东借助于"金字塔"形股权结构这一便利的"掏空"装置，相对于独立企业有更强的动机鼓励成员企业实施激进的企业战略。因此，出于两类代理问题的动机，处于成长产业成员企业均会实行激进的战略决策，此时，假设 5.1 认为在成长产业中，企业集团成员企业的战略激进度将显著高于独立企业的理论推断仍然成立，但动机为两类代理问题。假设 5.2a（或假设 5.3a）则相应变更为，在成长产业中，企业集团内部市场的资金调动通过代理问题的作用机制，促进了成员企业的战略激进度。

对于四个调节变量，盈利能力较强的成长产业成员企业，其所投资项目的回报率较高且拥有良好的发展前景，内部资本市场对成员企业的资金支持也越多。此时，根据自由现金流理论，代理人实行"帝国构建"行为的概率越大（窦欢等，2014），企业的战略决策在代理动机的作用下也将更加激进。同理，当集团中成长产业企业与衰退产业企业的盈利差距越大，集团可能倾向于支持成长产业成员企业，根据自由现金流理论，成长产业成员企业在获得更多自由现金流时，会更有激励通过代理动机执行激进战略。当行业外部融资依赖度较强时，集团可能通过内部市场为成长产业成员企业提供更多的资金支持，促使企业通过代理动机执行激进战略。当经济政策不确定性较强时，外部环境的不确定性使得管理层更容易将经营失败归结为外部环境，加剧了第一类代理问题；同时，经济政策不确定性加剧了企业与投资者之间的信息不对称，外部市场的监督更为困难，进而也将加剧成员企业的第二类代理问题（李明和叶勇，2016）。此时，在代理问题动机的驱动下，处于成长产业的成员企业在获得集团资金支持时，会采取更为激进的战略，假设 5.2b（或假设 5.3b）的结论仍然成立，但动机与前文不同。限于篇幅，本章针对代理问题的相应假说不再逐次展开。

3. 进一步分析：战略路径和经济后果

根据前文分析，既然融资约束缓解和共同保险效应共同发挥作用，或者两类代理问题的动机驱动，均能够导致企业集团与成员企业战略激进度的正向关系，那么如何区分不同作用机制的影响？本章认为，在不同的作用机制下，执行激进战略的具体路径并不相同，并且，相应的经济后果也会有根本区别。因此，本章将分别考察成长产业中集团成员企业执行激进战略的具体路径及经济后果。

在内部市场融资约束缓解和共同保险效应发挥作用的前提下，由于成长产业具备更多的增长机会和发展空间，集团会将更多内部资源输送到处于成长产业的成员企业中（Larrain et al.，2019）。此时，成员企业通过执行激进的战略决策以抢占市场地位、抓住投资机会以及提升自身竞争力。具体战略路径可能表现为增加固定资产投资以扩大生产规模并满足市场需求，以及通过加大研发投入和技术型并购等途径（杨兴全等，2016），使企业率先进入新的业务领域。当存在较为严重的代理问题时，成员企业的经理层或者大股东出于谋求私利的动机，倾向于投资一些净现值不为正，但能够获取控制权私利的项目，譬如通过关联交易购买高溢价的固定资产等（王化成等，.2015）。此时企业集团仍会执行激进的战略决策，具体路径主要表现为扩大固定资产投资，但此时成员企业无心以提升企业的长远竞争力为导向，不会增加研发投入或进行技术型并购。基于此，本章提出如下假设：

假设5.4a 若融资约束缓解和共同保险效应发挥了主要作用，在成长产业中，集团成员企业能够显著促进固定资产投资、无形资产投资、研发投入、并购和技术并购。

假设5.4b 若代理问题发挥了主要作用，在成长产业中，集团成员企业仅能促进固定资产投资，而不会增加研发投入和技术型并购。

此外，当内部资本市场具有效率时，集团倾向于通过抽调其他产业企业的资金支持成长产业成员企业，并通过事前承诺优先为成长性产业企业承担经营风险，促使成长产业成员企业实施激进战略，进而有利于其抓住行业增长机会并提升经济绩效。相反地，当企业集团内部存在严重的代理问题时，激进的战略决策可能会沦为大股东实行"掏空"行为或者管理者谋求个人私利的手段，进而对成员企业的经营绩效产生负面影响。因此，本章提出以下假设：

假设5.5a 若融资约束缓解和共同保险效应发挥了主要作用，企业战略越激进，处于成长产业成员企业的经济绩效越好。

假设5.5b 若代理问题发挥了主要作用，企业战略越激进，处于成长产业成员企业的经济绩效越差。

5.3 产业生命周期与集团成员企业战略选择的研究设计

5.3.1 样本选取

本章选取2004~2019年中国A股上市企业为样本。由于衡量企业集团这一指标的上市公司控股关系自2004年起才开始完整公布，因而样本的初始年份为2004年。所需数据来自CSMAR数据库、Wind数据库以及巨潮资讯网，企业集团数据为作者根据上市公司年报进行手工整理计算得到。另外，本章还对样本进行以下处理：（1）剔除金融行业企业、ST 企业和关键变量缺失的企业；（2）剔除上市公司年报中未披露产权控制关系或者无法确定最终控制人的样本企业；（3）对模型中所有连续观测变量均进行了上下 1% 分位数的 Winsorize 处理。最终得到 21188 个企业样本观测值，包含独立企业样本 15776 个和集团成员企业样本 5412 个。在集团成员企业样本中，处于成长产业企业个数为 3137，处于整合产业企业个数为 987，处于变革产业企业个数为 748，处于衰退产业企业个数为 540。

5.3.2　变量定义

1. 企业战略

本章参考现有文献（Bentley et al.，2013；Higgins et al.，2015；孟庆斌等，2019）对企业战略的度量方法，基于以下六个维度进行度量：（1）研发费用与营业收入之比；（2）员工人数与营业收入之比；（3）营业收入增长率；（4）销售费用和管理费用与营业收入之比；（5）员工人数的标准差；（6）固定资产与总资产之比。本章首先测算以上六个指标在过去五年之间的平均数值，然后根据年度—行业对各指标从小到大排序，并将其平均分为五组。对于变量（1）~（5），最小组赋值为 1，最大组赋值为 5；变量（6）则相反，最小组赋值为 5，最大组赋值为 1。最后，加总这六个指标的相应赋值，便可得到本章的企业战略指标，即战略激进度。分值越高，表明企业战略越激进，反之越保守。

2. 企业集团

通常，企业集团是由多个具有独立法人资格的企业，以资本为纽带联结而成的组织结构（Khanna and Rivkin，2006）。参考何等（He et al.，2013）的做法，本章根据以下步骤来判定上市企业是否从属于同一个企业集团：（1）根据 CSMAR 数据库中上市公司关系链控股图及控制人信息，手工识别上市公司最终控制人；（2）通过人工比对将能够追溯到同一最终控制人的上市公司控股图进行手工拼接得到最终完整的控股关系图；（3）对完整控股关系图进行手工筛选，若图中涵盖两家或两家以上上市公司，则将图中所有上市企业判定为从属于同一个企业集团，否则认为其是独立企业。一个典型的企业集团如图 5 - 2 所示：

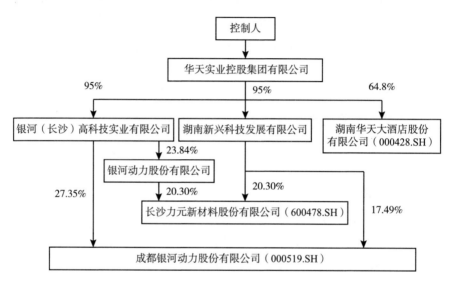

图 5 - 2　2005 年华天实业控股集团的控制结构

3. 产业生命周期

本章根据中国证监会《上市公司产业分类指引》将上市公司产业划分为 32 个大类。借鉴马克西莫维奇和菲利普斯（Maksimovic and Phillips，2008）对产业生命周期的划分方式，本章通过产业的销售额增长率和企业数量增长率两个指标将产业划分为四个产业生命周期。具体方法为：计算产业在 2004 ~ 2019 年的总销售额增长率以及企业数量增长率，如果产业销售额增长率和企业数量增长率均高于产业中位数水平，则为成长产业；如果产业销售额增长率高于产业中位数水平但企业数量增长率低于产业中位数水平，则为整合产业；如果产业销售额增长率低于产业中位数水平但企业数量增长率高于产业中位数水平，则为变革产业；如果产业销售额增长率和企业数量增长率均低于产业中位数水平，则为衰退产业。其中，产业销售额增长率以企业实际总产值的增长率来衡量。为剔除通货膨胀的影响，本章采用以下方式对企业实际总产值进行处理：当年实际总产值 = 当年名义总产值/当年商品零售价格指数。

5.3.3 模型设计

为了检验企业集团对战略激进度的影响，我们建立了以下实证模型：

$$Score_{i,t} = \beta_0 + \beta_1 \times Group_{i,t-1} + \beta_2 \times Controls_{i,t-1} + Year + Ind + \varepsilon_{i,t} \qquad (5.1)$$

其中，模型（5.1）中被解释变量 $Score$ 为企业的战略激进度；解释变量 $Group$ 为企业集团，如果企业隶属于集团，则取值为 1，反之则取值为 0。下标 i 和 t 分别表示企业和年份，$Year$ 为年份固定效应，Ind 为行业固定效应，ε 表示残差项。本章控制如下影响因素：（1）企业特征及财务状况变量：企业规模（$Size$）、企业年龄（Age）、产权性质（Soe）、资产负债率（Lev）、现金持有（$Cash$）。（2）董事特征变量：股权集中度（$Share$）、董事会规模（Dir）、独立董事占比（$Indep$）、管理层年龄均值（$Mgage$）。此外，我们还控制企业的全要素生产率（TFP），以作为企业的个体固定效应。[①] 借鉴吉安内蒂等（Giannetti et al.，2015）、克里西南等（Krishnan et al.，2015）的做法，基于对数柯布—道格拉斯生产函数对全要素生产率指标进行测度。[②] 为了缓解内生性问题，本章将解释变量和控制变量均滞后一期，具体变量描述见表 5-1。

表 5-1　　　　　　　　　　　　主要实证变量定义

变量符号	变量名称	变量定义
$Score$	企业战略	六项指标的评分，取值范围在 6~30 分之间
$Group$	企业集团	是否属于企业集团，属于企业集团为 1，否则为 0

---

① 我们也控制了企业固定效应进行回归，发现企业固定效应与 TFP 会出现完全的共线性。

② 本章估计以下对数柯布—道格拉斯生产函数：

$$\ln Q_{ijt} = \beta_{0it} + \beta_{1it}\ln K_{ijt} + \beta_{2it}\ln L_{ijt} + \beta_{3it}\ln M_{ijt} + \varepsilon_{ijt}$$

以上公式中，Q 表示销售收入（千元），K 表示资本支出（千元），L 表示员工薪酬（千元），M 表示中间投入，具体以"购买商品或者获取的劳务报酬（千元）"来衡量；下标 i 表示企业，j 表示行业，t 表示年度。本章根据行业—年度对样本进行分组回归，计算出的残差项为企业全要素生产率，记为 TFP。

续表

变量符号	变量名称	变量定义
Cycle	产业生命周期	依据销售额增长率和企业数量增长率两个指标划分为四个产业生命周期
TFP	全要素生产率	基于柯布—道格拉斯生产函数测算的企业全要素生产率
Size	企业规模	企业总资产的对数值
Age	上市年限	企业上市年限取自然对数
Soe	产权性质	企业为国有企业时取1，否则取0
Lev	资产负债率	总负债与总资产比值
Cash	现金持有	现金及现金等价物除以上期总资产
Share	股权集中度	第一大股东持股占总股本比例
Dir	董事会规模	董事成员人数
Indep	独立董事占比	独立董事占董事会成员总数占比
Mgage	管理层年龄均值	非独立董事和高管的年龄均值取自然对数

5.3.4 主要变量的描述性统计

表 5 - 2 为主要变量的描述性统计结果。从表 5 - 2 中可以看出，企业战略的均值为 17.9122，中位数为 18，标准差为 4.0471。企业集团的样本均值为 0.2554，表明中国上市公司中隶属企业集团的企业占比为 25.54%。主要控制变量数据如企业规模（均值为 21.8883）、资产负债率（均值为 0.4406）、产权性质（均值为 0.4178）均在合理范围内。

表 5 - 2　　　　　　　　　　　**主要变量的描述性统计**

变量名	样本数	均值	标准差	中位数	最大值	最小值
Score	21188	17.9122	4.0471	18.0000	30.0000	6.0000
Group	21188	0.2554	0.4361	0.0000	1.0000	0.0000
TFP	21188	0.0380	0.8436	0.0210	1.9959	- 1.9957
Size	21188	21.8883	1.2614	21.7272	28.5087	16.7022
Age	21188	2.3298	0.4340	2.1972	3.3673	1.6094

续表

变量名	样本数	均值	标准差	中位数	最大值	最小值
Soe	21188	0.4178	0.4932	0.0000	1.0000	0.0000
Lev	21188	0.4406	0.2066	0.4381	0.9994	0.0071
Cash	21188	0.0469	0.0792	0.0458	0.9144	− 2.2828
Share	21188	0.3546	0.1502	0.3335	0.8909	0.0029
Dir	21188	8.8118	1.8204	9.0000	19.0000	3.0000
Indep	21188	0.3692	0.0543	0.3333	0.8000	0.0000
Mgage	21188	3.8819	0.0673	3.8860	4.1109	3.5963

5.4　产业生命周期与集团成员企业战略选择的实证分析

5.4.1　基准回归分析

基于上述回归模型，本章将采用 OLS 估计方法考察企业集团在不同产业生命周期阶段对企业战略激进度的影响，所有模型估计中均控制了年份与行业固定效应，为了减少样本数据聚集性特征的影响，对回归系数标准差进行了企业层面的聚类调整。表 5 - 3 列示了相应回归结果。在成长产业中，*Group* 的估计系数为 0.4687，且在 1% 的水平上显著，表明集团企业会采取更为激进的战略决策；在整合产业和变革产业中，*Group* 的估计系数为负值且不显著，表明集团企业与独立企业的战略激进度没有显著差异；而在衰退产业，*Group* 的估计系数为 − 3.1383，且在 1% 的水平上显著，表明集团企业将采取更为保守的战略决策。该回归结果表明，内部市场较为宽裕的资金池和分散风险的能力，可以推动处于成长产业成员企业实行激进的战略决策。相反，由于集团内部的资源配置更支持发展前景好的成长产业，使得处于整合产业、变革产业和衰退产业的成员企业未能得到内部市场的有力支持，因而在战略决策上并不激进甚至偏向保守。由此，假设 5.1 得到验证。

表 5 - 3　　　　　不同产业生命周期下的企业集团与战略激进度

变量	Score			
	成长产业	整合产业	变革产业	衰退产业
	(1)	(2)	(3)	(4)
Group	0.4687 ***	− 0.1782	− 0.3959	− 3.1383 ***
	(2.7759)	(− 0.5597)	(− 0.9142)	(− 3.7552)
TFP	− 0.0520	− 0.3088 *	− 0.4248 **	− 0.2521
	(− 0.6502)	(− 1.7495)	(− 2.0155)	(− 0.7253)
Size	0.2902 **	− 0.0886	0.7299 ***	− 0.5995
	(2.2143)	(− 0.3691)	(2.5842)	(− 1.3228)
Age	− 0.5137 **	− 0.8553	− 0.0669	0.3499
	(− 2.2462)	(− 1.5224)	(− 0.0931)	(0.3673)
Soe	0.0071	− 0.6151	0.1990	1.6268
	(0.0238)	(− 1.3068)	(0.2073)	(1.0980)
Lev	1.6157 ***	1.4174	3.2406 ***	0.6702
	(3.8184)	(1.4470)	(2.8803)	(0.3327)
Cash	− 0.0775	− 0.4766	0.1579	2.6625
	(− 0.1350)	(− 0.3756)	(0.0938)	(0.7834)
Share	0.2777	0.6436	− 1.0178	− 1.5318
	(0.3990)	(0.4325)	(− 0.5001)	(− 0.4260)
Dir	0.0551	0.1903 **	0.1026	0.3360 **
	(1.1959)	(2.0568)	(0.8118)	(1.9701)
Indep	1.1803	7.9330 ***	− 2.6718	− 2.6248
	(1.0314)	(2.9994)	(− 0.8146)	(− 0.5133)
Mgage	− 1.7568	0.0111	2.4821	− 2.1445
	(− 1.3224)	(0.0039)	(0.6329)	(− 0.3855)
Constant	16.6820 ***	14.0949	− 9.0921	26.7817
	(3.1340)	(1.1758)	(− 0.5687)	(1.1742)
Year	Yes	Yes	Yes	Yes
Industry	Yes	Yes	Yes	Yes
N	10641	2828	2510	1823
Adj − R²	0.0315	0.0569	0.0936	0.1143

注：***、**、*分别表示估计系数在1%、5%和10%的水平上显著，括号中为经过企业层面聚类调整的 t 值。

同时，我们担心可能存在某些企业特征变量影响企业的组织形式（是否成为集团成员企业）及战略激进度，从而造成回归结果的偏差。一方面，贝伦松和贝尔科维茨（Belenzon and Berkovitz，2010）认为企业集团可能挑选"质量"较高的企业进行并购并将其变为自身的成员企业，该影响可能会导致 Group 的估计系数被高估。另一方面，根据并购效率理论，目标企业的"质量"或生产效率常常低于主并方（Maksimovic and Phillips，2001），因此集团可能选择了"质量"偏低的成员企业，该影响会导致本章 Group 的估计系数被低估。因此我们借鉴戈帕兰和谢（Gopalan and Xie，2011）的做法，使用工具变量法以解决该内生性问题。理想的工具变量仅会影响企业选择成为集团成员企业的概率，而不直接影响企业战略激进度。我们将集团企业数量占整个产业企业数量的比重（Hygroup）以及集团企业总销售额占整个产业销售额的比重（Hyshipment）作为本章 Group 的工具变量。表 5 - 4 的 Panel A 报告了第一阶段的回归结果。在成长产业中，Hygroup 和 Hyshipment 的估计系数均为正，且分别在 1% 和 10% 的水平上显著，表明企业选择成为集团企业的概率与集团企业数量占整个产业企业数量比重和集团企业总销售额占整个产业销售额比重正相关。第一阶段的 F 值均远大于经验标准值 10，表明所选择的工具变量满足相关性要求，而 Hansen J 检验的结果表明，本章采用的工具变量并不存在过度识别的问题。表 5 - 4 的 Panel B 给出了第二阶段的估计结果，列示了不同产业生命周期

表 5 - 4　　　　　使用工具变量法后的企业集团与战略激进度

Panel A：第一阶段回归

变量	成长产业	整合产业	变革产业	衰退产业
	（1）	（2）	（3）	（4）
Hygroup	2.6738 ***	2.8862 ***	2.6985 ***	2.8681 **
	（4.9844）	（3.4407）	（2.7009）	（2.3266）
Hyshipment	0.6398 *	0.2272	0.4918	0.4360
	（1.9029）	（0.3965）	（0.7436）	（0.5358）
Constant	- 10.7824 ***	- 10.8443 ***	- 12.3020 ***	- 8.0519 *
	（- 5.6204）	（- 3.0618）	（- 3.0063）	（- 1.6933）

续表

Panel A：第一阶段回归

变量	成长产业	整合产业	变革产业	衰退产业
	（1）	（2）	（3）	（4）
Controls	Yes	Yes	Yes	Yes
Year	Yes	Yes	Yes	Yes
Industry	Yes	Yes	Yes	Yes
F	3396. 96	966. 13	799. 00	561. 39
Hansen J（P 值）	0. 8737	0. 7835	0. 5161	0. 6696

Panel B：第二阶段回归

变量	成长产业	整合产业	变革产业	衰退产业
Group	0. 7088 ***	0. 1405	− 0. 2502	− 2. 9180 ***
	（2. 6982）	（0. 3106）	（− 0. 3611）	（− 2. 8590）
Constant	24. 3106 ***	17. 1230	− 11. 3983	− 5. 5088
	（3. 6195）	（1. 2010）	（− 0. 5485）	（− 0. 1883）
Controls	Yes	Yes	Yes	Yes
Year	Yes	Yes	Yes	Yes
Industry	Yes	Yes	Yes	Yes
N	8989	2314	2008	1467
Adj − R²	0. 0332	0. 0739	0. 0824	0. 1636

注：***、**、*分别表示估计系数在1%、5%和10%的水平上显著，括号中为经过企业层面聚类调整的 t 值。

阶段企业集团与战略激进度之间的相关关系。其中成长产业中的 *Group* 的估计系数为0.7088，且在1%的水平上显著；在整合产业和变革产业中，*Group* 的估计系数不显著；而在衰退产业，*Group* 的估计系数为 − 2.9180，且在1%的水平上显著。该结果与表5 − 3的结果较为一致，但也发现表5 − 3中 *Group* 的估计系数在一定程度上被低估，表明企业是否隶属于企业集团可能存在内生性问题。接下来，本章在回归分析中均使用工具变量法来估计，以减轻内生性问题造成的估计偏误。

5.4.2　影响机制分析

如前所述，企业战略既受到外部融资约束的制约（孙健等，2016），又会遭遇企业经营风险的冲击（Tang et al.，2011），较强的融资约束压力和较低的风险承担水平可能不利于企业激进战略的执行。倘若企业集团能够借助内部市场的优势，缓解成员企业所面临的融资约束并提升企业风险承担水平，将有效保持或提升成员企业的战略激进度。下面，将对企业集团促进成员企业战略激进度的融资约束机制和"共同保险"机制进行实证检验。

基于融资约束机制，本章认为企业集团能够通过内部资本市场的资金调配和关联担保等途径缓解成员企业所面临的外部融资约束问题，进而保障集团激进战略的执行。大量文献采用投资—现金流敏感性来衡量企业的融资约束水平（Fazzari et al.，1988；姜付秀等，2019）。然而，由于融资约束水平仅作为本章的解释变量，该方法无法直接应用于我们的实证检验中。因此本章借鉴马克西莫维奇和菲利普斯（Maksimovic and Phillips，2008）、戈帕兰和谢（Gopalan and Xie，2011）的做法，使用企业投资支出减去经营现金流的差值来衡量企业的融资约束水平，且其数值越大，企业所面临的融资约束越大。我们使用交乘项 $Group \times Finan$ 来检验融资约束机制，由于 $Finan$ 变量为内生，且 $Group$ 能缓解融资约束（$Finan$ 值下降），而融资约束的缓解（$Finan$ 值下降）能促进企业的战略激进度（$Score$ 值增加），因此，如果交乘项的估计系数为正向显著，则说明企业集团能够通过缓解融资约束来提升成员企业的战略激进度。

表 5 - 5 的 Panel A 给出了融资约束机制的分组回归结果。在成长产业中，$Group \times Finan$ 的估计系数为 0.0091，且在 5% 的水平上显著，说明企业集团可以通过缓解融资约束水平来提升战略激进度。在整合产业、变革产业和衰退产业中，$Group \times Finan$ 的估计系数均不显著，表明集团没有通过缓解融资约束提升这些行业成员企业的战略激进度。这一结果表明集团内部资本市场的资金支持作用具有鲜明的产业导向，相对于处于其他产业生命周期阶段的成员企业，处于成长产业的成员企业由于获得了更加充裕

的现金流，而更倾向于执行激进战略。

基于"共同保险"机制，本章认为风险承担水平反映了企业对冒险性活动和高风险性投资的承担能力，而企业集团可以通过内部市场的共同保险机制促使成员企业敢于进行风险承担，进而满足企业实行激进战略的动机。本章借鉴余明桂等（2013）的做法，以企业的盈利波动性在行业内的相对大小作为风险承担水平的代理变量，具体表示为企业经产业调整后的 Roa 在 5 年内（$t-2$ 年至 $t+2$ 年）的标准差。通常认为，企业盈利波动性相对于同行业其他企业越大，企业的风险承担能力越强。我们使用交乘项 $Group \times Riskt$ 来检验风险承担机制，由于 $Riskt$ 变量为内生，且 $Group$ 能增长成员企业的风险承担能力（$Riskt$ 值增大），而风险承担能力的增加（$Riskt$ 值增大）能促进企业的战略激进度（$Score$ 值增加），因此，如果交乘项的估计系数正向显著，则说明企业集团能够通过提高风险承担水平来提升战略激进度。

表 5 - 5 的 Panel B 给出了"共同保险"机制的分组回归结果。在成长产业中，$Group \times Riskt$ 的估计系数为 2.3894，且在 1% 的水平上显著，说明企业集团可以通过提高风险承担水平来提升成员企业战略激进度。而在整合产业、变革产业和衰退产业中，$Group \times Riskt$ 的估计系数均不显著，说明处于这些产业生命周期阶段的成员企业未能有效利用内部市场的风险承担机制。原因可能在于，在成长产业中，同行之间的竞争压力相对更强且提前行动以获取竞争优势的潜力更大，企业集团倾向于支援处于成长产业的成员企业，通过充分发挥内部市场的共同保险作用以提高其风险承担水平，进而保障成长产业成员企业激进战略的执行。

为了验证上述结论的稳健性并排除两种机制的互相干扰，我们同时对集团的融资约束机制与"共同保险"机制进行检验，表 5 - 5 的 Panel C 给出了同时考虑两个机制的分组回归结果。在成长产业中，$Group \times Finan$ 的估计系数为 0.0085，且在 5% 的水平上显著；而 $Group \times Riskt$ 的估计系数为 2.3294，且在 1% 的水平上显著。该结果表明，集团可以通过内部市场的融资约束缓解和共同保险效应提升企业的战略激进度。在整合产业、变革产业和衰退产业中，两个机制均不显著。这与上述结果保持一致，证明了本章结论的稳健性。

表 5 – 5 融资约束机制与"共同保险"机制

Panel A：融资约束机制

变量	成长产业	整合产业	变革产业	衰退产业
	（1）	（2）	（3）	（4）
Group	0.6995 *** （2.6623）	0.1497 （0.3258）	− 0.1993 （− 0.2831）	− 2.9385 *** （− 2.7961）
Group × Finan	0.0091 ** （2.3812）	− 0.0037 （− 1.0997）	− 0.0035 （− 0.7476）	− 0.0381 （− 1.1706）
Finan	− 0.0149 *** （− 3.3452）	− 0.0001 （− 0.0321）	0.0064 （0.9895）	− 0.0778 *** （− 3.7042）
Constant	24.4839 *** （3.6437）	16.7604 （1.1759）	− 13.3447 （− 0.6403）	− 3.5335 （− 0.1190）
Controls	Yes	Yes	Yes	Yes
Year	Yes	Yes	Yes	Yes
Industry	Yes	Yes	Yes	Yes
N	8978	2314	2006	1465
Adj – R²	0.0342	0.0737	0.0837	0.1744

Panel B："共同保险"机制

变量	成长产业	整合产业	变革产业	衰退产业
Group	0.5941 ** （2.1762）	0.1867 （0.3988）	− 0.1409 （− 0.1924）	− 3.0304 *** （− 2.9612）
Group × Riskt	2.3894 *** （2.7392）	− 1.4624 （− 0.9933）	− 1.1577 （− 0.4783）	0.0664 （0.0255）
Riskt	5.8828 *** （2.5870）	− 0.4696 （− 0.1441）	0.8759 （0.1546）	4.4441 （0.7842）
Constant	20.5841 *** （2.9535）	12.9053 （0.8494）	− 10.9383 （− 0.5099）	2.1641 （0.0699）
Controls	Yes	Yes	Yes	Yes
Year	Yes	Yes	Yes	Yes
Industry	Yes	Yes	Yes	Yes
N	8210	2219	1941	1411
Adj – R²	0.0361	0.0678	0.0885	0.1722

Panel C：同时考虑两个机制

变量	成长产业	整合产业	变革产业	衰退产业
	（1）	（2）	（3）	（4）
Group	0.5845 ** (2.1404)	0.1991 (0.4177)	− 0.1085 （− 0.1469）	− 3.0858 *** （− 2.9149）
Group × Finan	0.0085 ** (2.2330)	− 0.0035 （− 1.0699）	− 0.0025 （− 0.5256）	− 0.0365 （− 1.1267）
Group × Riskt	2.3294 *** (2.6595)	− 1.3830 （− 0.9284）	− 0.9554 （− 0.3752）	− 0.0721 （− 0.0281）
Finan	− 0.0100 ** （− 2.3223）	0.0007 (0.1518)	0.0055 (0.8495)	− 0.0761 *** （− 3.6688）
Riskt	5.8948 ** (2.5705)	− 0.2990 （− 0.0904）	1.2062 (0.2043)	4.1986 (0.7502)
Constant	20.6954 *** (2.9666)	12.6279 (0.8305)	− 13.2252 （− 0.6145）	5.1058 (0.1607)
Controls	Yes	Yes	Yes	Yes
Year	Yes	Yes	Yes	Yes
Industry	Yes	Yes	Yes	Yes
N	8199	2219	1939	1409
Adj − R²	0.0368	0.0674	0.0896	0.1827

注：*** 、** 、* 分别表示估计系数在1%、5%和10%的水平上显著，括号中为经过企业层面聚类调整的 t 值。

5.4.3 异质性分析

前述实证结果表明，企业集团基于内部市场的融资约束缓解和提高风险承担两个机制，提升了成长产业成员企业的战略激进度。鉴于现有研究表明，企业战略既受其内部条件的影响，也会受到外部环境的制约（Chandler，1962；张明等，2020），本章将从集团内部特征和外部环境两方面来对企业集团与战略激进度两者的关系展开异质性分析。

1. 集团内部特征的影响

就集团的内部特征而言，我们分别以成员企业盈利能力、成长产业企业与衰退产业企业的盈利能力差距这两个方面，来检验集团内部特征与成员企业战略选择的关系。

鉴于集团内部资源配置可能遵循"优胜者选拔"原则，我们预期相较于盈利能力弱的企业，盈利能力强的企业更可能得到集团内部资源的倾斜，因而企业集团对战略激进度的提升作用在盈利能力更强的企业中可能会更显著。我们以企业经营业绩（Roa）来衡量企业的盈利能力，将样本数据划分为高盈利能力和低盈利能力组。回归结果见表 5 - 6 第（1）~（4）列。在成长产业中，高盈利能力组中 $Group \times Finan$ 的估计系数为 0.0291，且在 5% 的水平上显著，$Group \times Riskt$ 的估计系数为 6.0930，且在 1% 的水平上显著；而低盈利能力组两个估计系数均不显著。这表明在成长产业中，企业的盈利能力越强，集团内部市场越能发挥缓解融资约束和提高风险承担水平的作用，进而提升企业的战略激进度。

接着，我们将进一步考察处于不同产业的成员企业之间的盈利能力差距是否对企业战略的制定造成影响。根据前文分析，如果企业集团有部分成员企业分别处于成长产业和衰退产业，那么成长产业企业与衰退产业企业的盈利能力差距越大，投资衰退产业企业的机会成本越大，集团就越有可能加大对成长产业企业的资源投入，以更好利用成长产业的增长机会。我们以集团中成长产业企业与衰退产业企业的盈利能力差距（$Rankroa$）来衡量盈利能力差距。当处于成长产业企业所在的集团中同时存在处于衰退产业企业，则 $Rankroa$ 计算方式为：（成长产业企业 ROA - 衰退产业企业 ROA 均值）/成长产业企业 ROA，如无衰退产业企业，则赋值为 0；当处于衰退产业企业所在的集团中同时存在处于成长产业企业，则 $Rankroa$ 计算方式为：（衰退产业企业 ROA - 成长产业企业 ROA 均值）/衰退产业企业 ROA，如无成长产业企业，则赋值为 0。回归结果见表 5 - 6 第（5）~（8）列。在成长产业中，高差距组 $Group \times Finan$ 和 $Group \times Riskt$ 交乘项的估计系数分别为 0.0093 和 2.1369，且均在 5% 的水平上显著；而低差距组两个估计系数均不显著。这表明当处于成长产业企业与集团中处于衰退产业企业的盈利能力差距越大，企业集团越倾向于提高处于成长产业成员企业的战略激进度。

表5-6　　　　　　　　盈利能力与盈利能力差距的异质性分析

变量	Score							
	成长产业		衰退产业		成长产业		衰退产业	
	高盈利能力	低盈利能力	高盈利能力	低盈利能力	高差距	低差距	高差距	低差距
	(1)	(2)	(3)	(4)	(5)	(6)	(7)	(8)
$Group$	0.8210 * (1.8761)	0.2218 (0.5964)	-1.3815 (-0.4710)	-3.9363 *** (-3.0933)	0.6054 ** (2.1713)	0.4675 (1.5872)	-3.0186 *** (-2.8279)	-2.9992 *** (-2.7854)
$Group \times Finan$	0.0291 ** (2.4171)	0.0067 (1.2003)	0.0484 (0.6297)	-0.0197 (-0.4775)	0.0093 ** (2.2221)	0.0048 (1.2607)	-0.0340 (-1.0296)	-0.0390 (-1.1031)
$Group \times Riskt$	6.0930 *** (3.6237)	1.7513 (1.5769)	-2.4361 (-0.5371)	1.8660 (0.1842)	2.1369 ** (2.2353)	1.4965 (1.5529)	0.2498 (0.0931)	-3.5090 (-1.3110)
$Finan$	0.0122 (0.8250)	-0.0084 (-1.4024)	0.0085 (0.0704)	-0.0761 *** (-4.1768)	-0.0096 ** (-1.9780)	-0.0061 (-1.4283)	-0.0759 *** (-3.6111)	-0.0938 * (-1.8739)
$Riskt$	10.9365 *** (2.9414)	5.3731 * (1.8196)	-2.1253 (-0.2111)	13.0113 (0.8130)	5.6096 ** (2.1823)	4.5712 * (1.8775)	4.9467 (0.8440)	-3.5090 (-0.5904)
$Constant$	25.6536 ** (2.5011)	8.6620 (0.8973)	32.8950 (0.5927)	-20.0625 (-0.3956)	19.1435 *** (2.5786)	15.5165 ** (2.1266)	14.4292 (0.4511)	8.8257 (0.2702)
$Controls$	Yes	Yes	Yes	Yes	Yes	Yes	Yes	Yes
$Year$	Yes	Yes	Yes	Yes	Yes	Yes	Yes	Yes
$Industry$	Yes	Yes	Yes	Yes	Yes	Yes	Yes	Yes
N	4099	4100	704	705	7308	7308	1365	1365
$Adj-R^2$	0.0596	0.0484	0.2552	0.2988	0.0358	0.0397	0.1764	0.1927

注：***、**、*分别表示估计系数在1%、5%和10%的水平上显著，括号中为经过企业层面聚类调整的 t 值。

2. 外部环境的影响

就外部环境而言，本章分别以行业外部融资依赖度和经济政策不确定性两个指标，来检验集团外部环境因素与成员企业战略选择的关系。

拉詹和辛格拉斯（1998）认为，金融市场通过向那些严重依赖外部融资的行业提供较低融资成本的外部资金，促进了此类行业的经济增长。作为对金融市场功能的部分替代，企业集团的内部资本市场可能更加有利于促进依赖外部融资行业成员企业的战略激进度。因此，本章参考拉詹和辛格拉斯（1998）的做法，使用行业外部融资依赖度这一指标来衡量企业所面临的外部融资约束。相较处于行业外部融资依赖度较低环境中的企业，处于行业外部融资依赖度较高环境的企业通常面临着更大的外部融资约束压力。在内外部资金紧缺的压力下，企业所面临的经营风险也可能会进一步加剧。表 5 - 7 给出了分组回归的结果。第（1）~（2）列显示在成长产业中，高行业外部融资依赖度组中 $Group \times Finan$ 和 $Group \times Riskt$ 交乘项的估计系数分别为 0.0129 和 4.0487，且均在 5% 的水平上显著，而低行业外部融资依赖度组两个交乘项估计系数均不显著。这反映了在成长产业中，行业外部融资依赖度越高时，集团内部市场所产生的"多钱效应"和"风险分担"更为明显，集团成员企业越倾向于执行激进的战略。在整合产业中，行业外部融资依赖度较低组的 $Group \times Finan$ 的估计系数显著为负。这可能是因为整合产业的市场格局较为稳定，进行战略变革的压力小，因此集团倾向于将外部融资依赖较低成员企业的现金流进行抽调，以用于支援其他成员企业，该作用进一步使得外部融资依赖度较低成员企业采取更加保守的战略决策。在变革产业和衰退产业中，$Group \times Finan$ 和 $Group \times Riskt$ 交乘项的估计系数在两组中均无显著差异。

表 5 - 7 行业外部融资依赖度的异质性分析

	Score							
	成长产业		整合产业		变革产业		衰退产业	
变量	高行业外部融资依赖度	低行业外部融资依赖度	高行业外部融资依赖度	低行业外部融资依赖度	高行业外部融资依赖度	低行业外部融资依赖度	高行业外部融资依赖度	低行业外部融资依赖度
	(1)	(2)	(3)	(4)	(5)	(6)	(7)	(8)
Group	0.5957 (1.5077)	0.1663 (0.3901)	0.6187 (0.9570)	0.6315 (0.9608)	-0.1122 (-0.0943)	-2.1853 *** (-2.6568)	-4.6360 *** (-3.0488)	-3.3072 * (-1.8576)
$Group \times Finan$	0.0129 ** (2.4197)	-0.0019 (-0.2355)	0.0006 (0.1455)	-0.0183 ** (-2.2513)	-0.0042 (-0.3098)	0.0069 (0.7169)	-0.0302 (-0.8252)	0.0045 (0.0957)

续表

	Score							
	成长产业		整合产业		变革产业		衰退产业	
变量	高行业外部融资依赖度	低行业外部融资依赖度	高行业外部融资依赖度	低行业外部融资依赖度	高行业外部融资依赖度	低行业外部融资依赖度	高行业外部融资依赖度	低行业外部融资依赖度
	(1)	(2)	(3)	(4)	(5)	(6)	(7)	(8)
Group × Riskt	4.0487 **	2.1036	−3.1363	1.1996	5.0486	−4.8794	3.2232	−3.9673
	(2.2897)	(1.4424)	(−1.4833)	(0.4906)	(1.2890)	(−1.3351)	(0.6379)	(−1.1289)
Finan	−0.0112 *	−0.0072	0.0036	−0.0179	0.0098	−0.0206	−0.0676	−0.0612 ***
	(−1.7186)	(−0.8086)	(0.6448)	(−1.2976)	(1.1415)	(−1.1962)	(−1.0779)	(−3.5863)
Riskt	11.8724 ***	2.3304	−0.7439	2.8215	8.2619	−11.9086	10.7201	−3.4265
	(2.6621)	(0.6763)	(−0.1592)	(0.4669)	(0.9838)	(−1.6061)	(0.8594)	(−0.4409)
Constant	16.3243 *	17.1345	1.2246	−2.9204	−15.7770	−36.8727	42.6072	−98.3943 **
	(1.6979)	(1.5557)	(0.0557)	(−0.1237)	(−0.4150)	(−1.2542)	(0.8936)	(−2.1880)
Controls	Yes	Yes	Yes	Yes	Yes	Yes	Yes	Yes
Year	Yes	Yes	Yes	Yes	Yes	Yes	Yes	Yes
Industry	Yes	Yes	Yes	Yes	Yes	Yes	Yes	Yes
N	4100	4099	1109	1110	969	970	705	704
Adj − R²	0.0685	0.0380	0.0901	0.0928	0.1338	0.1402	0.2637	0.2843

注: *** 、 ** 、 * 分别表示估计系数在 1% 、5% 和 10% 的水平上显著, 括号中为经过企业层面聚类调整的 t 值。

此外, 经济政策不确定性作为外部经营环境的重要组成部分, 势必影响到企业的战略决策。当经济政策不确定性增强时, 企业会由于金融市场摩擦加剧而出现融资困难, 经营风险也会加剧, 为维持企业的正常运转, 企业实行激进战略动机可能下降。我们预测相较于独立企业, 企业集团具有的缓解融资约束和提高风险承担水平的能力, 在经济政策不确定性较强的情况下, 更能保障激进战略的执行。因此, 我们从经济政策不确定性的角度来展开异质性分析。我们采用贝克等 (Baker et al., 2016) 构建的经济政策不确定性指数来衡量中国经济政策不确定性。表 5 − 8 给出了分组回归的结果。第 (1) ~ (2) 列显示在成长产业中, 高经济政策不确定性组中

Group × *Finan* 的估计系数为 0. 0375，且在 5% 的水平上显著，*Group* × *Riskt* 的估计系数为 4. 4574，且在 1% 的水平上显著；而低经济政策不确定性组两个交乘项估计系数均不显著。这表明在成长产业中，经济政策不确定性越高，企业集团越能通过缓解融资约束、提高风险承担水平提高企业的战略激进度。在变革产业中，高经济政策不确定组的 *Group* × *Riskt* 的估计系数显著为正。这可能是因为处于变革产业的企业往往面临着新进入者持续增长带来的竞争压力，而较强的经济政策不确定性不仅会加剧企业的经营风险，还可能提高未来的增长期权价值而激发企业的"先动优势"动机（Kulatilaka and Perotti，1998），此时，企业集团倾向于通过内部市场作用提高成员企业的风险承担能力，进而保障企业实行激进的战略决策以在市场竞争中取胜。在整合产业和衰退产业中，*Group* × *Finan* 和 *Group* × *Riskt* 交乘项的估计系数在两个组均无显著差异。

表 5 - 8　　　　　　　　　　经济政策不确定性的异质性分析

变量	Score							
	成长产业		整合产业		变革产业		衰退产业	
	高 EPU	低 EPU	高 EPU	低 EPU	高 EPU	低 EPU	高 EPU	低 EPU
	(1)	(2)	(3)	(4)	(5)	(6)	(7)	(8)
Group	1. 1134 ***	0. 1226	0. 5771	− 0. 7103	− 0. 6467	− 1. 4484	− 2. 8656 *	− 7. 0918 ***
	(2. 6249)	(0. 3400)	(0. 6719)	(− 0. 9173)	(− 0. 5886)	(− 1. 3097)	(− 1. 6777)	(− 4. 0751)
Group × *Finan*	0. 0375 **	0. 0030	− 0. 0193	− 0. 0036	0. 0191	− 0. 0190	0. 0306	− 0. 0162
	(2. 5680)	(0. 5293)	(− 1. 1070)	(− 0. 8590)	(0. 9844)	(− 1. 5175)	(0. 5980)	(− 0. 3504)
Group × *Riskt*	4. 4574 ***	0. 9585	− 1. 7546	− 2. 7821	8. 8216 **	− 1. 8777	− 1. 2649	− 0. 4046
	(2. 6994)	(0. 8005)	(− 0. 6735)	(− 0. 7475)	(1. 9746)	(− 0. 5208)	(− 0. 2556)	(− 0. 0799)
Finan	0. 0028	− 0. 0047	0. 0067	− 0. 0014	− 0. 0397	− 0. 0073	0. 0100	0. 0505
	(0. 1651)	(− 0. 7954)	(0. 4914)	(− 0. 2046)	(− 1. 5808)	(− 0. 9392)	(0. 1201)	(0. 8717)
Riskt	9. 5626 **	6. 0568 **	8. 9154	− 7. 9235	26. 9521 **	− 3. 5111	0. 4048	9. 4658
	(2. 2543)	(2. 0650)	(1. 5669)	(− 0. 8458)	(2. 5546)	(− 0. 4553)	(0. 0385)	(1. 2384)
Constant	27. 8583 ***	− 0. 5431	44. 9961 *	12. 4921	13. 1885	− 68. 0496 **	112. 8776 *	− 137. 1934 **
	(2. 8427)	(− 0. 0499)	(1. 7912)	(0. 4021)	(0. 3472)	(− 2. 0556)	(1. 7704)	(− 2. 4993)

续表

变量	Score							
	成长产业		整合产业		变革产业		衰退产业	
	高 EPU	低 EPU	高 EPU	低 EPU	高 EPU	低 EPU	高 EPU	低 EPU
	(1)	(2)	(3)	(4)	(5)	(6)	(7)	(8)
Controls	Yes	Yes	Yes	Yes	Yes	Yes	Yes	Yes
Year	Yes	Yes	Yes	Yes	Yes	Yes	Yes	Yes
Industry	Yes	Yes	Yes	Yes	Yes	Yes	Yes	Yes
N	4124	4075	1178	1041	1009	930	730	679
$Adj-R^2$	0.0588	0.0582	0.1212	0.1362	0.2015	0.3240	0.2351	0.4789

注: ***、**、*分别表示估计系数在 1%、5% 和 10% 的水平上显著,括号中为经过企业层面聚类调整的 t 值。

5.4.4 稳健性分析

为使结论更为可靠,本章进行如下稳健性检验:

(1) 更换企业战略指标。本章参考刘行 (2016) 的做法,将衡量企业战略的第一个指标——研发费用与营业收入之比予以剔除,并重新计算企业战略指数。表 5-9 Panel A 给出了分组回归的结果。在成长产业中 Group 的估计系数为 0.7184,且在 5% 的水平上显著。在整合产业和变革产业,Group 的估计系数均不显著。在衰退产业中,Group 的估计系数为 -2.8523,且在 1% 的水平上显著。这与主回归的结论保持一致。

(2) 更换产业生命周期指标。为替换前文使用的产业生命周期指标,我们以 5 年为一个观测周期,依据产业销售额增长率和企业数量增长率两个指标重新测算产业生命周期,并进行回归。表 5-9 Panel B 给出了分组回归的结果。在成长产业中 Group 的估计系数为 0.8612,且在 1% 的水平上显著。在整合产业和变革产业中,Group 的估计系数均不显著。在衰退产业中,Group 的估计系数为 -3.0491,且在 1% 的水平上显著。这与主回归的结论保持一致。

(3) 更换融资约束指标。为替换前文使用的融资约束指标,我们借鉴卡普兰和辛格拉斯 (Kaplan and Zingales,1997) 的方法构造衡量企业融资约束的变量 KZ 指数。KZ 指数越大，说明企业面临的融资约束程度越大。表 5-9 Panel C 给出了分组回归的结果，在成长产业中，$Group \times Finan$ 的估计系数为 0.0198，且在 1% 的水平上显著；在整合产业、变革产业和衰退产业，$Group \times Finan$ 的估计系数均不显著。这与前文的结论一致。

（4）更换风险承担指标。一些研究认为高管任职期限会对企业风险承担水平造成影响。随着企业高管任职期限的延长，出于个人利益和职业生涯的考虑，高管更倾向于减少风险性投资行为以避免投资失败带来的不利影响，进而导致企业的风险承担水平下降（Gervais et al.，2003）。通常，中国上市公司的高管任职期限以 3 年为一周期。因此，为替换前文使用的风险承担指标，本章以 3 年为一观测阶段，重新测算企业风险承担水平，具体表示为企业经行业调整后的 Roa 在 3 年内（$t-1$ 年至 $t+1$ 年）的标准差。表 5-9 Panel D 给出了分组回归的结果，在成长产业中，$Group \times Riskt$ 的估计系数为 2.9808，在 1% 的水平上显著；在整合产业、变革产业和衰退产业中，$Group \times Riskt$ 的估计系数均不显著。这与前文的结论一致。

表 5-9 　　　　　　　　　　　稳健性分析

Panel A：更换企业战略指标

变量	成长产业	整合产业	变革产业	衰退产业
	（1）	（2）	（3）	（4）
$Group$	0.7184 **	0.5304	-0.2590	-2.8523 ***
	(2.4973)	(1.0666)	(-0.3417)	(-2.7948)
$Constant$	19.2609 ***	9.7717	-13.5741	0.6201
	(2.6569)	(0.5948)	(-0.6085)	(0.0196)
$Controls$	Yes	Yes	Yes	Yes
$Year$	Yes	Yes	Yes	Yes
$Industry$	Yes	Yes	Yes	Yes
N	8989	2314	2008	1467
$Adj-R^2$	0.0314	0.0701	0.0871	0.1552

Panel B：更换产业生命周期指标

$Group$	0.8612 ***	-0.1083	0.0946	-3.0491 ***
	(2.7603)	(-0.2250)	(0.2137)	(-3.0728)

续表

Panel B：更换产业生命周期指标

变量	成长产业	整合产业	变革产业	衰退产业
	（1）	（2）	（3）	（4）
Constant	22. 3234 ***	13. 7728	17. 8799	− 8. 3740
	（3. 3130）	（0. 9114）	（1. 0237）	（− 0. 2857）
Controls	Yes	Yes	Yes	Yes
Year	Yes	Yes	Yes	Yes
Industry	Yes	Yes	Yes	Yes
N	9270	1907	2176	1425
$Adj - R^2$	0. 0297	0. 0578	0. 0135	0. 1690

Panel C：更换融资约束指标

变量	成长产业	整合产业	变革产业	衰退产业
Group	0. 9144 ***	0. 0577	1. 0600	− 3. 5282 ***
	（2. 9363）	（0. 1114）	（1. 3682）	（− 3. 2213）
Group × Finan	0. 0198 ***	− 0. 0016	0. 0234	− 0. 0268
	（3. 6163）	（− 0. 1916）	（1. 4898）	（− 0. 3610）
Finan	− 0. 0178 ***	− 0. 0165	0. 0101	0. 0780
	（− 3. 1309）	（− 1. 0780）	（1. 1411）	（1. 1383）
Constant	27. 0958 ***	23. 5842	1. 7123	− 7. 9028
	（3. 7142）	（1. 5153）	（0. 0754）	（− 0. 2668）
Controls	Yes	Yes	Yes	Yes
Year	Yes	Yes	Yes	Yes
Industry	Yes	Yes	Yes	Yes
N	7031	1925	1619	1264
$Adj - R^2$	0. 0361	0. 0880	0. 0925	0. 1902

Panel D：更换风险承担指标

变量	成长产业	整合产业	变革产业	衰退产业
Group	0. 6179 **	0. 2722	0. 0427	− 3. 0118 ***
	（2. 2338）	（0. 5568）	（0. 0542）	（− 2. 6381）
Group × Riskt	2. 9808 ***	− 0. 6879	− 5. 3141	− 5. 2958
	（2. 9154）	（− 0. 3698）	（− 1. 2799）	（− 0. 7574）
Riskt	8. 4711 ***	1. 8741	− 11. 8392	− 11. 4968
	（2. 9995）	（0. 4235）	（− 1. 2407）	（− 0. 7189）

Panel D：更换风险承担指标

变量	成长产业	整合产业	变革产业	衰退产业
	(1)	(2)	(3)	(4)
Constant	16.9599 **	10.7339	−23.4571	−20.5528
	(2.3399)	(0.6713)	(−1.0435)	(−0.6322)
Controls	Yes	Yes	Yes	Yes
Year	Yes	Yes	Yes	Yes
Industry	Yes	Yes	Yes	Yes
N	8164	2089	1830	1339
Adj − R²	0.0372	0.0762	0.0941	0.1829

注：*** 、** 、* 分别表示估计系数在 1% 、5% 和 10% 的水平上显著，括号中为经过企业层面聚类调整的 t 值。

5.5 进一步分析：代理机制排除与战略路径分析

5.5.1 排除代理动机

根据本章的理论假说，企业集团与成长产业成员企业战略激进度的正向关系，也可能是由于代理问题所驱动。本部分将检验并排除这一潜在作用机制。

针对第一类代理问题，我们参考洪等（Ang et al. , 2000）的做法，使用管理费用率来衡量企业的代理成本。管理费用率越大，表明管理层的不当收入和在职消费等代理成本也越大。表 5 − 10 Panel A 第 (1) ~ (2) 列汇报了回归结果，其中高管理费用率组的 *Group × Finan* 和 *Group × Riskt* 估计系数均不显著，而低管理费用率组的估计系数均显著。这说明第一类代理问题并不是成长产业中企业执行激进战略的主要原因。

针对第二类代理问题，我们使用投资者保护水平来衡量外部投资保护情况。① 当投资者保护水平越强时，外部市场对中小股东的保护力度越大，进而越能抑制大股东的代理行为。如果这一代理问题是导致本章结果的主要原因，我们预计在低投资者保护组中，$Group \times Finan$ 或 $Group \times Riskt$ 的估计系数显著大于高投资者保护组的同一指标。然而，在表 5 – 10 Panel A 第 (3) ~ (4) 列中，我们发现高投资者保护组中 $Group \times Finan$ 和 $Group \times Riskt$ 的估计系数显著为正，而低投资者保护组中无论 $Group \times Finan$ 还是 $Group \times Riskt$ 的估计系数均不显著。这说明第二类代理问题并不是成长产业中企业执行激进战略的原因。

表 5 – 10   排除代理动机

Panel A：管理费用率与投资者保护

变量	高管理费用率	低管理费用率	高投资者保护	低投资者保护
	（1）	（2）	（3）	（4）
$Group$	0.9609 * （1.8630）	0.4962 （1.4482）	0.4987 （1.3730）	0.1445 （0.3076）
$Group \times Finan$	0.0090 （1.3228）	0.0151 *** （2.8688）	0.0108 * （1.8005）	0.0062 （0.8274）
$Group \times Riskt$	0.2521 （0.1955）	3.2627 ** （2.1668）	3.8045 ** （2.5670）	1.8312 （1.4885）
$Finan$	− 0.0183 ** （ − 2.5018）	− 0.0090 （ − 1.4482）	− 0.0115 * （ − 1.7983）	− 0.0068 （ − 0.7418）
$Riskt$	1.8802 （0.5780）	8.1412 ** （2.1716）	4.2869 （1.3263）	8.2799 ** （2.4437）
$Constant$	21.2385 ** （2.0876）	24.9158 ** （2.5146）	16.4864 * （1.6485）	17.6767 * （1.6957）
$Controls$	Yes	Yes	Yes	Yes

① 本章关于投资者保护水平指标的数据，来源于北京工商大学商学院投资者保护研究中心的网站 (http：//bhzx. btbu. edu. cn)。该研究中心的学者所构建的中国上市公司投资者保护指数 (AIPI)，包含了五个方面的指标：会计信息质量、内部控制质量、外部审计质量、管理控制质量以及财务运行质量。

Panel A：管理费用率与投资者保护

变量	高管理费用率	低管理费用率	高投资者保护	低投资者保护
	(1)	(2)	(3)	(4)
Year	Yes	Yes	Yes	Yes
Industry	Yes	Yes	Yes	Yes
N	4099	4100	4095	4104
$Adj - R^2$	0.0729	0.0398	0.0512	0.0520

Panel B：过度投资与市场化程度

变量	过度投资	非过度投资	高市场化程度	低市场化程度
	(1)	(2)	(3)	(4)
Group	0.9841 ***	0.4107	0.4419	0.9079 *
	(2.6522)	(0.9754)	(1.2475)	(1.8228)
$Group \times Finan$	0.0018	0.0237 ***	0.0158 ***	0.0068
	(0.2488)	(3.8480)	(2.9179)	(1.0658)
$Group \times Riskt$	1.5046	4.2392 ***	3.3582 **	1.3539
	(0.8828)	(2.6705)	(2.3091)	(0.9972)
Finan	−0.0048	−0.0233 ***	−0.0090	−0.0151 **
	(−0.6806)	(−3.3473)	(−1.3833)	(−2.1468)
Riskt	3.9947	9.5729 **	8.4333 **	3.9746
	(1.1755)	(2.1982)	(2.2387)	(1.2347)
Constant	8.3025	30.8110 ***	20.9256 **	21.8174 **
	(0.8788)	(2.7977)	(2.0394)	(2.0667)
Controls	Yes	Yes	Yes	Yes
Year	Yes	Yes	Yes	Yes
Industry	Yes	Yes	Yes	Yes
N	4235	3964	4092	4107
$Adj - R^2$	0.0623	0.0378	0.0342	0.0726

注：*** 、 ** 、 * 分别表示估计系数在1%、5%和10%的水平上显著，括号中为经过企业层面聚类调整的 t 值。

同时，我们使用过度投资和市场化程度来衡量企业整体的代理问题，并对相关问题进行了再次检验。当管理者为了谋取个人私利，或大股东通过关联交易进行利益输送时，可能会盲目扩大投资规模，导致企业出现过度投资。我们参考里夏尔松（Richardson，2006）对过度投资指标的构建方法，计算得出企业的过度投资情况。表 5 – 10 Panel B 第（1）~（2）列汇报了回归结果。过度投资组中 $Group \times Finan$ 和 $Group \times Riskt$ 估计系数均不显著，而非过度投资组两个交乘项的估计系数均显著。这意味着代理问题并不是导致本章结果的主要原因。此外，市场化程度也会影响企业的代理问题。在市场化程度较高的情况下，良好的治理环境缓解了企业内外部面临的信息不对称问题，从而起到有效的外部监督作用。表 5 – 10 Panel B 第（3）~（4）列汇报了回归结果。其中高市场化程度组的 $Group \times Finan$ 和 $Group \times Riskt$ 估计系数显著，而低市场化程度组两个交乘项的估计系数均不显著。该结果进一步表明，企业集团没有通过放大代理问题而促使成长产业企业选择激进的战略。

5.5.2 战略路径分析

前文已经证实了相比于独立企业，处于成长产业的集团企业具有较高的战略激进度，那么，激进战略的执行具体体现在哪些方面？本部分将重点考察激进战略实施的具体路径。根据前文的理论分析，处于成长产业之中的企业，不仅需要迅速扩大生产规模以满足市场需求，还需通过提高产品差异化程度以及技术水平以开拓市场并抢占市场先机，为此，我们分别从企业的固定资产投资、无形资产投资、研发投入、并购、技术型并购，进一步考察激进战略的实施路径。

表 5 – 11 Panel A 的结果表明，在成长产业中，企业集团能够显著促进固定资产投资、无形资产投资和研发投入，尽管没有增加并购行为，却显著提高了企业的技术并购。这说明成长产业企业主要是通过固定资产投资满足市场需求，并通过研发投入、无形资产投资以及技术型并购来提升技术和开拓市场，与预期基本一致。表 5 – 11 Panel B 的结果表明，在整合型产业中，企业集团仅能促进固定资产投资，而对于成员企业自身的研发投入和技术型并购方面则没有促进作用。这意味着整合性产业中的企业在较

低的竞争压力下，主要的经营活动是通过扩大生产能力满足不断增长的市场需求，而对提升自身技术水平则缺乏动力。在表 5 – 11 的 Panel C 和 Panel D 中，企业集团均没有显著提高成员企业的固定资产投资、无形资产投资、研发投入、并购和技术并购，这些结果表明企业集团将更多资源集中投入至具有高增长机会和高盈利能力的成长产业企业之中，而对增长机会尚未显现的变革型产业以及增长机会逐渐消失的衰退型产业，则较少给予支持。

表 5 – 11　　　　　　　　　　　战略路径分析

Panel A：成长产业

变量	固定资产投资	无形资产投资	研发投入	并购	技术并购
	（1）	（2）	（3）	（4）	（5）
Group	1.6243 ** (2.5025)	4.3235 *** (3.2942)	4.6071 ** (2.4784)	− 0.0046 (− 0.0165)	18.8503 * (1.8465)
Constant	− 61.1863 *** (− 4.0981)	11.0759 (0.7783)	− 7.3622 (− 0.2613)	− 6.0170 (− 0.7842)	− 127.7469 (− 0.4029)
Controls	Yes	Yes	Yes	Yes	Yes
Year	Yes	Yes	Yes	Yes	Yes
Industry	Yes	Yes	Yes	Yes	Yes
N	8989	8989	6638	8989	8989
Adj − R²	0.0469	0.0376	0.0516	0.0393	0.0034

Panel B：整合产业

Group	4.4711 *** (2.7524)	− 1.9428 (− 0.6786)	8.8312 (1.5357)	− 0.3988 (− 1.2744)	− 25.1682 (− 0.8036)
Constant	− 22.4613 (− 0.6762)	− 52.8812 (− 1.0719)	14.7142 (0.1560)	22.9745 (1.6018)	1090.5998 (0.7691)
Controls	Yes	Yes	Yes	Yes	Yes
Year	Yes	Yes	Yes	Yes	Yes
Industry	Yes	Yes	Yes	Yes	Yes
N	2314	2314	1563	2314	2314
Adj − R²	0.1174	0.0417	− 0.0020	0.0518	0.0079

Panel C：变革产业

变量	固定资产投资	无形资产投资	研发投入	并购	技术并购
	（1）	（2）	（3）	（4）	（5）
Group	-5.6487 （-0.7190）	-0.8080 （-0.3041）	-15.5945 （-0.8702）	0.1146 （0.2080）	-4.8608 （-0.0934）
Constant	-248.8088*** （-2.7657）	-109.6462** （-2.0090）	-267.9323 （-1.5972）	8.9928 （0.6948）	-97.3819 （-0.0519）
Controls	Yes	Yes	Yes	Yes	Yes
Year	Yes	Yes	Yes	Yes	Yes
Industry	Yes	Yes	Yes	Yes	Yes
N	2008	2008	1449	2008	2008
$Adj-R^2$	0.0473	0.0812	0.0536	0.1068	0.0028

Panel D：衰退产业

Group	0.3130 （0.3194）	1.4926 （1.6427）	-3.3598 （-1.2542）	-0.6497 （-1.4365）	33.9941 （1.0809）
Constant	-80.3616 （-1.4989）	-4.8408 （-0.2033）	14.3748 （0.2959）	-19.4366 （-1.4440）	-80.1660 （-0.1766）
Controls	Yes	Yes	Yes	Yes	Yes
Year	Yes	Yes	Yes	Yes	Yes
Industry	Yes	Yes	Yes	Yes	Yes
N	1467	1467	964	1467	1467
$Adj-R^2$	0.1013	0.0616	0.1919	0.1081	0.0406

注：***、**、*分别表示估计系数在1%、5%和10%的水平上显著，括号中为经过企业层面聚类调整的 t 值。

5.5.3 经济后果分析

前文已经验证了企业集团能够提高战略激进度，但该作用能否改善企业的经济绩效，还有待进一步考察。本章分别用总资产报酬率（Roa）和托宾 Q（TobinQ）来衡量企业的经济绩效。表 5 - 12 报告了回归结果。在

Panel A 中，成长产业 *Group* × *score* 的估计系数为 0.0012，在 5% 的水平上显著。这说明在成长产业中，集团成员企业提高战略激进度可以增加企业的经营绩效（*Roa*）。在整合产业、变革产业和衰退产业中，成员企业战略激进度的提升无法增加企业的经营绩效。在 Panel B 中，成长产业 *Group* × *score* 的估计系数为 0.0009，在 5% 的水平上显著。这说明在成长产业中，企业集团能够通过提高成员企业的战略激进度进而增加其企业价值（TobinQ）。这一结论表明集团基于"优胜者选拔"原则的内部市场资源配置是有效率的。

表 5 – 12   经济后果分析

Panel A：Roa

变量	成长产业	整合产业	变革产业	衰退产业
	(1)	(2)	(3)	(4)
Group	0.0023	− 0.0355	0.0089	− 0.0166
	(0.1430)	(− 1.1518)	(0.4261)	(− 0.6410)
Group × *score*	0.0012 **	0.0018	− 0.0004	− 0.0009
	(1.9863)	(1.3288)	(− 0.5818)	(− 0.9805)
Score	0.0039 ***	0.0058	− 0.0001	0.0021
	(3.2157)	(1.4398)	(− 0.0890)	(1.3052)
Constant	− 0.5645	− 0.7529	0.8219	− 0.4564
	(− 1.3026)	(− 1.1332)	(1.1138)	(− 0.4664)
Controls	Yes	Yes	Yes	Yes
Year	Yes	Yes	Yes	Yes
Industry	Yes	Yes	Yes	Yes
N	8989	2314	2008	1467
Adj – R^2	0.0201	0.0643	0.1224	0.0579

Panel B：TobinQ

Group	0.0007	− 0.0119	0.0800	− 0.0007
	(0.0336)	(− 0.2307)	(0.7662)	(− 0.0232)
Group × *score*	0.0009 **	0.0001	− 0.0127	− 0.0007
	(2.2033)	(0.0804)	(− 0.9847)	(− 1.0881)

续表

Panel B：TobinQ

变量	成长产业	整合产业	变革产业	衰退产业
	(1)	(2)	(3)	(4)
Score	0.0048 ***	0.0039	− 0.0175	− 0.0030 *
	(4.1085)	(1.2668)	(− 0.8090)	(− 1.7862)
Constant	0.5510 *	0.0783	0.1599	0.8441
	(1.7450)	(0.1050)	(0.1125)	(0.9794)
Controls	Yes	Yes	Yes	Yes
Year	Yes	Yes	Yes	Yes
Industry	Yes	Yes	Yes	Yes
N	8989	2314	2008	1467
$Adj - R^2$	0.0110	0.0442	0.1016	0.1034

注：***、**、*分别表示估计系数在 1%、5% 和 10% 的水平上显著，括号中为经过企业层面聚类调整的 t 值。

5.6　本章结论与政策启示

作为外部环境的重要特征，产业生命周期必然会影响到企业的战略决策。不同的产业生命周期阶段往往意味着产业在增长机会和市场竞争等方面的较大差距，因而处于不同周期阶段的企业战略决策也表现出不同的特征。当企业为了获得更多市场份额，以谋取未来市场竞争中的领先地位时，通常会实施更激进的战略决策，如更积极的技术创新和市场开拓行为，这种激进的企业战略对于我国新兴产业发展、产业结构优化升级而言尤为重要。而在实施激进战略的过程中，相较于独立企业而言，企业集团因其内部市场的融资约束缓解和共同保险效应，具备更明显的竞争优势。因此，本章着重考察了在不同的产业生命周期阶段中，企业集团与独立企业的战略选择差异及其内在作用机理。

本章基于 2004～2019 年中国上市公司的研究样本，检验了不同产业生命周期下集团成员企业的战略选择。主要研究结果表明：企业集团的融资约束缓解机制与共同保险机制促进了处于成长产业中成员企业的战略激进度。异质性分析发现，成长产业企业盈利能力越强、集团中成长产业企业与衰退产业企业的盈利差距越大、行业外部融资依赖度越大和经济政策不确定性越高，处于成长产业的成员企业的战略越激进，这在一定程度上证明了企业集团资源配置的有效性。在进一步分析中，我们发现企业集团能显著促进成长产业企业的固定资产投资、无形资产投资、研发投入与技术型并购。此外，本章还验证了在成长产业中，企业集团能够通过提高战略激进度提升企业的经济绩效。

本章的研究工作具有一定的理论价值。第一，不同于现有企业战略相关研究，本章从企业集团的研究视角切入，将独立企业的战略制定分析框架拓展至由企业与企业股权连接而成的企业集团层面，是对现有企业战略文献的重要补充。波特（Porter，1980）提出了产业结构是决定企业战略的关键因素，而另一些学者则提醒过分强调产业利润的影响，会诱导企业进入利润很高但是自身资源和能力难以匹配的产业（Rumelt et al.，1991），因此还需要考虑组织内部的能力（Prahalad and Hamel，1990）。现有研究虽然就企业战略的影响因素进行了大量研究（Yang et al.，2015；孟庆斌等，2019；连燕玲等，2019；张明等，2020；韵江等，2021），但较少从产业生命周期角度考察企业在产业利润诱导下的战略选择问题，也忽略了企业与企业之间的相互依赖关系对战略制定的影响。本章同时考虑了产业外部环境和集团化经营的组织形式特征，发现跨产业经营的企业集团在制定企业战略时，能结合产业发展的生命周期特征，以及自身的组织优势（内部资本市场的资源转移和共同保险作用）。因此，本章拓宽了传统的独立企业的战略制定分析框架，发现企业与企业之间的股权连接及其资源互动关系也是影响战略制定的重要维度。

第二，借助产业演进下企业战略选择的情境，厘清了我国企业集团内部资本市场的运作机理和目标导向，不同于韩国企业集团内部资本市场的低效运行机制，本章的研究结论显示中国企业集团的运作更接近"优胜者选拔"的高效模式。费里斯等（Ferris et al.，2003）发现韩国企业集团内部资本市场的资金支持作用，导致了其成员企业在低效产业的过度投资，而内部资本市场的"共同保险"作用则有利于成员企业提高外部负债水平和避税。拉雷因等（Larrain et al.，2019）则利用欧洲多国数据发现了与费里斯等（2003）类似的结论。本章同样区分了企业集团内部资本市场的融资约束缓解机制和"共同保险"机制，发现内部资本市场的两种机制均支持了处于成长性产业中的高绩效企业，表明集团不仅通过抽调其他产业企业的资金支持成长产业的企业，并且，通过事前的可信性承诺优先为成长性产业的企业承担经营风险。因此，我国企业集团内部资本市场具有鲜明的"效率"导向，这就与韩国企业集团以经营稳定为目标的原则具有显著的不同。

第三，本章还进一步澄清了企业集团的积极作用以及存在的合理性。一些文献指出，企业集团可能促使控股股东实施损害中小股东利益的"掏空行为"（Bertrand et al.，2002；Baek et al.，2006），研究还发现，企业集团的股票价格对外部商品价格冲击不敏感，导致其股价的信息反馈机制失灵，不利于获取资本市场的高效支持（Faccio et al.，2021）。这些研究结论对企业集团这一组织形式存在的合理性进行了质疑。但是，企业集团在世界范围内仍然广泛存在，尤其是流行于发展中国家（Kandel et al.，2019；Sertsios，2020），如何解释该现象？本章则在内部资本市场理论的基础上，结合产业演进的背景发现了企业集团新的积极面：企业集团可以充当促进发展中国家产业结构调整和优化的一种有效"组织装置"。日本和韩国在实现产业跃升过程中的成功经验也印证了该积极作用。至于日本在实现工业化后，企业集团在促进产业发展方面乏力的事实，也许与企业集团的股价波动对外部市场变化不敏感，以至于不能高效利用资本市场进行资源配置有关（Faccio et al.，2021）。因此，结合目前我国资本市场尤其是股票市场的资源引导功能尚不完善的阶段性特征，本章揭示的企业集团的积极作用便具有一定的理论价值。

本章还对实务界和政策界具有一定的参考价值：首先，对于我国企业集团的战略制定具有直接的政策启发。发达国家的产业布局处于前沿位置，而我国的新兴产业布局较晚，该"后发优势"容易促使我国政府和企业对有前景的新产业的判断形成共识，有助于产业演进、迭代与优化升级。在这个过程中，我国企业集团应充分利用其组织结构优势加快战略调整，构筑竞争新优势，实现"弯道超车"并引领新产业的发展。此外，尽管集团各成员企业作为独立法人可以通过负债和灵活的资本结构调整，实施高风险和激进的战略，但企业集团仍应该从全局筹划与顶层设计上有效发挥内部资本市场的资金调集和共同保险作用，引导衰退产业成员企业实施防御甚至是逐渐退出战略，支持成长性产业成员企业的激进战略，做到集团整体战略"一盘棋"。

其次，本章有利于认识企业集团与产业结构调整的关系。"二战"后东亚国家通过组建企业集团以推进并成功实现其产业跃升的实践经验，给予了我国政策部门强烈的示范和启发，因此，在制定促进产业升级的相关政策时，我国政策部门也倾向于鼓励企业集团的组建。例如，2008 年金融危机爆发后，国务院发布了十项产业振兴规划，提出要通过兼并重组等手段加快形成一批大型企业集团。一个自然的疑问是，在内外部环境发生变化、"百年未有之大变局"的经济发展新阶段和高质量发展的新目标下，我国的企业集团是否仍为产业发展友好的组织形式，其是否具有优化我国产业结构布局的作用？本章发现，企业集团会抑制其成员企业在衰退产业中的资源投入，并帮助处在成长性产业中的成员企业进行战略扩张，因此我们认为该组织形式在产业结构优化升级与高质量发展目标实现中仍然扮演着重要角色。

最后，本章也有助于厘清我国产业组织政策的有效性。日本的企业集团在产业发展后期产生了资源错配和大量的僵尸企业，韩国的企业集团为了追求经营的稳定也存在大量"交叉补贴"和低效率投资（Ferris et al.，2003）。我国"鼓励企业兼并重组，防止低水平重复建设"的产业政策在具有集中资源办大事优势的同时，是否会导致产能过剩和技术创新动力不足的隐患？本章的研究结论有助于回答这一问题，本章发现企业集团在成长性产业执行激进的企业战略，通过加大固定资本投资满足产能需求，同时通过加大研发投入和进行技术型并购实现技术升级。另一方面，企业集团在衰退产业则采取了更为收缩的企业战略。这表明，我国的企业集团在"去产能""调结构"等结构转型问题的解决上是助力而不是阻力，有助于优化资源配置和促进创新驱动发展。当然，针对企业集团这种组织形式的潜在弊端，我国今后也需要加强反垄断的制度化建设，避免企业集团的负面作用以致陷入"中等收入陷阱"。

第6章

经济政策不确定性与企业集团成员企业的投资效率

　　本章从集团化经营的角度，以 2008～2017 年中国 A 股上市企业为样本，研究经济政策不确定性对投资效率的影响。本章将结合企业集团的特征（内部资本市场、集团多元化、金字塔结构），以 2008～2017 年我国上市企业数据为样本，研究经济政策不确定性对集团化经营企业投资效率的影响。更具体地，本章拟回答如下三个问题：第一，集团化经营能否有效对冲外部经济政策不确定性导致的风险和不利影响？第二，集团化经营将通过哪些具体的作用机制影响经济政策不确定性与企业投资效率的关系？第三，在不同的市场化进程和所有权性质下，企业集团对经济政策不确定性与投资效率两者关系的影响将发生何种变动？本章的研究有助于识别集团化经营策略在对冲宏观政策风险上的有效性边界，有利于在经济政策不确定性情境下深化理解企业集团与市场机制的相互关系，并能为政策部门在组建大型企业集团、"稳投资"和提高投资效率方面提供政策建议。

6.1　问题的提出

　　目前，我国正处于供给侧结构性改革的攻关期，肩负着高质量发展的重任，同时，我国也处在"三期叠加"持续深化的时期，需要抵御经济下行的压力。例如，2019 年底的中央经济工作会议提出要完善和强化"稳就业、稳金融、稳外贸、稳外资、稳投资、稳预期"的"六稳"工作，要求健全财政、货币、就业等政策协同机制，在多目标中寻求动态平衡，确保经济运行在合理区间。然而，决策部门在多元化政策目标下，对政策组合的方向和实施力度所进行的适时调整，可能引致经济政策的不确定性风险，这不仅会导致企业投资水平的下降（李凤羽、杨墨竹，2015；Gulen and Ion，2016），也可能损害资源的优化配置并造成企业投资的无效率（申慧慧等，2012；杨志强、李增泉，2018），并最终使得政策调控难以完全实现预期效果。学术界关于经济政策不确定性对投资水平影响的文献较为丰富，均发现两者为负向关系（李凤羽、杨墨竹，2015；谭小芬、张文婧，2017；Gulen and Ion，2016），但对经济政策不确定性与投资效率关系的研究则相对不足且尚未取得一致的结论，一类研究发现经济政策不确定性与投资效率为正向关系（饶品贵等，2017），另一类文献则发现两者为负向关系（杨志强、李增泉，2018）。并且，现有文献关于应采取何种应对方式，以对冲宏观政策不确定性引致的投资决策风险的探讨也相对缺乏，亟须拓展和丰富。因此，进一步研究经济政策不确定性对投资效率的影响，厘清宏观政策风险在微观企业层面的传导机制、对冲策略以及相应的投资效率后果，对于回答如何实现新时代下经济的平稳增长、资源高效率利用和高质量发展具有重要的现实意义。

另一方面，受日本和韩国的企业集团在产业升级过程中成功经验的启发，我国在推进产业结构转型升级过程中，偏好实施组建大型企业集团的产业组织政策。例如，在 2009 年之初，国务院出台了十大产业振兴规划，在汽车、纺织、钢铁、轻工业、装备制造、船舶工业、有色金属、电子信息产业的规划中均提出要通过兼并重组等手段组建大型企业集团。一个自然的疑问是，在我国企业集团发展较为普遍的情形下（Jia et al.，2013；窦欢等，2014），采取集团化经营的企业在面临宏观经济政策不确定性风险时，其资源配置方式和投资决策相比于独立企业是否存在显著差异？进一步地，政府在追求动态平衡时制定宏观经济政策所产生的不确定性风险，能否被集团化经营的产业组织形式所对冲？尽管现有研究探讨了企业集团在促进创新上的作用（蔡卫星等，2019），但是还并未涉及企业集团与经济政策不确定性在影响投资效率上的交互作用。

本章将结合企业集团的特征（内部资本市场、集团多元化、"金字塔"

结构），以 2008～2017 年我国上市企业数据为样本，研究经济政策不确定性对集团化经营企业投资效率的影响。更具体地，本章拟回答如下三个问题：第一，集团化经营能否有效对冲外部经济政策不确定性导致的风险和不利影响？第二，集团化经营将通过哪些具体的作用机制影响经济政策不确定性与企业投资效率的关系？第三，在不同的市场化进程和所有权性质下，企业集团对经济政策不确定性与投资效率两者关系的影响将发生何种变动？

本章研究发现：（1）经济政策不确定性会降低企业投资效率，导致企业投资不足或过度投资。（2）集团化经营可以通过内部资本市场缓解融资约束以及通过集团多元化分散经营风险，以减轻由经济政策不确定性带来的企业投资不足；集团化经营也可能由于内部资本市场的资金支持以及集团控制链条过长而加剧代理问题，放大经济政策不确定性造成的企业过度投资。（3）相对于市场化水平较高地区，在市场化水平较低地区实施集团化经营能更显著减轻由经济政策不确定性导致的企业投资不足，但也会更容易地放大由经济政策不确定性导致的企业过度投资。（4）民营企业的集团化经营，无论是在减轻由经济政策不确定性导致的投资不足方面的作用，还是在放大由经济政策不确定性导致的企业过度投资上的影响，相比于国有企业的集团化经营均更加显著。

与以往研究相比，本章主要贡献在于：第一，检验了集团化经营策略在应对外部政策风险上的作用，并识别了集团化经营举措的有效性边界。现有研究发现在面对外部经济政策不确定性引致的风险时，企业可以采取引入国有股权（申慧慧等，2012）以及减少高管变更（饶品贵、徐子慧，2017）两种策略进行风险对冲。而对于集团化经营策略而言，现有研究发现集团化经营可以弥补外部市场制度的缺陷（Khanna and Palepu，2000）和促进技术创新（蔡卫星等，2019），但尚未回答集团化经营能否帮助企业应对经济政策不确定性造成的不利影响。本章将集团化经营引入经济政策不确定性的相关研究中，发现集团化经营在应对外部风险造成的融资约束和投资不足上具有较好的作用，但在应对政策风险造成的代理问题和过度投资方面，却可能带来更为严重的负作用。因此，在投资效率低下且投资总量下降成为主要经济矛盾，或者企业集团的代理问题能够得到有效控制的情况下（例如控制链条较短或外部监督水平较高），政策制定部门或企业均可以将集团化经营，纳入应对外部政策不确定性风险的"工具箱"。

第二，有助于拓展宏观经济政策不确定性对微观企业行为的研究。已有关于经济政策不确定性对企业财务决策（王红建等，2014）、高管变更（饶品贵、徐子慧，2017）、研发决策（He et al.，2020）、投资决策（李凤羽、杨墨竹，2015；Gulen and Ion，2016；谭小芬、张文婧，2017）等的研究，仅仅将微观企业看作孤立的原子化个体，忽略了企业与企业之间相互依赖关系可能造成的影响。然而，企业与企业之间的互动关系，可能会缓冲或放大宏观经济政策不确定性对微观经济个体的影响。本章从集团成员企业间互动的角度，研究经济政策不确定性对微观企业投资决策的影响，这将会丰富我们对于宏观经济政策不确定性向微观层面传递效果的理解。

第三，本章利用经济政策不确定性对投资效率的影响这一特殊情境，并结合企业集团的特征（内部资本市场、集团多元化、金字塔结构），在统一的框架下深化了对企业集团在缓解融资约束、分散经营风险以及加剧代理问题三种作用机制的理解。现有研究大多单独考察企业集团的内部市场融资功能（Almeida et al.，2015；蔡卫星等，2019）或代理问题（张会丽、陆正飞，2012；窦欢等，2014），但是鲜有研究同时考察内部市场的融资机制、风险分散机制与代理问题。经济政策不确定性可以加剧企业面临的融资问题和代理问题（王红建等，2014）以及经营风险（Gulen and Ion，2016），该情境有利于我们同时考察企业集团的多种作用机制，以推进对企业集团多效性的探讨（Khanna and Yafeh，2007）[①]，并厘清各种机制将如何缓冲宏观政策风险及其带来的不利影响。

第四，本章还尝试借助于社会网络理论，探讨集团内部股权关系（成员企业股权中心度）在调动集团内部资本市场资源，进而提升经济政策不确定性下企业投资效率的作用。现有相关研究虽然支持了集团内部资本市场对成员企业融资约束的缓解作用，但鉴于内部资本市场的复杂性和难以观察的特点，关于企业集团内部资本市场的特征以及运行效率的讨论仍需

---

① 卡纳和雅菲（Khanna and Yafeh，2007）发现在新兴市场国家，企业集团可能是"典范"，也可能是"寄生虫"，并认为造成该结果的源泉之一便是企业集团的多效性。

进一步丰富。本章将借鉴社会网络中心度的概念（Freeman，1979），构造集团成员企业的股权网络中心度指标以衡量内部资本市场的作用，该指标的含义与合理性在于，成员企业的股权中心度越高，其获得的集团内部资源支持也将越多（Freeman，1979），所面临的融资约束也将更容易得到缓解。在此基础上，本章探讨了集团内部股权关系（成员企业股权中心度）对经济政策不确定性与企业投资效率两者关系的影响，研究发现成员企业的股权中心度越高，集团化经营在缓解融资约束和减轻由经济政策不确定性造成的企业投资不足方面的效果也会越显著。

本章余下部分的结构安排如下：第二部分是文献综述和研究假设，第三部分是变量定义和研究设计，第四部分是实证结果与讨论，第五部分是结论与建议。

6.2 经济政策不确定性与集团成员企业投资效率的理论分析

6.2.1 文献回顾

莫迪里阿尼和米勒（Modigliani and Miller，1958）认为，在理想市场中，企业的投资行为仅受其投资机会净现值的影响，企业会选择净现值为正的项目进行投资。但在现实中，由于企业面临的微观环境（如融资和信息环境）的差异以及宏观环境（如政府政策）的非预期波动，使得企业的投资决策不仅受其内部因素的影响，还受到外部环境的干扰（廖义刚、邓贤琨，2016）。这些企业投资噪音，会影响资源配置的有效性，使得企业出现非效率投资行为（程新生等，2012）。经济政策不确定性，便是企业面临的外部噪音之一，特别是在我国经济处于"三期叠加"阶段的背景下，政府为实现多重经济目标而进行的政策干预行为可能会加剧企业所面临的经济政策不确定性，进而对企业的投资行为产生影响。

经济政策不确定性，是指经济实体无法准确预测政府是否、何时、如何改变当前经济政策（Gulen and Ion，2016）。2008 年美国次贷危机后，经济政策在推进经济稳定发展、促进全球经济恢复正常运行等方面发挥了重要作用，但随着宏观经济波动的加大和市场对经济政策依赖度的加深，经济政策不确定性程度逐渐增强（Baker et al.，2016），这引起了更多学者关注经济政策不确定性及其所产生的后果，他们发现，经济政策不确定性不仅会对银行信贷供给（Alessandri and Bottero，2017）、企业现金持有（王红建等，2014）、盈余管理（陈德球、陈运森，2018）等行为产生影响，还会对企业的投资决策产生影响。现有研究主要从投资水平和投资效率两方面，探讨了二者间的相关关系。

已有关于经济政策不确定性对投资水平影响的文献较为丰富且结论一致，均表明经济政策不确定性会抑制企业投资（李凤羽、杨墨竹，2015；谭小芬、张文婧，2017；Gulen and Ion，2016），其中实物期权和金融摩擦这两种传导机制成为大多数学者研究的主要理论依据。伯南克（Bernanke，1983）、布卢姆（Bloom，2007）、李凤羽和杨墨竹（2015）等学者基于实物期权理论，将投资看作一种选择权，强调不确定性的冲击增加了期权价值，因而企业会主动减少投资直至不确定性缓解。古伦和伊昂（Gulen and Ion，2016）考察了经济政策不确定性对企业固定资产投资的抑制作用，也证实了实物期权渠道的存在。白等（Bai et al.，2011）、吉尔克斯特等（Gilchrist et al.，2014）以及谭小芬和张文婧（2017）考虑到经济政策不确定性传导的另一条渠道——金融摩擦渠道，他们指出在经济政策不确定情况下，企业层面的外部融资成本提高，银行层面信贷供给的约束也增强，因而企业将被动减少投资。与经济政策不确定性对投资水平影响的探讨较为丰富不同，关于经济政策不确定性对投资效率影响的研究文献则相对不足，且尚未取得一致的结论。一类研究基于代理理论和实物期权理论，指出经济政策不确定性的上升会降低企业的投资效率。徐倩（2014）发现较高的不确定性增加了管理者投资所需承担的风险，使其可能会出于回避风险动机放弃一些净现值为正的投资项目，导致投资不足，并且不确定性的提高也弱化了外部的监督效应，这为管理者追逐私人利益提供了机会，使其进行过度投资的可能性增加。杨志强和李增泉（2018）提出了同样的观点，他们指出，一方面，在经济政策不确定性上升时，决策者更易受到信息不对称和非理性预期的影响，基于实物期权理论，他们更倾向于选择延迟投资以规避当前风险，从而导致了企业的投资不足。另一方面，有帝国构建动机和冒险投资动机的决策者会在经济政策不确定时扩大企业投资，从而实现企业规模的增长及自身权利和薪酬的增加，这些行为将加剧企业的过度投资。另一类研究考虑到政府（有形之手）和市场（无形之手）两种力量在企业决策制定过程中的不同地位，指出经济政策不确定性增加会促进企业投资效率的提升。饶品贵等（2017）利用中国的经验数据实证发现，经济政策不确定性提高，企业投资效率也随之提升，具体表现为过度投资和投资不足行为的减少。他们提出，各级政府的"有形之手"干预过多，导致了企业投资效率的损失。而当宏观经济波动时，政府出于谨慎考虑会减缓经济政策出台的速度，且经济政策指向的明确性会降低，此时政府之手变弱，市场因素的作用更强，企业决策时会更倚重经济层面的因素，由政府干预导致的效率损失得以矫正，因此经济政策不确定性的上升反而会使企业投资效率得到提高，并且这一效应对于受政策因素影响大的企业群体更为明显。

由于现有对经济政策不确定性与投资效率两者之间关系的研究尚未得出一致结论，需要进一步分析影响两者关系的因素。另外，现有文献在研究经济政策不确定性对企业投资效率的影响时，将企业作为独立的原子个体看待，忽视了企业与企业之间的"集团化"联系，然而在实践中，对于我国以及其他正式经济制度不完善的广泛发展中国家，企业集团这一组织形态越来越普遍（Khanna and Yafeh，2007；Jia et al.，2013；窦欢等，2014），并且，在理论上，企业集团可以利用其内部资本市场对具有较多投资机会的企业进行资金支援（Khanna and Palepu，2000；Almeida et al.，2015）以及通过多元化经营分散风险（Levy and Sarnat，1970），这就有可能进一步减轻经济政策不确定性所引致的不利影响，影响经济政策不确定性与投资效率之间的关系。因此，探讨经济政策不确定性对企业投资效率的影响时，将集团化经营纳入分析框架对理解两者之间的复杂关系就显得十分必要。

目前关于企业集团与投资行为关系的相关文献主要关注了集团的"支持观"，即企业内部资本市场在弥补外部资本市场的不足和缓解融资约束方面对投资的促进作用（Khanna and Palepu，2000），研究发现企业集团可以通过内部资本市场将闲置的内部资金分配给融资约束较为严重的成员企业（Khanna and Palepu，2000；蔡卫星等，2019），或者通过互相担保使融资约束较强的成员企业得到更多的外部银行贷款（Shin and Park，1999；潘红波、余明桂，2010），阿尔梅达等（Almeida et al.，2015）进而发现企业集团内部资本市场通过缓解成员企业的融资约束促进了企业投资。第二类文献关注于企业集团的代理问题，认为集团内部资金在成员企业的集中会导致企业过度投资，例如窦欢等（2014）、潘红波和余明桂（2010）均研究发现企业集团会加剧代理问题从而导致企业过度投资，张会丽和陆正飞（2012）发现母子公司的资金分布越分散，集团整体的过度投资越严重。计方和刘星（2014）则结合了以上两种机制，发现企业集团既可能通过缓解融资约束减轻企业的投资不足，也可能由于代理问题加剧企业过度投资。此外，还有一类文献则注意到企业集团具有"共同保险"的作用，卡纳和雅菲（Khanna and Yafeh，2005）研究发现集团多元化经营可以降低成员企业的盈利波动性，在成员企业间实现风险共担，贾等（Jia et al.，2013）则给出了更加微观和直接的证据，发现企业集团可以通过资源的内部互助，避免成员企业陷入经营困境，但此类文献并未探讨该机制对企业投资行为和投资效率的影响。

本章将考察经济政策不确定性对企业投资行为和投资效率的影响，以及集团成员企业与独立企业相比在该影响上具有何种异质性。本章与现有文献相比有如下拓展或研究优势：首先，与现有讨论企业集团与投资效率两者关系的文献不同（计方、刘星，2014），本章是在经济政策不确定性的背景下探讨企业集团与投资效率的关系；其次，与卡纳和雅菲（2005）研究企业集团的多元化经营与成员企业风险承担能力提升不同，本章则进一步探讨多元化的企业集团对成员企业风险承担能力的提升，是否有利于改善企业在外部政策风险下的投资效率；再次，借助于经济政策不确定性这一特殊情境及其投资效率后果，本章能够整合企业集团在缓解融资约束、加剧代理问题以及分散经营风险三个方面的作用机制，推进企业集团多效性的研究（Khanna and Yafeh，2007）；最后，借助企业集团在对冲或加剧外部不确定性引致的不利影响上的作用，也可以帮助厘清经济政策不确定性影响企业决策的微观传导机制。

6.2.2 理论分析与研究假设

1. 经济政策不确定性与企业投资效率

结合已有文献针对经济政策不确定性对企业投资决策影响的探讨，本章认为，经济政策不确定性会导致企业投资不足或过度投资，从而降低企业投资效率。

一方面，经济政策不确定性会导致企业投资不足。第一，根据实物期权理论，考虑到投资不可逆性和不确定性的共同影响，当不确定性增加时，企业延迟投资的实物期权价值提高，决策者会推迟投资直至不确定性得以缓解（Bernanke，1983；Bloom，2007）。因此当经济政策不确定性上升时，出于审慎经营的原则，决策者面对良好投资机会时会更加保守，以规避当前投资风险（李凤羽、杨墨竹，2015；Gulen and Ion，2016）。第二，根据金融摩擦理论，经济政策不确定性较高时，经济未来发展前景不明，企业债务违约的风险增加（Gilchrist et al.，2014），金融中介（特别是银行）为了减少不良贷款，降低借贷风险，会选择提高贷款保证金和风险溢价等贷款成本（Talavera et al.，2012），并提高审核标准，从而降低信贷规模（Bai et al.，2011），导致企业面临更大的外部融资约束，迫使企业不得不放弃一些净现值为正的投资项目（刘康兵等，2011）。根据以上两种机制，当面对经济政策不确定性时，企业将减少投资，放弃一些具有良好投资收益的项目，最终导致投资不足。

另一方面，经济政策不确定性可能会通过双层代理问题，导致企业过度投资。根据代理理论，由于管理层与股东之间的利益冲突以及存在的信息不对称，管理层可能进行机会主义行为，牺牲股东的利益，此为第一类代理问题（Jensen，1986）。当经济政策不确定性上升时，企业盈余的信息含量较低（吕雅妮，2020），市场信息不对称程度提高，管理层在投资失败时容易推脱责任，将外部环境作为投资失败的借口（徐倩，2014；廖义刚、邓贤琨，2016），这将促使管理层选择企业净收益较低甚至为负收益但能牟取个人私利的项目进行投资，造成企业过度投资（张会丽、陆正飞，2012；杨志强、李增泉，2018）。同时，由于大股东控制权和所有权的分离，会引发控股股东对企业的"掏空"行为，损害中小股东的利益，此为第二类代理问题。大股东出于私人收益的考量，倾向于扩大资本投入增加其对企业控制性资产的持有（Shleifer and Vishny，1997），因此企业可能会投资一些净现值为负但能为大股东带来控制权私人收益的项目（孙晓琳，2010），此外，大股东还能通过外部投资者对这些净现值低的项目价值的高估，提高企业股票的市场价格，从高估证券出售中获利（Narayanan，1988；欧阳凌等，2005），因此大股东更有动机通过代理行为引发企业的过度投资。当面对较强的经济政策不确定性时，外部监管者难以对股东行为进行监督，大股东侵占中小股东利益的成本降低，通过滥用公司现金流进行非效率投资的动机增强（Masulis et al.，2011；王红建等，2014），导致企业过度投资行为的加剧。结合上文分析，本章提出以下假设：

假设 6.1 经济政策不确定性会导致企业投资不足或过度投资，降低企业投资效率。

2. 经济政策不确定性对集团化经营企业投资效率的影响

集团化经营能通过缓解融资约束和分担经营风险两个途径，抑制经济政策不确定性对企业造成的投资不足影响，进而提高企业投资效率；同时，也会通过降低融资约束和弱化企业治理状况，放大经济政策不确定性对企业造成的过度投资影响，进而降低企业投资效率。

一方面，集团化经营能通过缓解融资约束和分担经营风险途径，减轻经济政策不确定性对企业造成的投资不足程度。第一，相对于非集团企业，集团成员企业能通过形成内部资本市场缓解其面临的融资约束（Almeida et al.，2015；蔡卫星等，2019）。主要包括两个渠道：一个渠道是企业集团通过内部统一调拨资金，为成员企业提供短期和长期借款，使得闲置资金从资金充裕的成员企业流向资金需求较大但外部融资不足的成员企业（Khanna and Palepu，2000；蔡卫星等，2019）。另一个渠道是互为担保，即集团内的成员企业通过互为担保以获取外部贷款来缓解融资约束，这被视为集团化经营企业的基本功能（Shin and Park，1999），特别是在我国现行借贷担保制度下，相互担保有助于提高集团企业成员获得贷款的可能性和额度（计方、刘星，2014）。基于以上考虑，当经济政策不确定性上升时，尽管金融市场摩擦会加大企业面临的融资约束，进而加剧企业的投资不足，但集团化经营会通过内部资本市场缓解企业面临的融资约束，减轻由经济政策不确定性导致的投资不足程度。

第二，相对于独立企业，企业集团的多元化经营可以帮助成员企业分散所面临的经营风险，进而减轻经济政策不确定性造成的投资不足程度。基于资产组合理论，企业层面的多元化经营，其优势是通过同时从事多个行业的经营业务，降低不同业务现金流的相关性，以获得降低风险的好处（Levy and Sarnat，1970）。而对于多元化经营的企业集团而言，成员企业层面采取单一行业经营而集团层面进行多元化经营的战略，可以降低处于不同行业成员企业的现金流相关性，这就能够在成员企业出现经营风险时，通过集团内部资源统一调拨，支持出现经营危机的成员企业（Khanna and Palepu，2000；Khanna and Yafeh，2005），从而形成集团内部较强的风险共担效应。基于以上考虑，当经济政策不确定性上升时，相对于非集团企业，集团成员企业能够通过风险共担效应对冲部分外部风险，企业进行投资的等待价值降低，推迟投资的动机减弱，由外部不确定性引致的企业投资不足问题将得到缓解。

另一方面，集团化经营也可能通过降低融资约束和弱化企业治理状况加剧两类代理问题，从而放大经济政策不确定性对企业造成的过度投资影响。从第一类代理问题来看，相对于非集团企业，集团成员企业具有相对更高的融资可得性，根据自由现金流理论，较多的资金条件容易诱发管理层的投机动机，造成企业的过度投资（Jensen，1986；张会丽、陆正飞，2012；窦欢等，2014）。对于独立企业而言，经济政策不确定性上升虽然通过提高市场信息不对称程度加剧了企业代理问题，但也通过更大的金融市场摩擦致使企业面临更严重的融资约束，进而束缚了企业管理层的机会主义行为；而集团化经营可以通过增加成员企业现金流，相对加剧管理层代理问题，放大集团成员企业的过度投资程度。从第二类代理问题来看，相对于非集团企业，集团金字塔型的股权结构还加大了控股股东的所有权和控制权分离程度，使控股股东为满足私有利益侵占中小股东权益的机会主义行为增加，加剧了其与中小股东的潜在利益冲突（Claessens et al.，2000），导致控股股东更有内在动机通过增加无效率投资来获取个人控制权收益和股票溢价利益（朱春艳、张昕，2019）。已有研究指出，外部的有效监督将显著减少企业的第二类代理问题（李明、叶勇，2016）。因此，相较于独立企业，外部监督的强化能够更有效地抑制集团化经营企业的大股东代理问题。换言之，经济政策不确定性上升导致的外部监督弱化，将会使集团企业的大股东代理问题相比于独立企业更加严重，此时集团控股股东出于获取私人利益的动机，进行过度投资的可能性更大。即经济政策不确定性对集团成员企业过度投资的作用相对于独立企业更为显著。综上所述，本章提出以下假设：

假设 6.2 集团化经营能缓解经济政策不确定性导致的企业投资不足，但会加剧经济政策不确定性导致的企业过度投资。

3. 经济政策不确定性对集团化经营下不同产权性质企业投资效率的影响

在我国经济发展过程中，国有企业和非国有企业在各个行业均占据着重要地位。由于国有企业和非国有企业在融资约束和公司治理方面具有显著差异，因此经济政策不确定性对集团化经营企业投资效率的影响也具有显著产权性质异质性。

首先，在经济政策不确定性下，相比于非国有企业，集团化经营对国有企业投资不足的缓解作用相对更小。从融资约束的角度来看，国有企业面临的融资约束更为宽松，这是因为国有企业的特殊性质使其更容易获得政府补贴（孔东民等，2013）、国有银行的银行信贷（杨志强、李增泉，2018），也更容易获得相对宽松的限制条款、更低的利率和更长的年限进行贷款（申慧慧等，2012）。因此，尽管经济政策不确定性引致了较为严重的融资约束，但国有企业相对于非国有企业面临的融资约束更加宽松，国有企业通过集团化经营以获取集团内部资金支持的必要性相对下降。

其次，在经济政策不确定性下，集团化经营可能会加剧国有企业的过度投资问题。这是因为，地方政府为了实现经济发展目标和履行其承担的社会职能，热衷于推动国有企业的集团化经营（陈信元、黄俊，2007；武常岐、钱婷，2011），并为了实现 GDP 和财政收入增长，直接干预和主导国有企业的投资扩张行为。在经济政策不确定性上升时，企业的投资行为普遍变得更为谨慎，地方政府为了拉动经济增长将干预和促进国有企业集团的投资扩张，与此同时，外部监管者也难以辨别该投资是出于政治目的还是出于管理层个人私利进行的无效率投资，这也为管理层追求个人利益进行无效率投资提供了更为隐蔽的条件，这些影响都加剧了国有企业的过度投资。

再次，在经济政策不确定性下，集团化经营可能会减弱国有企业的代理问题和过度投资程度。一是与非国有企业相比，国有企业涉及更多关乎国家经济运行的重点行业，会受到更多的媒体监督（李培功、徐淑美，2013）和监管部门的监管（马曙光等，2005），而集团化经营的国有企业由于性质特殊，不仅控制着更多关系到国民经济命脉的行业，还形成了更大的经营规模，因此会受到来自社会各界更有效的监管（计方、刘星，2014），所以，相较于非国有企业集团，国有企业集团将面临更强的外部监督环境的约束，从而能有效抑制其代理问题，企业的过度投资程度也相应降低。二是国有企业原本的所有权关系并不明朗，控股股东地位还不明确，控股股东对于管理层的监督动机较弱，而集团化经营有助于厘清国有企业复杂的所有权关系（Ma et al.，2006），明晰控股股东的地位，因此，控股股东更有动力对管理层行为进行监督，从而能有效抑制管理层代理行为（武常岐、钱婷，2011）。三是与非国有企业集团相比，国有企业集团中存在着更普遍的高管兼任现象，通过委派兼任人员监督成员企业的公司业务将使集团内的信息流动更加通畅，国有企业集团内部的信息不对称程度相应降低（钱婷、武常岐，2016），根据代理理论，随着信息不对称程度的降低，国有企业集团的代理问题也将减少。基于以上考虑，集团化经营可以有效缓解国有企业集团的代理问题，因此，经济政策不确定性对集团化经营下国有企业过度投资的加剧作用被相对削弱。综上所述，本章提出两个竞争性的假设 6.3a 和假设 6.3b：

假设 6.3a 相比于非国有企业，国有企业采取集团化经营措施难以缓解经济政策不确定性造成的投资不足影响，但会加剧经济政策不确定性对国有企业造成的过度投资影响。

假设 6.3b 相比于非国有企业，国有企业采取集团化经营措施难以缓解经济政策不确定性造成的投资不足影响，但会减轻经济政策不确定性对国有企业造成的过度投资影响。

4. 不同市场化进程下经济政策不确定性对集团化经营企业投资效率的影响

改革开放以来，我国的市场化改革为国民经济发展注入了新的活力，取得了巨大的成就，但仍然存在各地区市场化程度发展不平衡的问题。市场化进程的不同使得企业间存在信息不对称、融资环境和外部监督水平的差异，因此不同市场化进程下，经济政策不确定性对集团化经营企业投资效率的影响具有异质性。

一方面，较高的市场化进程，会减弱集团化经营对经济政策不确定性下企业投资不足的缓解作用。一是市场化进程较高地区的企业面临着相对更加激烈的市场竞争，根据资本市场交易动机假说，企业为消除逆向选择会更加主动地进行信息披露（李慧云、刘镝，2016），且其股价信息具有相对更高的信息含量（Wurgler，2000），相对更高的市场信息含量有助于提高市场的资本配置效率，使得企业面临的融资约束更低。二是市场化进程较高地区的金融机构的资源配置能力更强，金融制度体系更加发达，这意味着企业面临的商业银行等外部融资环境良好（李科、徐龙炳，2011；王红建等，2014），企业面临的融资约束更低。基于以上考虑，尽管经济政策不确定性上升会导致企业的融资可得性下降，但市场化进程较高地区企业面临的融资约束相对于市场化水平较低地区企业更为宽松，其从集团内部获取资金支持的必要性下降。

另一方面，较高的市场化进程，会减弱集团化经营对经济政策不确定性下企业过度投资的加剧作用。一是市场化进程较高地区的信息不对称程度较低且企业内部治理机制相对更加完善（程新生等，2012），对决策者的机会主义行为具有显著的抑制作用（杨兴全等，2014）。二是市场化进程较高地区的市场信息透明度更高，且拥有更为完善的法制体系（陈承等，2019），这使得媒体监管和机构投资者等外部监管机构的监督能力更强，企业面临的外部治理环境更好（施先旺等，2014）。因此，在较高的经济政策不确定性下，尽管集团化经营会通过拉长企业股权关系链条等途径加剧政策不确定性导致的过度投资，但是市场化进程较高地区企业决策者面临着更加严厉的内外部监管环境，集团成员企业的代理问题将减轻，即经济政策不确定性对集团成员企业过度投资的影响将得到弱化。

综上所述，本章提出以下假设：

假设 6.4 较高的市场化进程下，集团化经营对经济政策不确定性下企业投资不足的缓解作用会被弱化，同时，集团化经营对经济政策不确定性下企业过度投资的放大作用也会被弱化。

6.3 经济政策不确定性与集团成员企业投资效率的研究设计

6.3.1 样本选取

本章以 2008～2017 年沪深两市 A 股上市企业为研究样本[①]，按以下标准对样本做如下处理：（1）剔除 ST 企业、金融行业企业和关键变量缺失的企业；（2）为消除极端值的影响，对企业层面连续变量均进行上下 1%的 Winsorize 处理；（3）为减少样本数据聚集性特征的影响，对回归系数标准差进行了企业层面的聚类调整，最终得到 11139 个样本。其中，经济

---

① 之所以选择该样本区间有如下几点考虑：第一，2008 年国际金融危机爆发后，我国经济遭受巨大冲击，"三期叠加"持续深化。与此同时，为扭转经济增速下滑过快造成的不利影响，我国政府采取了一系列刺激政策，导致 2008 年之后经济政策不确定性程度明显提升（He et al.，2020；李凤羽、杨墨竹，2015），并且，经济政策不确定性在经济不确定性中的份额占比也大幅提高（Baker et al.，2016）。第二，何等（2020）通过分样本回归，研究发现在 2008 年之前的样本中（EPU 较低），经济政策不确定性程度的加大对企业创新具有显著的促进作用，但在 2008 年之后的样本中（EPU 较高），经济政策不确定性的上升反而会显著抑制企业创新，且该结果无论是在主回归还是在各项异质性检验中均非常稳健，因此何等（2020）提示我们在考察 EPU 对企业决策的影响时有必要以 2008 年为时间节点进行实证分析。第三，李和廖（2014）认为预期的收益增长趋势的异质性会对企业正常投资水平产生非对称影响，进而会对估计得到的投资效率值带来偏误，类似地，2008 年金融危机前后 EPU 显著不同的变化趋势对投资效率的估计也可能产生非对称性影响。为了排除上述干扰，本章选取后金融危机时期 2008～2017 年作为样本区间。在实证研究中，本章对解释变量与控制变量作滞后一期处理，故解释变量及控制变量的样本区间为 2009～2017 年。

政策不确定指数数据来源于贝克等（Baker et al.，2016）构建的 EPU 指数，企业集团数据为笔者经过手工搜集整理得到，其余数据均来源于 CS-MAR 数据库。

6.3.2 变量定义

1. 经济政策不确定性指数

本章拟采用贝克等（2016）构建的经济政策不确定性指数来衡量中国经济政策不确定性。贝克等（2016）构建的经济政策不确定性指数以香港发行量最大、影响力最强的英文报纸《南华早报》为分析对象，涵盖多个主要经济体，经过对文章关键词进行两步筛选过滤来确定与中国经济政策不确定性相关的文章数，然后以当月符合条件的文章数与当月刊发的文章总数的比值得到月度中国经济政策不确定性指数[①]。该指数兼具连续、时变及全面性，能够较好地反映经济政策不确定性的中短期变动（Gulen and Ion，2016；张成思、刘贯春，2018），且在很大程度上捕捉了中国经济政策的不确定性（饶品贵、徐子慧，2017）。考虑到企业集团数据只能获得年度数据，本章通过提取年度算术平均值的方式，将月度经济政策不确定性指数转换成年度经济政策不确定性指数。再参照何等（2020）和谭小芬和张文婧（2017）的做法，对得到的年度数据取对数，将以此得到的 EPU 指数作为本章衡量中国经济政策不确定性的指标。

2. 投资不足与过度投资

本章借鉴里夏尔松（Richardson，2006）、吕长江和张海平（2011）以

---

① 数据来源于 http：//www. policyuncertainty. com/china_monthly. html。具体的筛选过程为：第一步，通过对以下三组关键词进行检索：{China、Chinese}，{economy、economic}，{uncertain、uncertainty}，若每组中至少一个关键词出现在文章内容中，则进行标记；第二步，基于步骤一，对标记的文章进行再次筛选，若文章内容中出现 {policy、spending、budget、political、interest rates、reform} 和 {government、Beijing、authorities} 两组中每组至少一个关键词，或者出现 tax、regulation、central bank、People's Bank of China、PBOC、deficit、WTO 中任意一个或者多个关键词，则进行标记。最后，用当月筛选出的经济政策不确定性文章除以当月总的文章数量得到月度 EPU 指数。

及刘慧龙等（2014）关于企业投资不足与企业过度投资的指标构建方法，构建如下所示模型（6.1）：

$$INVN_{i,t} = \beta_0 + \beta_1 TQ_{i,t-1} + \beta_2 LEV_{i,t-1} + \beta_3 CASH_{i,t-1} + \beta_4 AGE_{i,t-1} +$$
$$\beta_5 SIZE_{i,t-1} + \beta_6 RETS_{i,t-1} + \beta_7 INVN_{i,t-1} + \xi_{i,t} \tag{6.1}$$

其中，$INVN$ 表示企业新增投资，用企业新增投资与总资产的比值衡量，参照吕长江和张海平（2011）的研究，企业新增投资用现金流量表中计算得到的总投资与维持性投资之间的差值衡量；TQ 为托宾 Q 值，它等于流通股市值、非流通股账面价值以及负债账面价值之和与企业年末总资产之比；LEV 表示资产负债率；$CASH$ 代表企业现金持有量，它等于企业年末货币资金与总资产之比；AGE 表示企业上市年限；$SIZE$ 是企业规模，对企业年末总资产取对数得到；$RETS$ 代表股票年度回报率，采用企业当年考虑现金红利再投资的年个股回报率衡量；模型（6.1）还同时控制了年份和行业哑变量。按照模型（6.1）估计所得残差正负号对样本进行分组，选取残差项小于 0 的观测值作为企业投资不足子样本，并对其残差取绝对值，记作 $UINVN$，选取残差项大于 0 的观测值作为企业过度投资子样本，并对其残差取绝对值，记作 $OINVN$。残差绝对值越大，表明企业投资偏离度越大，企业投资效率越低。

3. 企业集团

一般认为，企业集团是由许多具有独立法人资格的企业通过正式或者非正式联结而形成的组织结构（Khanna and Yafeh，2007）。从集团的组建和发展过程来看，企业集团是以资金联合、相互持股为标志，通过资产重组、并购等方式形成的跨地区、跨行业的大型经济联合体。本章参照何等（2013）、蔡卫星等（2019）的做法，根据以下步骤来判定上市企业是否从属于同一个企业集团：（1）根据 CSMAR 数据库中上市公司关系链控股图及控制人信息，手工识别上市公司最终控制人；（2）通过人工交叉比对将能够追溯到同一最终控制人的上市公司控股图进行手工拼接得到最终完整的控股关系图；（3）对完整控股关系图进行手工筛选，若图中涵盖两家或两家以上上市公司，则将图中所有上市企业判定为从属于同一个企业集团（$GROUP = 1$），否则认为其是独立企业（$GROUP = 0$）。一个典型的企业集

团如图 6 - 1 所示①:

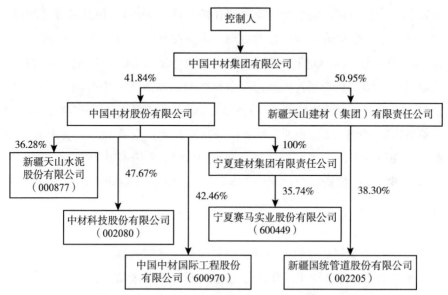

图 6 - 1　2009 年中国中材集团有限公司的控制结构

6.3.3　模型设立

1. 经济政策不确定性与企业投资效率

本章的假设6.1提出: 经济政策不确定性会导致企业投资不足或过度投资, 降低企业投资效率。为了检验该假设, 参照饶品贵等 (2017)、李凤羽和杨墨竹 (2015) 的研究, 建立以下回归模型 (6.2):

$$UINVN_{i,t}\ (\text{or } OINVN_{i,t}) = \beta_0 + \beta_1 EPU_{i,t-1} + \beta_n \times controls_{i,t-1} + \eta_t + \eta_{ind} + \xi_{i,t}$$

$$(6.2)$$

其中, 模型 (6.2) 中被解释变量 *UINVN* 表示企业投资不足, *OINVN* 表示企业过度投资, 用来衡量企业投资效率。解释变量 *EPU* 为经济政策不

---

　　① 本章经过筛选发现约有 28.42% 的上市公司隶属于企业集团, 这与蔡卫星等 (2019) 的研究结果较为接近。由于目前关于企业集团的定义尚存在争议, 本章也参照窦欢等 (2014) 的企业集团定义方式做了稳健性检验, 检验结果见表 6 - 13 的稳健性检验4。

确定性指数，由于企业投资效率通常将上一期的资产收益率等各项指标作为参照，具有一定的延迟性，此外，为了缓解本章的内生性问题，本章将 EPU 指数滞后一期。同时参考李凤羽和杨墨竹（2015）、饶品贵等（2017）以及谭小芬和张文婧（2017）的处理，本章控制了：（1）企业投资机会变量 TQ，即企业 TobinQ 值；（2）企业自由现金流量 OCF，即企业经营现金流量净额；（3）行业层面资产回报率标准差 STD_ROA，以控制经济不确定性对企业投资效率的影响①；（4）董事特征变量如董事会规模 $BOARD$、独立董事占比 IDP；（5）企业特征及财务状况变量：企业上市年限 AGE 和企业资产负债率 LEV；（6）经济增长变量 $DGDP$，采用 GDP 增长率衡量，以控制宏观层面的投资机会。此外，本章同时控制了年份哑变量 η_t 和行业哑变量 η_{ind}。

2. 经济政策不确定性、集团化经营与企业投资效率

本章的假设 6.2 提出：集团化经营能缓解经济政策不确定性导致的企业投资不足，但会加剧经济政策不确定性导致的企业过度投资。为了检验该假设，建立以下回归模型（6.3），用来检验集团化经营对经济政策不确定性与企业投资不足或过度投资关系的影响。

$$UINVN_{i,t}\,(\text{or}\ OINVN_{i,t}) = \beta_0 + \beta_1 EPU_{i,t-1} + \beta_2 GROUP_{i,t-1} + \beta_3 EPU_{i,t-1}$$
$$\times GROUP_{i,t-1} + \beta_n \times controls_{i,t-1} + \eta_t + \eta_{ind} + \xi_{i,t}$$

$$(6.3)$$

这里，本章主要关心企业集团变量 $GROUP$ 与经济政策不确定性变量 EPU 的交互项 $EPU \times GROUP$ 对企业投资效率的影响。根据前文假设，集团化经营可以缓解经济政策不确定性导致的企业投资不足，但会加剧经济政策不确定性导致的企业过度投资，因此，本章预期投资不足子样本中交互项 $EPU \times GROUP$ 的符号为负，过度投资子样本中交互项 $EPU \times GROUP$ 的符号为正。其中，模型（6.3）中的控制变量与模型（6.2）保持一致。具体的变量定义和计算方法见表 6 – 1。

---

① STD_ROA 是行业层面的企业 ROA（总资产收益率）标准差，经济不确定性越高，行业内的企业经营表现差异倾向于更大（饶品贵等，2017），为尽可能减少经济不确定性对企业投资效率的影响，增强本章结果的可信度，本章控制了行业层面的企业 ROA 标准差。

表 6 – 1   变量定义和计算方法

变量符号	变量名称	变量定义
EPU	经济政策不确定性指数	采用 EPU 年度指数取对数衡量
GROUP	企业集团	是否属于企业集团，属于企业集团为 1，否则为 0
INVN	企业新增投资	新增投资支出与总资产之比
OINVN	企业过度投资程度	模型（1）回归结果大于 0 的残差绝对值
UINVN	企业投资不足程度	模型（1）回归结果小于 0 的残差绝对值
TQ	TobinQ 值	采用流通股市值、非流通股账面价值以及负债账面价值之和与企业年末总资产之比衡量
OCF	经营活动现金流	采用企业经营现金净流量与总资产比值衡量
STD_ROA	资产回报率标准差	采用 ROA（资产回报率）行业层面的标准差衡量
AGE	企业上市年限	采用企业当前年份已上市年限衡量
LEV	企业资产负债率	采用企业当前年份总负债与总资产比值衡量
BOARD	董事会规模	采用董事会总人数对数值衡量
IDP	独立董事占比	采用独立董事人数占董事会总人数比例衡量
DGDP	经济增长率	采用 GDP 增长率衡量
SOE	最终控制权性质	若为国有产权则取值 1，否则为 0
MP	市场化进程	采用中国市场化进程报告的市场化指数衡量

6.3.4 主要变量的描述性统计

表 6 – 2 为样本的变量描述性统计结果。从表 6 – 2 中可以看出，经济政策不确定性指数（*EPU*）的样本均值为 4. 9965，最大值为 5. 8994，最小值为 4. 4097，表明 2008～2017 年我国经济政策的波动较为明显。企业投资不足（*UINVN*）的样本均值为 0. 0398，企业过度投资（*OINVN*）的样本均值为 0. 0540，且投资不足样本（5641 个）大于投资过度样本（5498 个），这与吕长江和张海平（2011）以及刘慧龙等（2014）的研究数据较为接近。主要控制变量数据如董事会规模（均值 2. 1660）、托宾 Q 值（均值 2. 3059）、*STD_ROA*（均值 0. 0361）与陈运森和谢德仁（2011）和饶品贵等（2017）研究数据基本一致，表明本章数据较为可信。

表 6 - 2   主要变量的描述性统计

变量名	样本数	均值	中位数	最大值	最小值
EPU	11139	4.9965	4.8491	5.8994	4.4097
GROUP	11139	0.2842	0.0000	1.0000	0.0000
INVN	11139	0.0428	0.0557	0.2820	-0.0402
OINVN	5498	0.0540	0.0544	0.4575	0.0001
UINVN	5641	0.0398	0.0295	0.2967	0.0001
TQ	11139	2.3059	1.9584	15.1032	0.7261
OCF	11139	0.1760	0.1210	0.6450	0.0113
STD_ROA	11139	0.0361	0.0246	0.0964	0.0002
AGE	11139	14.4636	14.0000	27.0000	0.0000
LEV	11139	0.4851	0.4736	0.9825	0.0302
BOARD	11139	2.1660	2.0514	2.9371	1.3860
IDP	11139	0.3700	0.3547	0.8000	0.0909
DGDP	11139	0.1020	0.1030	0.1450	0.0660

6.4 经济政策不确定性与集团成员企业投资效率的实证分析

6.4.1 基本模型分析

基于上述回归模型，本章将采用 OLS 估计重点考察经济政策不确定性、集团化经营以及二者交互作用对企业投资效率（投资不足和过度投资）的影响，所有模型估计中均控制了年份与行业固定效应，为了减少样本数据聚集性特征的影响，对回归系数标准差进行了企业层面的聚类调整。后文列示了相应回归结果。

1. 经济政策不确定性与企业投资效率

表 6 - 3 报告了经济政策不确定性对企业投资效率的影响。第（1）列

和第（2）列为经济政策不确定性对企业投资不足影响的回归结果，第
（3）列和第（4）列为经济政策不确定性对企业过度投资影响的回归结果，
其中第（2）列和第（4）列分别在第（1）列和第（3）列的基础上加入
了主要控制变量，以控制其他因素对企业投资效率的影响。第（1）列和
第（2）列的结果显示，经济政策不确定性（*EPU*）的系数为正且在 1% 水
平上显著，表明经济政策不确定性越大，企业投资不足程度越严重。第
（3）列和第（4）列中，经济政策不确定性（*EPU*）的回归系数显著为正，
表明经济政策不确定性越大，越容易导致企业过度投资，从而验证了本章
的假设 6.1：经济政策不确定性会导致企业投资不足并加剧企业过度投资，
从而降低企业投资效率。本章的控制变量结果与李凤羽和杨墨竹（2015）
和饶品贵等（2017）的研究结果基本一致，在投资不足子样本中，*TQ* 和
BOARD 的系数均显著为负，表明企业投资机会越大，董事会规模越大，企
业投资不足程度越小，*LEV* 的系数显著为正，表明企业资产负债率越高越
容易导致企业投资不足；在过度投资子样本中，*LEV* 和 *BOARD* 的系数显著
为负，表明企业资产负债率越高，董事会规模越大，企业越不容易过度投
资，*TQ*、*OCF* 和 *DGDP* 的系数均显著为正，表明企业投资机会越大、自由
现金流水平越高，GDP 增长率越高越容易造成企业过度投资。

表 6 - 3　　　　基本回归结果 1：经济政策不确定性对企业投资效率的影响

变量	投资不足		过度投资	
	（1）	（2）	（3）	（4）
EPU	0.0049 ***	0.0188 ***	0.0165 ***	0.0204 ***
	(2.78)	(2.70)	(6.22)	(4.41)
TQ		- 0.0014 ***		0.0015 *
		(- 3.89)		(1.79)
OCF		0.0064		0.0118 ***
		(1.57)		(2.91)
STD_ROA		0.0046		- 0.0001
		(0.78)		(- 1.29)
AGE		- 0.0051		0.0054 *
		(- 1.26)		(1.72)

续表

变量	投资不足		过度投资	
	（1）	（2）	（3）	（4）
LEV		0.0102 ***		− 0.0112 **
		（4.57）		（− 2.31）
BOARD		− 0.0056 **		− 0.0067 *
		（− 2.39）		（− 1.85）
IDP		− 0.0079		− 0.0126
		（− 1.62）		（− 0.69）
DGDP		− 0.0138		0.0021 ***
		（− 0.94）		（4.01）
Constant	0.0251 **	0.0217 ***	− 0.0173 **	− 0.0139 ***
	（2.36）	（3.58）	（− 2.46）	（− 4.27）
Year	控制	控制	控制	控制
Industry	控制	控制	控制	控制
N	5641	5641	5498	5498
R^2	0.0541	0.1369	0.0582	0.1237

注：*** 表示该系数在 1% 水平上双边检验显著；** 表示该系数在 5% 水平上双边检验显著；* 表示该系数在 10% 水平上双边检验显著，括号中为经过企业层面聚类调整的 t 值。

2. 经济政策不确定性、集团化经营与企业投资效率

表 6 - 4 基于模型（6.3）分析了企业集团化经营如何影响经济政策不确定性与企业投资效率之间的关系。第（1）列为集团化经营对企业投资不足影响的回归结果，结果显示，GROUP 的回归系数为负且在 1% 的水平上显著，表明企业集团化经营可以缓解企业投资不足。第（2）列与第（3）列分别在第（1）列的基础上逐步加入经济政策不确定性指数（EPU）以及经济政策不确定性指数与集团化经营的交乘项 EPU × GROUP，其中交乘项 EPU × GROUP 的回归系数为负且在 5% 水平上显著，表明集团化经营可以缓解经济政策不确定性导致的企业投资不足。从过度投资子样本来看，第（4）列中集团化经营（GROUP）的回归系数显著为正，表明集团化经营会加剧企业过度投资。第（5）列与第（6）列分别在第（4）列的

基础上逐步加入经济政策不确定性指数 *EPU* 以及经济政策不确定性指数与集团化经营的交乘项 *EPU* × *GROUP*，其中交乘项 *EPU* × *GROUP* 的回归系数为正且在 5% 水平上显著，表明集团化经营会放大经济政策不确定性对企业过度投资的促进作用。综上所述，集团化经营对经济政策不确定性导致的企业无效率投资的影响具有两面性：一方面集团化经营能够缓解经济政策不确定性导致的企业投资不足，另一方面，集团化经营会加剧经济政策不确定性导致的企业过度投资，从而验证了本章的假设 6.2。

表 6 – 4　　　　　基本回归结果 2：经济政策不确定性、
集团化经营对企业投资效率的影响

变量	投资不足			过度投资		
	(1)	(2)	(3)	(4)	(5)	(6)
EPU		0.0241 **	0.0263 ***		0.0191 ***	0.0135 **
		(2.56)	(3.02)		(4.28)	(1.98)
GROUP	− 0.0264 ***	− 0.0206 ***	− 0.0178 **	0.0395 ***	0.0395 ***	0.0053
	(− 4.02)	(− 3.75)	(− 2.11)	(10.93)	(10.93)	(0.27)
EPU × *GROUP*			− 0.0076 **			0.0068 **
			(− 2.05)			(2.03)
TQ	− 0.0016 ***	− 0.0014 ***	− 0.0014 ***	0.0017 *	0.0017 *	0.0016 *
	(− 3.92)	(− 3.86)	(− 3.89)	(1.81)	(1.81)	(1.77)
OCF	0.0059	0.0062	0.0058	0.0074 *	0.0119 ***	0.0116 ***
	(1.38)	(1.52)	(1.54)	(1.91)	(2.88)	(2.83)
STD_ROA	− 0.0052	− 0.0050	− 0.0049	− 0.0001	− 0.0001	− 0.0001
	(− 0.61)	(− 0.73)	(− 0.67)	(− 1.40)	(− 1.40)	(− 1.38)
AGE	− 0.0069	− 0.0053	− 0.0054	0.0071	0.0052 *	0.0051 *
	(− 1.37)	(− 1.29)	(− 1.28)	(1.49)	(1.67)	(1.68)
LEV	0.0081 ***	0.0092 ***	0.0093 ***	− 0.0091 **	− 0.0105 **	− 0.0108 **
	(3.98)	(4.41)	(4.43)	(− 2.46)	(− 2.35)	(− 2.37)
BOARD	− 0.0071 ***	− 0.0065 **	− 0.0068 **	− 0.0058 **	− 0.0063 **	− 0.0061 **
	(− 3.09)	(− 2.53)	(− 2.56)	(− 2.49)	(− 2.12)	(− 2.18)
IDP	− 0.0085	− 0.0081	− 0.0083	− 0.0127	− 0.0127	− 0.0121
	(− 1.19)	(− 1.42)	(− 1.44)	(− 0.70)	(− 0.70)	(− 0.67)

续表

变量	投资不足			过度投资		
	（1）	（2）	（3）	（4）	（5）	（6）
DGDP	−0.0175 （−1.49）	−0.0146 （−1.22）	−0.0149 （−1.27）	0.0049 *** （3.85）	0.0028 *** （3.93）	0.0032 *** （3.94）
Constant	0.0381 *** （3.09）	0.0239 *** （3.28）	0.0245 *** （3.37）	−0.0302 *** （−3.53）	−0.0369 *** （−4.21）	−0.0371 *** （−4.46）
Year	控制	控制	控制	控制	控制	控制
Industry	控制	控制	控制	控制	控制	控制
N	5641	5641	5641	5498	5498	5498
R^2	0.1254	0.1378	0.1392	0.1302	0.1349	0.1358

注：*** 表示该系数在 1% 水平上双边检验显著；** 表示该系数在 5% 水平上双边检验显著；* 表示该系数在 10% 水平上双边检验显著，括号中为经过企业层面聚类调整的 t 值。

现有主流观点均认为经济政策不确定性会降低企业投资水平。鉴于前文研究发现，集团化经营对经济政策不确定性下企业投资效率的影响具有"双向"作用，不仅可以减缓经济政策不确定性下的企业投资不足，也会加剧经济政策不确定下的企业投资过度，故而另一个令人感兴趣的问题是：当企业进行集团化经营时，是否会缓解经济政策不确定性对企业投资水平的抑制作用？为验证本章猜测，这里将模型（6.3）中的被解释变量替换为企业新增投资（INVN），并重新进行回归，回归结果见表 6 - 5。

根据全样本的回归结果，EPU 的回归系数在 1% 的水平上显著为负，表明经济政策不确定性对企业投资水平有抑制作用，这与目前相关学者的研究结论一致。经济政策不确定性与集团化经营的交乘项 EPU × GROUP 的系数在 5% 水平上显著为正，这表明集团化经营的确能够缓解经济政策不确定性对企业投资水平的抑制作用，从而验证了本章猜想，即集团化经营起着经济政策不确定性条件下维持企业投资水平不显著下降的"稳定器"作用。当然，本章在这里也按照前文分组对其进行分样本回归，分样本的检验结果表明：无论是投资不足子样本还是过度投资子样本中，交乘项 EPU × GROUP 的系数均显著为正，说明经济政策不确定下集团化经营总能促进企业投资水平的提升。

表6-5　进一步验证：经济政策不确定性、集团化经营对企业投资水平的影响

变量	全样本	投资不足	过度投资
EPU	-0.0142 *** (-3.76)	-0.0219 *** (-4.05)	0.0164 *** (3.31)
GROUP	0.0268 ** (2.54)	0.0302 *** (3.15)	0.0219 * (1.78)
EPU × GROUP	0.0109 ** (2.27)	0.0138 ** (2.42)	0.0075 ** (2.15)
TQ	0.0084 *** (6.28)	0.0015 *** (7.03)	0.00268 *** (5.14)
OCF	0.0258 *** (4.82)	0.0086 *** (3.20)	0.0284 *** (6.79)
STD_ROA	0.0182 ** (2.33)	0.0049 (1.25)	0.0246 *** (3.57)
AGE	0.0023 *** (8.91)	0.0025 *** (8.46)	0.0022 *** (9.58)
LEV	-0.0209 *** (-5.75)	-0.0103 *** (-6.08)	-0.0357 *** (-5.34)
BOARD	0.0059 ** (2.04)	0.0026 (0.78)	0.0087 *** (3.62)
IDP	0.0104 (0.92)	-0.0053 (-0.17)	0.0186 (1.45)
DGDP	0.0249 *** (2.71)	0.0203 *** (3.25)	0.0317 ** (2.08)
Constant	-0.0249 * (-1.87)	0.0185 *** (3.06)	-0.0374 ** (-2.29)
Year	控制	控制	控制
Industry	控制	控制	控制
N	11139	5641	5498
R^2	0.1532	0.1495	0.1578

注：***表示该系数在1%水平上双边检验显著；**表示该系数在5%水平上双边检验显著；*表示该系数在10%水平上双边检验显著，括号中为经过企业层面聚类调整的t值。

6.4.2 集团特征与机制分析

1. 内部资本市场

（1）其他成员企业经营现金流。

前文提出，企业集团能够通过内部资本市场的资金调配和关联担保等途径缓解其成员企业面临的融资约束。这里本章先对集团企业内部资金调配功能加以验证。一方面，集团内部相对充裕的现金流可以在一定程度上缓解企业由于不确定性风险增加导致的企业投资不足问题；另一方面，在较高的经济政策不确定性情况下，集团成员企业相对充裕的内部现金流增强了管理层进行投机行为的动机，从而加剧企业过度投资。为验证以上机制，本章借鉴蔡卫星等（2019）的做法，采用以下两种方式衡量企业集团内部资本市场功能：（1）利用 CSMAR 数据库手工识别企业集团，计算得到属于同一企业集团其他成员企业的平均经营现金流（*OOCF*），以该指标来衡量企业集团的内部资本市场功能；（2）使用集团其他成员企业的平均经营现金流（*OOCF*）的虚拟变量进行衡量，当 *OOCF* 高于其年度中位数时，则取 1，否则为 0。具体的回归结果见表 6 - 6。

根据表 6 - 6，投资不足子样本中，*EPU* × *OOCF* 的系数均为负且显著，表明集团其他成员企业经营现金流可以通过降低成员企业融资约束缓解经济政策不确定性导致的集团成员企业投资不足；过度投资子样本中，*EPU* × *OOCF* 的系数均为正且显著，表明集团其他成员企业经营现金流也会加剧代理问题从而放大经济政策不确定性导致的集团成员企业过度投资。据此，集团企业的内部资金调配功能得以验证。

表 6 - 6　　　　影响机制 1：内部资本市场——其他成员企业经营现金流

变量	其他成员平均经营现金流		其他成员平均经营现金流虚拟变量	
	投资不足	过度投资	投资不足	过度投资
EPU	0.0253 **	0.0109 ***	0.0224 **	0.0090 ***
	(2.47)	(6.77)	(2.38)	(5.61)

续表

变量	其他成员平均经营现金流		其他成员平均经营现金流虚拟变量	
	投资不足	过度投资	投资不足	过度投资
OOCF	− 0.0029 **	− 0.0057	− 0.0056 **	0.0026
	(− 2.06)	(− 1.18)	(− 2.15)	(0.97)
EPU × OOCF	− 0.0011 *	0.0019 **	− 0.0017 **	0.0025 ***
	(− 1.82)	(1.97)	(− 2.09)	(4.90)
Controls	控制	控制	控制	控制
Year	控制	控制	控制	控制
Industry	控制	控制	控制	控制
N	5641	5498	5641	5498
R^2	0.1274	0.1323	0.1349	0.1416

注：*** 表示该系数在1%水平上双边检验显著；** 表示该系数在5%水平上双边检验显著；* 表示该系数在10%水平上双边检验显著，括号中为经过企业层面聚类调整的 t 值。

（2）关联担保。

担保作为企业获得贷款和缓解企业融资约束的必要方式之一（尹志超、甘犁，2011），对企业投资决策起着重要作用。相比于独立企业，企业集团可以通过提高声誉和偿债能力等方式为集团成员企业提供显性或隐性贷款担保，帮助成员企业更容易获得贷款资金，缓解成员企业融资约束。这里，本章从关联担保这一视角出发，验证集团化经营对经济政策不确定性与企业投资效率相关关系的影响。为验证该机制，本章借鉴王琨等（2014）的做法，采用以下两种方式衡量集团企业关联担保：（1）使用CSMAR 数据库中企业当年接受关联担保涉及金额与总资产的比值衡量；（2）使用企业当年是否接受关联担保虚拟变量衡量，若企业当年接受关联担保，则取为1，否则为0。具体的回归结果见表6 - 7。

根据表6 - 7，从投资不足子样本来看，*EPU × GD* 的系数均为负且显著，表明企业集团可以通过关联担保缓解经济政策不确定性导致的企业投资不足；从过度投资子样本来看，*EPU × GD* 的系数均为正且显著，表明企业集团的关联担保功能会加剧经济政策不确定性导致的企业过度投资。以上研究证实了企业集团可以通过内部资本市场的关联担保途径使成员企业面临相对更低的融资约束，从而缓解经济政策不确定性导致的企业投资不足，同时加剧经济政策不确定性导致的企业过度投资。

表6-7 影响机制1：内部资本市场——关联担保

变量	关联担保		关联担保虚拟变量	
	投资不足	过度投资	投资不足	过度投资
EPU	0.0068 **	0.0159 ***	0.0118 ***	0.0121 ***
	(2.17)	(4.01)	(5.06)	(3.42)
GD	0.0266	-0.0244	0.0042	-0.0160
	(1.42)	(-1.54)	(1.16)	(-1.62)
EPU × GD	-0.0060 *	0.0052 *	-0.0028 ***	0.0044 **
	(-1.69)	(1.67)	(-3.89)	(2.26)
Controls	控制	控制	控制	控制
Year	控制	控制	控制	控制
Industry	控制	控制	控制	控制
N	5641	5498	5641	5498
R^2	0.1304	0.1339	0.1385	0.1351

注：*** 表示该系数在1%水平上双边检验显著；** 表示该系数在5%水平上双边检验显著；* 表示该系数在10%水平上双边检验显著，括号中为经过企业层面聚类调整的t值。

（3）集团企业股权中心度。

股权关系作为集团成员企业之间联系的纽带，构成了成员企业之间进行内部资源共享的基础"桥梁"，影响着企业集团的组织架构与企业行为。集团成员企业通过相互或者交叉持股形成了一个小型社会网络，成员企业可以通过企业网络间股权连接在集团内部进行资金融通，由此形成的小型内部资本市场可以缓解集团成员企业融资约束，从而促使其从事更长期的、风险更高的及高收益的投资项目。

尽管前面考察了集团内部现金流和关联担保在缓解企业融资约束上的作用，但鉴于内部资本市场的复杂性和不可见性，本章将进一步借助集团股权中心度这一独特视角来验证集团化经营如何影响经济政策不确定性与企业投资效率的相关关系。集团股权中心度反映了成员企业之间股权关系的集中程度。根据成员企业在集团网络中的相对位置，决定成员企业能在多大程度上获得集团网络资源（Freeman，1979），即在较高的经济政策不确定性下，集团成员企业中心度越高，其所具备的财务协调能力越强，其他位置成员企业越能够及时给予其资金支持，缓解其融资约束程度。

本章将采用以下两种方式衡量集团企业股权中心度：（1）根据 CS-MAR 数据库中的控股图手工识别企业集团，并将属于同一集团的成员企业进行手工拼接，如图 6－1 所示。最后将拼接完成的完整集团控股图转换成企业—企业邻接表，并导入 UCINET 软件。由于本章的集团企业之间为有向连接，故而计算出了集团成员企业的入度中心度与出度中心度，并对其求平均值得到平均度中心度（Centrality）①，Centrality 的值介于 0.0020 ~ 4.3565 之间，其均值为 0.2477，本章以该指标来衡量成员企业在集团组织关系中的位置及重要程度；（2）使用集团股权中心度虚拟变量进行衡量，对于集团企业，若集团股权中心度（Centrality）高于其年度中位数时，则 Centrality1 取 0，Centrality2 取 1，否则 Centrality1 取 1，Centrality2 取 0。具体的回归结果见表 6－8。

根据表 6－8，投资不足子样本中，EPU × Centrality 的系数为负且在 10% 的水平上显著，说明集团成员企业股权中心度越大，越能够减轻经济政策不确定性导致的企业投资不足；从集团股权中心度虚拟变量来看，交乘项 EPU × Centrality1 的系数为负但不显著，EPU × Centrality2 的系数在 1% 的水平上显著为负，同样表明集团成员企业股权中心度越大，其减轻企业融资约束的作用越强，从而对经济政策不确定下企业投资不足的缓解能力越强。过度投资子样本中，交乘项 EPU × Centrality 估计系数为负值但不显著，另外，从集团股权中心度虚拟变量来看，交乘项仍然均为负值但不显著，且 EPU × Centrality2 的系数绝对值大于交乘项 EPU × Centrality1 的系数绝对值，这些结果均表明，股权中心度越大，越能抑制经济政策不确定性造成的过度投资问题。造成该估计结果的可能原因为中心位置企业受

---

① 度中心度是用来刻画节点中心性的最直接度量指标，测量了网络中一个节点与所有其他节点相联系的程度，强调某一点在一个网络中的重要程度。由于本章集团股权结构图为有向图，故采用对有向图中入度中心度（indegree centrality）与出度中心度（outdegree centrality）取算术平均值的方式来衡量集团股权中心度（centrality）。

到了更强的集团内部监督（Yiu et al.，2013），从而更不可能过度投资，当然，估计结果显示该监督作用并不显著。总体而言，在经济政策不确定下，企业集团内部资本市场发挥了缓解企业融资约束的功能，研究结论与假设基本一致。

表6-8 影响机制1：内部资本市场——集团企业股权中心度

变量	股权集中度		股权集中度虚拟变量	
	投资不足	过度投资	投资不足	过度投资
EPU	0.0146***	0.0191***	0.0180***	0.0259*
	(3.81)	(3.67)	(4.43)	(1.77)
$Centrality$	0.0407	0.0348		
	(0.62)	(1.02)		
$Centrality1$			−0.0050	0.0132
			(−0.38)	(0.37)
$Centrality2$			0.0032	0.0124
			(0.49)	(0.18)
$EPU \times Centrality$	−0.0198*	−0.0071		
	(−1.82)	(−1.06)		
$EPU \times Centrality1$			−0.0039	−0.0045
			(−1.54)	(−0.65)
$EPU \times Centrality2$			−0.0042***	−0.0063
			(−3.32)	(−0.46)
$Controls$	控制	控制	控制	控制
$Year$	控制	控制	控制	控制
$Industry$	控制	控制	控制	控制
N	5641	5498	5641	5498
R^2	0.1130	0.1327	0.1796	0.1315

注：***表示该系数在1%水平上双边检验显著；**表示该系数在5%水平上双边检验显著；*表示该系数在10%水平上双边检验显著，括号中为经过企业层面聚类调整的t值。

2. 集团多元化程度

当外部环境发生变化时，企业集团层面的多元化经营战略能够使得集团在各个行业的投资分散，从而减少企业从事单一行业的经营风险，降低企业投资的等待价值，弱化企业推迟投资的动机，从而缓解企业投资不足。为验证该机制，参照卡纳和帕勒普（Khanna and Palepu，2000）的做法，本章采用熵指数 *EI* 来衡量企业集团多元化程度（*DIV*），该指数计算公式为 $EI = \sum Pi \times \ln(1/Pi)$，其中 *Pi* 为企业集团第 *i* 个行业的销售额占集团总销售额的比例，*EI* 指数越大，表明企业集团多元化程度越高。本章具体采用以下两种方式衡量企业集团多元化程度：（1）直接使用熵指数 *EI* 衡量；（2）使用企业集团多元化程度的虚拟变量 *DIV*1 和 *DIV*2 衡量，对于集团企业，若集团多元化程度 *EI* 高于其年度中位数，则 *DIV*1 为 0，*DIV*2 为 1，否则 *DIV*1 为 1，*DIV*2 为 0。具体回归结果见表 6 - 9。

根据表 6 - 9，投资不足子样本中，交乘项 *EPU* × *DIV* 的系数为负且在 10% 的水平上显著，表明企业集团进行多元化经营能够缓解经济政策不确定性导致的企业投资不足。交乘项 *EPU* × *DIV*1 的系数不显著，交乘项 *EPU* × *DIV*2 的系数为负且显著，表明集团多元化程度越高，分散成员企业的投资风险的能力越强，企业推迟投资的动机随之减弱，对较高经济政策不确定性导致的投资不足的缓解作用就越强。从过度投资子样本来看，*EPU* × *DIV*、*EPU* × *DIV*1 和 *EPU* × *DIV*2 的系数均不显著，表明没有证据能说明集团多元化经营会加剧经济政策不确定性导致的企业过度投资问题，因此集团多元化主要起着分散外部风险的作用。

表 6 - 9　　　　　　　　　影响机制 2：集团多元化程度

变量	多元化程度		多元化程度虚拟变量	
	投资不足	过度投资	投资不足	过度投资
EPU	0. 0239 *** (4. 08)	0. 105 *** (7. 40)	0. 0193 *** (2. 87)	0. 0328 * (1. 77)
DIV	- 0. 0085 *** (- 3. 24)	0. 0059 (1. 34)		
*DIV*1			- 0. 0121 (- 0. 93)	- 0. 0142 (- 0. 15)

变量	多元化程度		多元化程度虚拟变量	
	投资不足	过度投资	投资不足	过度投资
$DIV2$			-0.0061 (-0.48)	0.0103 (0.22)
$EPU \times DIV$	-0.0043^{**} (-2.05)	0.0013 (1.56)		
$EPU \times DIV1$			-0.0004 (-0.16)	-0.0143 (-0.79)
$EPU \times DIV2$			-0.0063^{**} (-2.54)	-0.0105 (-1.14)
$Controls$	控制	控制	控制	控制
$Year\ effects$	控制	控制	控制	控制
$Industry\ effects$	控制	控制	控制	控制
N	5641	5498	5641	5498
R^2	0.1361	0.1254	0.1378	0.1216

注：*** 表示该系数在1%水平上双边检验显著；** 表示该系数在5%水平上双边检验显著；* 表示该系数在10%水平上双边检验显著，括号中为经过企业层面聚类调整的 t 值。

3. "金字塔"层级

已有研究发现，集团企业"金字塔"层级越高，即成员企业与最终控制人之间的中间控制人越多，企业经营活动的信息向最终控制人的传输路径越远，信息扭曲越严重，最终控制人越难以对决策者行为进行有效监管，从而决策者为谋求私利而进行无效投资的可能性越大（Fan et al.，2013）。而经济政策不确定性程度的加大，使得外部监管力量弱化以及代理问题更为严重，企业过度投资的可能性加大。为检验该机制，本章参照范等（Fan et al.，2013）的做法，使用 LAYER 来衡量集团企业的金字塔层级，具体做法为根据 CSMAR 数据库中的关系控股图，手工判断上市公司的层级数。举例来说，当最终控制人直接控制企业时，金字塔层级（LAYER）为1；当最终控制人和企业间仅有一个中间控制人时，金字塔层级（LAYER）为2，并以此类推。该指标越大，说明集团日常经营信息与最终控制人传输路径越远,集团企业的代理问题越严重。本章将采用以下两种方式来衡量企业集团金字塔层级:(1)使用金字塔层级(*LAYER*)直接进行衡量;(2)使用金字塔层级的虚拟变量 *LAYER*1 和 *LAYER*2 衡量,对于集团企业,若集团金字塔层级(*LAYER*)高于其年度中位数,则 *LAYER*1 为 0,*LAYER*2 为 1,否则 *LAYER*1 为 1,*LAYER*2 为 0。具体回归结果见表 6 - 10。

表 6 - 10   影响机制 3:金字塔层级

变量	金字塔层级		金字塔层级虚拟变量	
	投资不足	过度投资	投资不足	过度投资
EPU	0.0061 * (1.95)	0.0225 *** (4.31)	0.0065 ** (2.02)	0.0083 ** (1.99)
LAYER	− 0.0017 (− 0.83)	− 0.0064 (− 1.50)		
*LAYER*1			0.0032 (0.53)	− 0.0091 (− 0.50)
*LAYER*2			− 0.0034 (− 0.46)	− 0.0099 (− 0.51)
EPU × *LAYER*	− 0.0001 (− 0.24)	0.0007 ** (2.06)		
EPU × *LAYER*1			− 0.0002 (− 0.14)	0.0079 ** (2.30)
EPU × *LAYER*2			− 0.0007 (− 0.68)	0.0098 *** (2.60)
Controls	控制	控制	控制	控制
Year	控制	控制	控制	控制
Industry	控制	控制	控制	控制
N	5641	5498	5641	5498
R^2	0.1143	0.1307	0.1153	0.1324

注:*** 表示该系数在 1% 水平上双边检验显著;** 表示该系数在 5% 水平上双边检验显著;* 表示该系数在 10% 水平上双边检验显著,括号中为经过企业层面聚类调整的 t 值。

根据表6－10，过度投资子样本中，交乘项 *EPU* × *LAYER* 的系数为正且在5%的水平上显著，表明金字塔层级越高，代理问题越严重，越能够加剧经济政策不确定性下的企业过度投资；从金字塔虚拟变量来看，交乘项 *EPU* × *LAYER2* 系数为 0.0098，大于交乘项 *EPU* × *LAYER1* 的系数为 0.0079，且其系数统计显著性也高于交乘项 *EPU* × *LAYER1* 的系数统计显著性，从而进一步表明集团企业金字塔层级越高，越会加剧经济政策不确定性导致的企业过度投资，验证了企业集团通过增大集团企业代理问题而加剧经济政策不确定性导致的过度投资这一机制。

6.4.3 异质性分析

1. 产权性质的影响

为检验假设6.3，本章根据企业产权性质，将投资不足和过度投资两个样本进一步划分为非国有产权和国有产权企业两个子样本，回归结果见表6－11。根据表6－11，投资不足子样本中，非国有产权组中交乘项 *EPU* × *GROUP* 的系数为 － 0.0114，且在5%的水平上显著，国有产权组中 *EPU* × *GROUP* 的系数为 － 0.0035，且在10%的水平上显著，二者组间系数差异在5%水平上显著，表明相对于国有企业，集团化经营对经济政策不确定性导致的投资不足的缓解作用在非国有企业中更显著。从过度投资来看，交乘项 *EPU* × *GROUP* 的系数在非国有产权组中显著为正，而在国有产权组中不显著，二者组间系数差异在1%水平上显著，表明相对于国有企业，集团化经营对经济政策不确定性导致的投资过度的加剧作用在非国有企业中更显著，从而验证了本章的假设6.3b，即相比于非国有企业，国有企业采取集团化经营措施难以缓解经济政策不确定性造成的投资不足影响，但会减轻经济政策不确定性对国有企业造成的过度投资影响。总的来看，以上结果说明了集团化经营对经济政策不确定性与企业投资效率之间关系的影响具有显著的产权性质差异。

表 6 - 11　　　　　　　　　　异质性分析 1：产权性质

变量	投资不足		过度投资	
	非国有产权	国有产权	非国有产权	国有产权
EPU	0.0316 ***	0.0158 **	0.0108	0.0277 **
	(3.75)	(2.41)	(1.45)	(2.56)
GROUP	-0.0209 **	-0.0132 *	-0.0223	0.0746
	(-2.38)	(-1.70)	(-1.01)	(1.49)
EPU × GROUP	-0.0114 **	-0.0035 *	0.0120 ***	-0.0062
	(-2.27)	(-1.68)	(2.91)	(-0.61)
Controls	控制	控制	控制	控制
Year	控制	控制	控制	控制
Industry	控制	控制	控制	控制
N	3415	2226	2807	2691
R^2	0.1529	0.1247	0.1419	0.1308
组间系数差异检验（P 值）	0.0430		0.0000	

注：(1) *** 表示该系数在 1% 水平上双边检验显著；** 表示该系数在 5% 水平上双边检验显著；* 表示该系数在 10% 水平上双边检验显著，括号中为经过企业层面聚类调整的 t 值。(2) 组间系数差异检验根据连玉君和廖俊平（2017）的研究，采用的费舍尔组合检验（Fisher's Permutation test），并设定 seed = 1000。

2. 市场化进程的影响

为检验假设 6.4，本章使用王小鲁等（2019）的《中国分省份市场化指数报告》中的市场化程度指数衡量各地区的市场化进程[①]。本章在投资不足与过度投资子样本的基础上根据地区市场化程度是否高于其年度中位数进一步进行分组划分，当地区市场化程度指数高于其年度中位数时，为市场化进程较高组，否则属于市场化进程较低组。得到回归结果见表 6 - 12。根据表 6 - 12 的结果，从投资不足来看，市场化进程较低地区子样本中，交乘项 EPU × GROUP 的系数为 - 0.0109，且在 1% 水平上显著，市场化进

① 参照王红建等（2014）的处理方式，2017 年的市场化程度指数用 2016 年市场化程度指数进行补全。

程较高地区子样本中，交乘项 $EPU \times GROUP$ 的系数为 -0.0051，且在 10% 水平上显著，两组样本组间系数差异在 1% 水平上显著，表明相对于市场化进程较低的企业，较高的市场化进程会弱化集团化经营对经济政策不确定性下企业投资不足的缓解作用。从过度投资来看，市场化进程较低地区子样本中交乘项 $EPU \times GROUP$ 的系数为 0.0086，且在 5% 水平上显著，市场化进程较高地区子样本中，交乘项 $EPU \times GROUP$ 的系数为正但不显著，且两组样本组间系数差异在 1% 水平上显著，表明相对于市场化进程较低地区的企业，较高的市场化进程会弱化集团化经营对经济政策不确定性下企业过度投资的放大作用。总的来看，以上结果说明集团化经营对经济政策不确定性与企业投资效率之间关系的影响具有显著的市场化进程差异，从而验证了本章的假设 6.4。

表 6 - 12　　　　　　　　　　异质性分析 2：市场化进程

变量	投资不足		过度投资	
	市场化进程较低	市场化进程较高	市场化进程较低	市场化进程较高
EPU	0.0297 *** (4.05)	0.0125 * (1.86)	0.0182 *** (2.73)	0.0133 (1.28)
$GROUP$	-0.0271 *** (-3.53)	-0.0083 ** (-2.06)	-0.0045 (-0.17)	0.0161 (0.58)
$EPU \times GROUP$	-0.0109 *** (-3.48)	-0.0051 * (-1.72)	0.0086 ** (2.49)	0.0055 (1.61)
Controls	控制	控制	控制	控制
Year	控制	控制	控制	控制
Industry	控制	控制	控制	控制
N	2849	2792	2937	2561
R^2	0.1583	0.1304	0.1419	0.1175
组间系数差异检验（P 值）	0.0090		0.0000	

注：(1) *** 表示该系数在 1% 水平上双边检验显著；** 表示该系数在 5% 水平上双边检验显著；* 表示该系数在 10% 水平上双边检验显著，括号中为经过企业层面聚类调整的 t 值。(2) 组间系数差异检验根据连玉君和廖俊平 (2017) 的研究，采用的费舍尔组合检验 (Fisher's Permutation test)，并设定 seed = 1000。

6.4.4 稳健性检验

为增强本章回归结果的稳健性，提高结论的可信度，本章从核心解释变量来源和度量方式、被解释变量衡量标准以及模型内生性问题等多个方面进行了稳健性检验。

（1）更换经济政策不确定性指数来源。为排除核心解释变量来源对本章主要回归结果的影响，本章根据戴维斯等（Davis et al.，2019）[①] 编制的经济政策不确定性指数对模型（6.3）重新进行回归分析，回归结果见表 6 – 13 的稳健性检验 1。

表 6 – 13　　　　　　　　　　　稳健性检验

稳健性检验 1：更换经济政策不确定性指数来源			稳健性检验 2：改变经济政策不确定性指数的处理方式		
变量	投资不足	过度投资	变量	投资不足	过度投资
EPU	0.0238 ** (2.04)	0.0164 ** (2.35)	*EPU*	0.0196 *** (3.11)	0.0058 *** (2.64)
GROUP	−0.0159 ** (−2.27)	0.0207 ** (2.51)	*GROUP*	−0.0179 ** (−2.05)	0.0215 *** (2.94)
EPU × GROUP	−0.0058 ** (−2.35)	0.0142 *** (3.06)	*EPU × GROUP*	−0.0038 ** (−2.41)	0.0065 *** (2.97)
Controls	控制	控制	*Controls*	控制	控制
Year	控制	控制	*Year*	控制	控制

---

① 数据来源于 http://www.policyuncertainty.com/china_epu.html。戴维斯等（2019）于 1949 年 10 月起基于中国大陆报纸《人民日报》和《光明日报》对经济政策不确定指数进行了编制。该指数的构建过程如下：首先，根据｛Uncertainty，Economics，Policy｝三组关键词类别进行逐步筛选得到当月符合条件的文章数。然后，以当月符合条件的文章数与当月刊发的文章总数比值得到月度中国经济政策不确定性指数。此外，他们将样本分为了三个时期：计划经济时期（1949 ~ 1978 年）、改革开放时期（1979 ~ 1999 年）以及全球化时期（2000 以后）。由于每个时期的报纸报道倾向和内容具有较大差异，故使用全球化时期的数据对各时期报纸的文章频次进行了标准化。最后对标准化后的月度各报纸文章数取平均值得到最终的中国经济政策不确定性指数。

续表

稳健性检验1：更换经济政策不确定性指数来源			稳健性检验2：改变经济政策不确定性指数的处理方式		
变量	投资不足	过度投资	变量	投资不足	过度投资
Industry	控制	控制	*Industry*	控制	控制
N	5641	5498	*N*	5641	5498
R^2	0.1293	0.1357	R^2	0.1405	0.1461
稳健性检验3：更换企业投资偏离度计算方法			稳健性检验4：采用不同的企业集团定义		
变量	投资不足	过度投资	变量	投资不足	过度投资
EPU	0.0046 * (1.74)	0.0015 (0.20)	*EPU*	0.0203 *** (2.74)	0.0076 ** (2.19)
GROUP	−0.0053 (−0.44)	−0.0157 (−0.50)	*GROUP*	−0.0302 ** (−2.26)	0.0248 ** (2.53)
EPU × GROUP	−0.0053 ** (−2.19)	0.0123 ** (2.01)	*EPU × GROUP*	−0.0074 ** (−2.41)	0.0137 *** (3.64)
Controls	控制	控制	*Controls*	控制	控制
Year	控制	控制	*Year*	控制	控制
Industry	控制	控制	*Industry*	控制	控制
N	5732	5407	*N*	5641	5498
R^2	0.1194	0.0998	R^2	0.1402	0.1507
稳健性检验5：以美国经济政策不确定性指数为工具变量			稳健性检验6：控制时间、企业因素影响		
变量	投资不足	过度投资	变量	投资不足	过度投资
EPU	0.0394 *** (3.65)	0.0587 ** (2.21)	*EPU*	0.0218 *** (3.03)	0.0149 ** (2.01)
GROUP	−0.0207 ** (−2.19)	0.0264 ** (2.58)	*GROUP*	−0.0041 * (−1.76)	0.0087 (0.42)
EPU × GROUP	−0.0203 ** (−2.25)	0.0172 * (1.93)	*EPU × GROUP*	−0.0045 * (−1.82)	0.0057 * (1.68)
Controls	控制	控制	*Controls*	控制	控制
Year	控制	控制	*Year*	控制	控制

续表

稳健性检验5：以美国经济政策不确定性指数为工具变量			稳健性检验6：控制时间、企业因素影响		
变量	投资不足	过度投资	变量	投资不足	过度投资
Industry	控制	控制	*Individual*	控制	控制
N	5641	5498	*N*	5641	5498
R^2	0.1354	0.1382	R^2	0.0989	0.1050

稳健性检验7：控制时间、行业和企业因素影响			稳健性检验8：控制时间、行业和地区因素影响		
变量	投资不足	过度投资	变量	投资不足	过度投资
EPU	0.0263 *** (3.02)	0.0135 ** (1.98)	*EPU*	0.0223 ** (2.51)	0.0086 ** (2.01)
GROUP	−0.0178 ** (−2.11)	0.0053 (0.27)	*GROUP*	−0.0209 * (−1.76)	0.0109 (1.28)
EPU × GROUP	−0.0076 ** (−2.05)	0.0068 ** (2.03)	*EPU × GROUP*	−0.0072 ** (−2.03)	0.0064 ** (2.15)
Controls	控制	控制	*Controls*	控制	控制
Year	控制	控制	*Year*	控制	控制
Industry	控制	控制	*Industry*	控制	控制
Individual	控制	控制	*Province*	控制	控制
N	5641	5498	*N*	5641	5498
R^2	0.1392	0.1358	R^2	0.1406	0.1352

注：*** 表示该系数在1%水平上双边检验显著；** 表示该系数在5%水平上双边检验显著；* 表示该系数在10%水平上双边检验显著，括号中为经过企业层面聚类调整的 t 值。

（2）改变经济政策不确定性指数的处理方式。为排除数据处理方式对主要回归结果的影响，本章参照饶品贵和徐子慧（2017）的处理方式，将年度经济政策不确定性指数除以 100，以此来衡量中国经济政策不确定性，再对模型（6.3）重新进行回归分析，回归结果见表 6–13 的稳健性检验2。

（3）采用不同的企业投资效率计算方法。由于企业投资效率难以直接准确衡量，不同学者提出了不同的计算方法。为说明企业投资效率的计算方法不影响主要回归结果，本章依照比德尔等（Biddle et al.，2009）的做法，重新计算模型（6.1）中的非效率投资。使用营业收入的增长率作为企业成长性的度量指标，并将企业成长性作为主要解释变量，企业新增投资作为被解释变量，代入模型（6.1）重新计算企业投资效率，再对模型（6.3）重新进行回归分析，回归结果见表6-13的稳健性检验3。

（4）采用不同的企业集团定义。目前关于企业集团的定义仍有争议，为说明本章结论不受不同企业集团定义方法的影响，本章依据窦欢等（2014）的标准，重新界定企业集团：若该企业的第一大股东为实体经营企业，且同时控制着多个独立企业，则将该企业定义为集团企业（group = 1）。再对模型（6.3）重新进行回归分析，回归结果见表6-13的稳健性检验4。

（5）模型的内生性问题。由于前文对解释变量和控制变量均滞后一期，并且经济政策属于宏观政策，而企业的微观行为对宏观政策影响较小，因此，本章变量之间的双向因果关系较弱。尽管本章用到的经济政策不确定性对于企业的投资行为而言较为外生，但考虑到我国政府的宏观调控政策依据与企业经营状况和发展表现具有一定的相关性，两者的双向因果关系可能仍然存在。为解决这一问题及本章可能存在遗漏变量偏误问题，本章借鉴张成思和刘贯春（2018）的做法，考虑到中美宏观经济政策尤其是货币政策的联动性，选取美国经济政策不确定性指数作为中国经济政策不确定性指数的工具变量，对模型（6.3）进行2SLS估计，其检验的F值分别为205.708和166.608，远大于10，说明本章选取的工具变量有效，具体的回归结果见表6-13的稳健性检验5。

（6）控制不同固定效应组合。由于我国企业个体发展可能存在差异，为减少不随时间变化的企业个体差异以及时间趋势对本章结果可能产生的影响，本章对企业个体固定效应和时间效应加以控制，得到表6-13稳健性检验6中的回归结果；由于不同的行业特征也可能影响企业投资效率，因此，本章在稳健性检验6的基础上进一步控制了行业固定效应，回归结果见表6-13的稳健性检验7；此外，我国经济发展可能具有较强的区域异质性，不同地区的发展水平可能存在差异，为进一步减少地区特征对本章的影响，本章同时对时间固定效应、行业固定效应以及地区固定效应加以控制，回归结果见表6-13的稳健性检验8。

根据表6-13，可以发现本章的回归结果并未受到变量定义、计算方法以及模型内生性等问题的影响，稳健性检验结果与前文研究结论基本一致，表明本章的研究结果是较为稳健的。

6.5 本章结论与政策启示

经济政策不确定性如何影响企业投资效率，现有研究相对不足且尚未取得一致的结论，并且忽略了企业间相互依赖关系可能造成的影响。因此，本章基于集团成员企业间互动的角度，以 2008 ~ 2017 年中国 A 股上市企业为样本，研究经济政策不确定性对微观企业投资效率的影响。研究结果表明，经济政策不确定性降低了企业的投资效率，具体表现为企业投资不足或过度投资。集团化经营对经济政策不确定性情况下企业投资效率的影响具有"双刃剑"效应，虽然通过缓解融资约束和分散风险减少了投资不足，但也因为降低融资约束和弱化企业治理功能加剧了过度投资。对于国有企业和市场化程度较高地区的企业而言，因为其面临着较小的融资约束，所以集团化经营对经济政策不确定性下企业投资不足的缓解作用有所降低，同时，由于这些企业面临着更严格的内外部监督环境，减轻了集团内部的代理问题，以至于集团经营对经济政策不确定性引致的过度投资的增量作用被削弱。

本章为理解经济政策不确定性与企业投资效率的关系，以及集团化经营如何影响这种关系提供了系统化的理论逻辑和经验证据。本章的主要贡献在于发现了集团化经营这一缓解和对冲经济政策不确定性不利影响的新策略，识别了企业集团破解外部经济政策风险的有效性边界，即在企业集团代理问题不高例如控制链条较短的条件下，集团化经营的有利作用相对更强，或者在投资效率低下，且投资总量不足从而使得促进整体投资水平提升成为主要矛盾的条件下，采取集团化经营的相对优势更高、必要性更强；同时，从企业内部因素（产权性质）和外部因素（市场化进程）两个方面探讨了集团化经营在缓解经济政策不确定性不利影响方面产生的异质性影响。此外，本章还从集团经营的角度深化了我们关于经济政策不确定性对微观企业投资决策作用机制的认识，解释了经济政策不确定性在实物期权机制（通过集团多元化的作用）、金融摩擦机制（通过集团内部资本市场的作用）和代理问题方面（通过集团金字塔层级的作用）对投资决策的影响渠道。

本章还具有一定现实意义。首先，为了提升企业集团对于补充和替代不完善市场机制以及抵御外部风险的有效作用，应该从企业集团内部特征和外部监管环境两个方面抑制代理问题。当前中国外部资本市场发展相对不完善，部分企业经营面临着较强的外部融资约束，同时政府仍采取频繁的政策调整手段进行经济干预，企业经营受到较强的不确定性风险冲击，此时，企业集团不仅可以作为市场失灵时的制度弥补，还可以对冲政策不确定性引致的风险。但若要使企业集团能够产生理想的效果，则需要从集团内部特征和外部环境两方面加强对企业集团监督治理机制的建设，抑制其内部代理问题的发酵。首先，可以缩短企业集团的金字塔链条长度，降低所有权与控制权的分离程度，进而防止代理问题加剧；其次，可以完善信息披露制度，尤其要披露关联交易信息，防范违规资金占用和违规担保等掏空行为的发生。

其次，集团化经营可以作为经济政策不确定性时避免投资水平下降的"稳定器"。在"十三五"规划收官的 2020 年，在分析疫情防控和经济形势后，党中央强调要加大"六稳"工作力度以及提出"六保"任务，其中稳投资是"六稳"工作的重要环节之一。集团化经营缓解成员企业融资约束的功能无疑会提升企业的投资水平，在出现投资总量下降的整体趋势时起到稳定投资的作用①。因此政府和相关企业不仅可以将集团化经营纳入应对外部政策不确定性风险的"工具箱"，还可以将它作为避免投资水平下降的"稳定器"。政府利用企业集团的产业政策可以实现企业投融资的有效结合，保障经济的平稳健康运行。

最后，考虑到企业集团无法做到对外部资本市场功能的完全替代，这也就呼唤政府应该着力于市场化体系的建设和完善。集团化经营对由政策风险引致的企业非效率投资具有"双刃剑"效应，而市场化的高水平发展

---

① 前文表 6-5 列出了相关的实证检验结果，发现集团化经营能够缓解经济政策不确定性对企业投资水平的抑制作用，能防止投资水平的过快下降。

则能带来企业投资效率的综合提升。这就说明构建企业集团的产业政策只能作为市场制度缺失时的次优选择。因此，为实现我国经济高质量发展的目标任务，政府应该深入推进市场化改革。在保障我国市场化水平整体提升的改革方向下，不断缩小各地区市场化发展水平的差距，在发展中寻求整体的相对平衡与协调的状态，最终建设起与经济高质量发展相适应的高水平市场化机制。

第 7 章
经济周期与企业集团成员企业的投资决策

7.1 问题的提出

自 2008 年金融危机以来，世界经济经历了动荡，金融市场的顺周期波动以及可能产生的系统性风险也随之引起了政策部门的广泛关注。例如，我国于 2009 年首次提出了宏观审慎的管理制度，以预防和有效化解各类潜在的金融风险。另一方面，面对百年变局，2021 年 12 月召开的中央经济工作会议则进一步指出，经济工作要"稳字当头、稳中求进"，需要继续做好"稳投资"等"六稳"以及"保市场主体"等"六保"工作，"保持经济运行在合理区间"。而现有相关理论也提醒我们，在对系统性风险进行防范的同时，还应关注金融市场顺周期波动对实体经济稳定性的影响，尤其是对企业投资活动稳定性的影响。就理论上而言，由于经济周期中金融摩擦因素的存在，银行通常会将贷款规模与贷款价格和企业资产净值联系在一起，企业资产净值的周期性变动将引致其外部贷款条件的变动，并最终传导到了企业投资行为上，从而放大企业投资的顺周期波动（Bernanke and Gertler，1989；Bernanke et al.，1999；Erel et al.，2012）。给定这些理论分析，我们进一步感兴趣的是，在我国强调宏观调控要坚持"跨周期"调节和促进中长期结构性转变的导向下，短期刺激性政策的实施空间势必缩减，那么，我国的市场环境中是否存在"稳投资"的重要调节因素？是否存在不依赖短期政策干预便可自发运行的内在"稳定器"？本章试图在现有理论基础上从组织结构异质性出发，探讨我国企业集团是否通过内部资本市场的作用，降低了企业投资水平的顺周期变动。换而言之，企业集团是否可以充当"稳投资"的有效组织装置。

本章之所以关注企业集团这一组织形式，主要出于以下原因。一方面，就政策意义而言，受日韩等国的大型企业集团在促进其产业跨越式发展成功经验的启发，我国也偏好于通过组建企业集团以推进产业升级（周黎安、罗凯，2005）。例如，2008 年金融危机后，我国实施了十大产业振兴计划，明确了组建大型企业集团作为产业振兴的抓手；"十四五"规划也提出在新兴产业发展上，要通过兼并重组，避免低水平重复建设。同时，大量经验证据也发现企业集团确实发挥了促进企业技术创新推动产业升级的作用（黄俊、陈信元，2011；蔡卫星等，2019）。但我国在新旧动能转换的同时也存在"稳增长"的压力与挑战，那么企业集团在此过程中又扮演着怎样的角色？倘若企业集团在推进产业升级之外，还具有稳定企业投资决策的作用，则会为我国平稳度过供给侧结构性改革的"稳增长"阵痛期以及实现经济高质量发展，提供积极与稳固的组织基础。另一方面，从理论上看，企业集团的内部资本市场可以实现对外部资本市场的替代（Bernanke and Gertler，1989），这就为有效应对外部金融和信贷市场波动对实体经济可能造成的震荡，提供了一种缓冲机制。鉴于宏观经济条件变化与金融市场运行的正向关系，我们感兴趣的是，相对于独立企业，企业集团的投资变动与外部宏观经济环境变化的关系是否更不敏感。对该问题的回答，不仅可以对卡纳和雅菲（2007）提出应就企业集团的"多效性"进行更丰富研究的呼吁进行回应，也有利于深化我们对企业集团在发展中国家所能发挥积极作用的理论认识。

为此，本章以 2007～2019 年我国 A 股上市企业为样本，研究集团化经营在调节宏观经济波动对企业投资影响中的作用，我们将主要聚焦于以下问题的研究：首先，当宏观经济环境变动时，相对于独立企业，集团成员企业投资的周期性表现是否呈现出显著差异？其次，企业集团具体通过怎样的作用机制影响宏观经济与企业投资之间的关系？最后，就异质性而言，在投资机会、内部资本生成能力、现金流波动性不同的企业中，企业集团对宏观经济波动与企业投资间关系的调节效应是否发生改变？本章研究发现：（1）宏观经济波动使企业投资呈现顺周期现象，与独立企业相比，集团成员企业投资的顺周期变动趋势更加不明显。（2）在作用机制上，集团化经营可以通过内部资本市场缓解融资约束以实现对外部资本市场的替代，使成员企业对由宏观经济波动引致的外部融资环境变化更加不敏感，一定程度上减小了投资波动。（3）在投资机会高、内部资本生成率低或者现金流波动性大的企业中，集团内部资本市场缓解融资约束的功能得到更好的发挥，其投资呈现出更为显著的投资"逆周期"。

与以往研究相比，本章主要贡献在于：第一，本章丰富了企业集团积极作用与存在合理性的相关研究。大量相关文献强调企业集团中金字塔式的所有权结构和交叉持股行为为控股股东的"隧道"活动提供了便利，即企业集团成为控股股东侵占小股东利益的"装置"（Bae et al.，2002；Khanna and Yafeh，2007）。法西奥等（Faccio et al.，2021）进一步发现，企业集团的存在会损害股价的信息反馈机制，进而降低股市的资本配置效率。这些发现对企业集团的存在合理性提出了质疑。然而，企业集团这一组织形式仍然较为流行，尤其是广泛存在于许多发展中国家（Khanna and Yafeh，2007；Gopalan et al.，2007），如何解释企业集团存在的合理性？另一类研究发现企业集团能通过内部资本市场的资金调配功能，为成员企业缓解融资约束，从而实现对外部资本市场缺失的替代（Almeida et al.，2015），这证实了企业集团积极作用的存在。本章则进一步探讨了企业集团内部资本市场的积极作用：缓冲因宏观经济条件变化而造成的投资波动性，即企业集团可能具有"稳投资"功能的组织装置。

第二，在宏观经济波动引致外部融资环境顺周期变化的情境下，本章有利于统一现有关于外部融资环境与企业集团投资关系的发现与认识。关于外部融资环境与企业集团投资关系的文献较少，主要包含两篇：塔佩等（Thape et al.，2020）发现，债权人权力保护的加强改善了企业的外部融资环境，使得企业更容易获得银行贷款，而鉴于集团成员企业相对于独立企业更容易获取低成本的内源融资，这就使得独立企业从外部信贷市场改善过程中获得了相对更多的融资，独立企业的投资水平的增加程度也相对于集团成员企业更大；阿尔梅达等（Almeida et al.，2015）发现在亚洲金融危机的冲击下，企业外部融资环境恶化，此时企业集团可以通过内部资本市场的运作缓解成员企业的融资约束，这便使得成员企业的投资下降幅度相对于独立企业更小。结合以上两方面的研究，容易发现若在外部融资环境改善条件下企业集团投资水平增加幅度相对减少，在外部融资环境恶化环境下企业集团投资水平下降幅度也相对较小，即企业集团具有"双向调节"的功能。为此，本章在宏观经济环境变化情境下，进一步验证了企业集团的该功能，发现随着宏观经济条件的变化，独立企业投资水平的变动幅度显著大于集团成员企业，该项工作使得现有关于外部融资环境与企业集团关系的相关研究得到了统一。

第三，本章的分析有助于我们认识企业集团在外部金融市场发展的不同阶段所具有的时变特征。法西奥等（2021）发现企业集团内部资本市场的资金调配机制，会导致成员企业的股价对外部商品价格的冲击不敏感，从而使股价变动的信息反馈机制失效。本章则基于我国银行体系在金融市场中的主导作用，发现了企业集团"稳投资"的积极作用。因此，本章不仅发现了企业集团新的积极作用或"阳光面"，还对认识企业集团相对重要性的时变特征有所启发：当经济水平较高，股票市场的资本配置作用较高时，股票信息反馈机制更重要，此时企业集团的存在会降低资本配置效率。而在现阶段，我国的金融市场发展不完善，资本市场尤其是股票市场发展水平较低，银行仍然占据着金融体系的主导地位，此时企业集团的"稳投资"作用占优。但随着资本市场改革的深化，我国金融市场的主导地位将逐渐由银行体系向资本市场转移，这也意味着企业集团的作用将随之发生改变。因此，本章的研究有助于厘清外部金融市场发展阶段与企业集团的关系，并能为不同经济发展阶段如何发挥企业集团的作用提供借鉴。

第四，本章借助企业集团这一特殊的组织形式，拓展了宏观经济环境与微观企业行为的相关文献。后金融危机时期，宏观经济学家逐渐认识到了代表性个体假设的局限性，呼吁要将市场主体的异质性纳入宏观经济分析的理论框架（Kaplan et al. , 2018；Ahn et al. , 2018），然而，虽然现有研究从企业规模（邢天才、庞士高，2015）、政治关联（潘敏、魏海瑞，2015）、银企关联（Dittmann et al. , 2010）等角度探究了微观主体的异质性对宏观经济变动的反应有何差异，但它们均将企业看作孤立的个体，忽视了企业之间股权关联可能造成的影响。本章不仅通过引入企业集团这一特殊的组织形式，拓展了宏观经济研究中异质性主体的相关文献，并从企业集团的角度深化了宏观经济条件变动向微观企业行为传导机制的研究。

本章其余部分安排如下：7.2 节是理论分析和研究假设，7.3 节是变量定义和研究设计，7.4 节是实证结果分析，最后是结论与建议。

7.2 经济周期与集团成员企业投资关系的理论分析

7.2.1 宏观经济条件与企业投资

莫迪里阿尼和米勒（Modigliani and Miller，1958）认为，在完美市场中，企业的投资决策仅受到其投资机会净现值的影响，然而现实中，宏观经济波动带来的外部融资环境的变化，将使企业投资决策也相应发生改变（Devereux and Schiantarelli，1989；Gulen and Ion，2013；McLean and Zhao，2013）。结合已有文献，本章认为，企业投资决策将呈现明显的顺周期特点。

根据金融摩擦理论，宏观经济条件主要从融资成本和融资规模两方面对企业的外部融资造成影响（Bernanke and Gertler，1989；Bernanke et al.，1999；Erel et al.，2012），进而影响企业投资决策。一方面，由于金融摩擦的存在，银行等金融机构通常会依据企业的资产净值或者资产负债表情况决定提供给企业的贷款成本与贷款规模。在经济下行时期，企业的资产净值下滑，资产负债表情况恶化，债务违约概率增加（Goodfriend and Mc-Callum，2007），且抵押资产价值也相应降低（吴华强等，2015），银行等金融中介为了降低借贷风险，会选择提高贷款成本，降低贷款规模（Talavera et al.，2012；Bernanke et al.，1999）。另一方面，在经济下行时期，负向冲击同样会弱化银行的财务状况，这将使其选择提高贷款成本与审核标准，压缩信贷规模以维持自身运营（Talavera et al.，2012；Bai et al.，2011）。此时，企业的贷款规模减小、贷款成本上升，外部融资环境恶化，这将直接导致企业投资规模的下滑。而在经济繁荣时期，企业的资产净值增加，债务违约概率减小，其外部融资成本下降，融资规模提升（Bernanke et al.，1999）。同时，宏观经济的上行也促进了金融行业的繁荣发展，银行资产负债表情况良好，金融中介可提供的信贷规模扩大，此时，银行为企业提供的信贷供给增加、信贷成本下降，企业面临着宽松的外部融资环境（罗时空、龚六堂 2014；吴华强等，2015）。外部融资约束的减小使企业更有能力进行投资扩张行为。

综合以上分析，企业外部融资的顺周期性使其投资也呈现顺周期变动。

假设 7.1 企业投资呈现顺周期特点，即在经济上行时，企业投资规模增加，经济下行时，企业投资规模减小。

7.2.2 宏观经济条件、集团化经营与企业投资

既然外部融资环境的周期性变动会影响企业的投资行为，那么作为外部资本市场的补充，内部资本市场又将如何影响宏观经济条件与企业投资间的关系？许多研究认为，一家企业能否取得成本更低的内部资本以减轻获取外部融资的限制，取决于其是否隶属于企业集团（Chang and Hong，2000；Gopalan et al.，2007）。因此本章将企业集团这一特殊的组织形式引入宏观经济条件与投资的分析框架，探究集团内部资本市场在其中起到的作用。集团成员企业间具有大量的业务和财务联系，并由内部人士共同管理，因此集团从属关系允许企业共享集团内部的资源或者进行内部业务交易（Gopalan et al.，2007；Shin and Park，1999；Chang and Hong，2000），通过在集团内部资源的共享和转移，关联企业可以克服信贷约束。换言之，企业集团内部形成一个资本市场，该市场可以部分取代外部资本市场的功能（Almeida et al.，2015）。这也使得集团企业对宏观经济条件变动引致的外部融资环境变动的敏感性相对更低。表现为在经济繁荣时期，集团企业的投资规模增长相对较少，在经济衰退时期，集团企业的投资也不会出现大幅下降。

首先，企业集团可以通过内部资本市场实现资金的统一调配，为成员企业提供内部借款渠道（窦欢等，2014；蔡卫星等，2019），并且成员企

业通过内部融资渠道获取资金的交易成本更低，因此，集团内部的融资可以实现对昂贵外债的替代（Bernanke and Gertler，1989）。其次，在集团内部贷款的成员企业往往享受着更为宽松的贷款条件，在其自身出现财务困难时将被允许进行重新谈判，这将显著降低成员企业的违约风险，也意味着通过集团内部资本市场进行融资可以规避成员企业外部融资违约带来的声誉损害（Gopalan et al.，2007）。此外，集团的内部融资渠道还使成员企业避免了因外部债权人的过度监督导致的决策灵活性损失（Lin et al.，2011）。企业集团的组织形式不仅有助于成员企业克服筹集昂贵外部资本的限制，降低了外部违约风险，还避免了其在决策过程中失去财务灵活性。因此，相较于外部融资渠道，集团成员企业更倾向于通过内部融资获取资金（Shin and Park，1999）。进一步地，与发达国家相比，新兴市场的企业筹集外部资本的成本通常更高（Wurgler，2000），所以在新兴市场的企业中，企业集团的内部资本市场往往起着更大的作用（Gopalan et al.，2007）。因此，与独立企业相比，集团成员可以通过内部融资满足投资需求，实现对低效外部资本市场的替代，这减少了其在经济衰退期间陷入财务困境而大幅缩减投资的风险，也降低了其在经济繁荣时期面对外部信贷扩张而使投资骤升的可能性。

综合以上分析，企业集团内部资本市场的内部资金调配功能为其增加了内源融资途径。通过内部资本市场，集团成员企业可以克服筹集昂贵外部资本的限制，降低外部违约风险，避免在决策过程中因失去财务灵活性所导致的成本损失（Leary and Roberts，2005），因此成员企业将优先选择内部融资渠道获取资金。宏观经济条件变化引致的企业外部融资顺周期性加剧了投资波动，而企业集团利用其内部资本市场可以实现对外部资本市场的替代，使其成员企业对外部融资环境的变动更加不敏感，在一定程度上减小了投资波动。表现为，与独立企业相比，在经济繁荣时期，集团成员企业的投资增加幅度相对较小；在经济衰退时期，集团成员企业的投资下降幅度也更小。

假设 7.2 与独立企业相比，集团成员企业对由宏观经济条件变化引致的外部融资环境变动更加不敏感，其投资呈现相对"逆周期"性。

7.3 经济周期与集团成员企业投资关系的研究设计

7.3.1 变量定义和数据来源

1. 企业投资

本章主要采用以下两种方式衡量投资指标。借鉴陈等（Chen et al.，2007）、马尔曼迪尔和泰特（Malmendier and Tate，2005）、古伦和伊昂（Gulen and Ion，2016）等研究，本章使用资本支出除以上期总资产作为投资的基准衡量，其次，采用资本支出与研发支出之和除以上期总资产来代表企业的持续投资和研发行为。此外，本章还参考福柯和弗雷萨德（Foucault and Fresard，2012）、连立帅等（2019）、陈等（2007）的研究，采用固定资产与在建工程的年度变化值与企业研发支出之和除以上期总资产以及总资产变化值除以上期总资产作为稳健性检验中投资的替代变量。

2. 企业集团

对于上市公司是否隶属于企业集团的判断，本章参考何等（2013）、蔡卫星等（2019）的定义，利用企业年报公布的最终控制人和股权控制链信息，手工识别上市公司的集团性质，如果某个上市公司的最终控制人在同一年度同时控制两家及以上的上市公司，则称这些公司同属于一个企业集团。一个典型的企业集团如图 7－1 所示。

3. 宏观经济条件

GDP 作为衡量宏观经济状况的三大指标之一，在宏观经济分析中的地位举足轻重，因此，本章以 GDP 指标为基础，并参考法西奥和布莱恩（2020）、戚等（Qi et al.，2017）、郭威等（2019）的研究，使用实际 GDP 增长率作为衡量宏观经济环境变动的代理变量。使用实际 GDP 增长率主要出于以下考量，首先，实际 GDP 增长率可以剔除通货膨胀带来的影响，其次，使用这一连续变量可以规避直接定义经济上行或者下行的虚拟变量带来的信息损失。

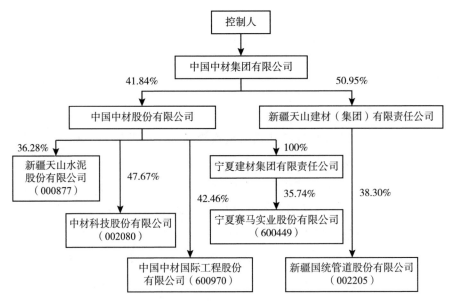

图 7－1　2009 年中国中材集团有限公司的控制结构

本章选取 2007～2019 年 A 股上市企业为样本，从 CSMAR 数据库获得数据并对样本做如下处理：一是剔除 ST 企业、金融行业和所需数据缺失的企业；二是为减少企业个体特征和时间效应对本章结果的影响，模型中均控制了年度和企业个体固定效应；三是为降低样本数据异常值的影响，对企业层面连续变量均进行 1% 分位数缩尾的处理；四是为了减少样本数据聚集性特征的影响，对回归系数标准差进行了企业层面的聚类调整，最终得到 18497 个样本。表 7－1 对主要变量的定义进行了说明。

表 7－1　　　　　　　　　　　变量定义和计算方法

变量符号	变量名称	变量定义
GDPGrowth	宏观经济条件	实际 GDP 增长率
Investment	企业投资	*Investment*1 = 资本支出/上期总资产；*Investment*2 =（资本支出 + 研发支出）/上期初总资产

续表

变量符号	变量名称	变量定义
Group	集团化经营	是否属于企业集团，属于企业集团为1，否则为0
ROA	资产回报率	资产回报率，采用当年的净利润与年末总资产衡量
Lev	企业资产负债率	采用企业当年的资产负债率衡量
*Top*1	第一大股东持股	采用第一大股东持股数占总股本的比例衡量
IDP	独立董事占比	采用独立董事人数占董事会总人数比例衡量
OCF	经营活动净现金流	采用经总资产调整的企业经营净现金流衡量
SOE	最终控制权性质	若为国有产权则取值1，否则为0
Dual	CEO 两职合一	若该年度 CEO 兼任董事长取值1，否则为0
TQ	投资机会	采用企业市值/总资产衡量

表 7 - 2 为样本的变量描述性统计结果。可以看出，本章的主要变量投资规模（*Investment*1、*Investment*2）的样本均值分别为 0.062、0.0876，企业集团（*Group*）的样本均值为 0.234，即在样本中集团化经营企业在上市公司中所占比例约为 23.4%。本章的控制变量如企业资产负债率（*Lev*）的样本均值为 0.395，企业资产回报率（*ROA*）的样本均值为 0.0505，企业独立董事占比（*IDP*）的样本均值为 0.374，经营活动净现金流（*OCF*）的样本均值为 0.044，投资机会（*TQ*）的样本均值为 2.05，最终控制权性质（*SOE*）的样本均值为 0.4038，与以往同类文献研究的研究数据较为接近，说明数据在较大程度上可信。

表 7 - 2   **主要变量的描述性统计**

变量	N	Mean	Std	Min	P25	P50	P75	Max
*Investment*1	18497	0.0620	0.0580	0.0011	0.0200	0.0434	0.0842	0.2610
*Investment*2	18497	0.0876	0.0655	0.0035	0.0401	0.0709	0.1171	0.3020
GDPGrowth	18497	0.0732	0.9637	0.0665	0.0667	0.0686	0.0777	0.1425
Group	18497	0.2340	0.4240	0	0	0	0	1
Lev	18497	0.3950	0.2020	0.0514	0.2305	0.3827	0.5464	0.8614
ROA	18497	0.0505	0.0564	- 0.1485	0.0192	0.0459	0.0810	0.2085

续表

变量	N	Mean	Std	Min	P25	P50	P75	Max
OCF	18497	0.0440	0.0672	−0.1478	0.0059	0.0426	0.0836	0.2322
IDP	18497	0.3740	0.0528	0.3333	0.3333	0.3333	0.4286	0.5714
SOE	18497	0.4038	0.4906	0	0	0	1	1
TQ	18497	2.0500	1.1690	0.9157	1.2922	1.6713	2.3658	7.3776
Dual	18497	0.2920	0.4550	0	0	0	1	1
*Top*1	18497	0.3510	0.1460	0.0900	0.2372	0.3355	0.4499	0.7319

7.3.2 研究设计

借鉴戚等（2017）、塔佩等（Thapa et al., 2020）的研究，本章构造模型（7.1）来检验相较于独立企业，在集团企业中，企业投资是否对宏观经济条件的变动更加不敏感，即呈现相对"逆周期"性。

$$Investment_{i,t} = \beta_0 + \beta_1 Group_{i,t} + \beta_2 GDPGrowth_t + \beta_3 GDPGrowth_t \times Group_{i,t}$$
$$+ \beta_4 X_{i,t-1} + \eta_i + \delta_t + \varepsilon_{i,t} \#\tag{7.1}$$

模型（7.1）中被解释变量 *Investment* 表示企业投资规模；*GDPGrowth* 为反映宏观经济条件的变量；*Group* 表明企业的集团隶属关系，若属于企业集团则为1，否则为0。同时参考已有研究，为了控制企业的自身特征及财务状况等因素，本章的控制变量选取资产回报率（*ROA*）、资产负债率（*Lev*）、TobinQ值（*TQ*）、两职合一（*Dual*）、独立董事占比（*IDP*）、经营活动净现金流（*OCF*）、最终控制权性质（*SOE*）、第一大股东持股比例（*Top*1）等变量。控制变量均滞后一期，以缓解内生性问题。同时控制企业个体和年份固定效应。

模型（7.1）主要关注的是 *GDPGrowth*，以及其与企业集团（*Group*）的交互项 *GDPGrowth* × *Group*。根据前文假设，企业获取的外部债务融资呈现顺周期变动，从而使投资资金的可得性在经济繁荣时期增加，在经济衰退时期减小。而与独立企业相比，考虑到集团成员企业的内部资本市场可以实现对低效外部资本市场的替代，因此集团成员企业投资对宏观经济条件变化引致的融资环境变动敏感性更低，即集团成员企业的投资呈现相对

"逆周期"性。所以，我们预期 *GDPGrowth* 的单独项系数为正，*GDPGrowth* 与 *Group* 的交互项系数为负。

7.4 经济周期与集团成员企业投资关系的实证分析

7.4.1 基本模型分析

基于上述回归模型，本章采用 OLS 估计重点考察了宏观经济条件、企业集团以及二者交互作用对企业投资的影响，所有模型估计中均控制了企业个体与时间固定效应，并对回归系数的标准差进行了企业层面的聚类调整。

表 7-3 列示了相应回归结果。其中第（1）列和第（2）列是宏观经济条件、集团化经营与企业投资的回归结果，第（3）列和第（4）列分别在第（1）列和第（2）列的基础上加入了主要控制变量，以控制其他因素的影响。首先，第（1）列和第（2）列的结果显示，*GDPGrowth* 的估计系数为正且在 1% 的显著性水平上显著，加入主要控制变量后 *GDPGrowth* 系数仍然为正且显著，上述结果证实了宏观经济学文献中普遍认为的宏观经济条件和投资之间的正相关关系，表明企业投资呈现顺周期特点，从而验证了本章的假设 7.1：宏观经济条件变动引致的企业外部融资环境的变化，使企业投资呈现顺周期。

为了验证假设 7.2，即与独立企业相比，集团成员企业的投资是否呈现相对"逆周期"性，本章将关注的重点放在交乘项 *Group* × *GDPGrowth* 上，在未加入控制变量时，第（1）列和第（2）列的结果显示，*Group* 与 *GDPGrowth* 的交乘项估计系数在 1% 的显著性水平上显著为负，加入主要控制变量后第（3）列和第（4）列的估计系数仍然为负且显著，从而验证了本章的假设 7.2：与独立企业相比，集团成员企业投资对经济波动的敏感性更低，呈现相对逆周期性，即企业集团在宏观经济环境变动时起到了"稳投资"的作用。

表 7 - 3 宏观经济条件对企业投资的影响

变量	(1)	(2)	(3)	(4)
	Investment1	Investment2	Investment1	Investment2
GDPGrowth	0. 807 ***	0. 757 ***	0. 615 ***	0. 527 ***
	(14. 15)	(11. 81)	(11. 23)	(8. 65)
Group	0. 008 **	0. 009 **	0. 006	0. 007 *
	(2. 01)	(2. 13)	(1. 60)	(1. 77)
GDPGrowth × Group	- 0. 129 ***	- 0. 157 ***	- 0. 079 **	- 0. 102 **
	(- 3. 29)	(- 3. 54)	(- 2. 07)	(- 2. 41)
Lev			- 0. 041 ***	- 0. 048 ***
			(- 7. 57)	(- 8. 20)
ROA			0. 105 ***	0. 121 ***
			(9. 91)	(10. 15)
TobinQ			0. 004 ***	0. 006 ***
			(7. 48)	(10. 03)
OCF			0. 014 *	0. 018 **
			(1. 87)	(2. 14)
IDP			- 0. 017	- 0. 022
			(- 1. 20)	(- 1. 44)
Dual			0. 005 ***	0. 006 ***
			(3. 20)	(3. 33)
Top1			0. 045 ***	0. 047 ***
			(4. 38)	(4. 18)
SOE			- 0. 007	- 0. 005
			(- 1. 39)	(- 1. 03)
Constant	0. 009 ***	0. 038 ***	0. 017 **	0. 047 ***
	(3. 16)	(11. 48)	(2. 27)	(5. 70)
N	18497	18497	18497	18497
Firm	Y	Y	Y	Y
Year	Y	Y	Y	Y
Adj. R^2	0. 115	0. 0899	0. 153	0. 139

注: ***、**、*分别表示估计系数在 1%、5% 和 10% 的水平上显著, 括号中为经过企业层面聚类调整的 t 值。

前文中，本章初步验证了在宏观经济环境变化时，集团成员企业投资的相对低波动性，但考虑到在实际中，GDP 数据的统计可能存在一定偏误，这将导致其对经济运行状况反映的准确性有所下降（Henderson et al.，2012；孟连、王小鲁，2000），进而影响本章的估计结果。因此，为了探究 GDP 统计数据可能存在的偏误是否对本章结果产生了影响，本章选取夜间灯光亮度变化率作为 GDP 增长率的替代指标进行检验，选取的理由如下：夜间灯光数据能够监测人类经济活动所带来的照明亮度变化，是地区经济活跃程度的良好表征（Donaldson and Storeygard，2016；Michalopoulos and Papaioannou，2014），并且具有以下优点，首先，夜间灯光数据来源于卫星搭载的传感器，不受主观因素的过多干扰，具有客观性（Donaldson and Storeygard，2016）；其次，夜间灯光数据可以反映 GDP 数据中无法记录的地下经济活动，具有全面性（Sutton and Costanza，2002）；此外，该数据不受物价水平变化的影响，在时间维度上具有可比性。综上所述，夜间灯光亮度变化率可以作为 GDP 增长率指标的良好替代。考虑到常用的两种夜间灯光遥感数据 DMSP – OLS 和 NPP – VIIRS 存在不可比的情况，本章参考李等（2017）在研究中的数据相互校正方法，以 DMSP/OLS 数据为标准，利用 NPP/VIIRS 数据拟合对应年份的 DMSP/OLS 数据，进行跨传感器校正，最终得到 2007 ~ 2019 年我国的夜间灯光数据。表 7 – 4 报告了使用夜间灯光亮度变化率（*DNGrowth*）替代 GDP 增长率的回归结果，其中第（3）列和第（4）列分别在第（1）列和第（2）列的基础上加上了主要的控制变量，结果显示，*DNGrowth* 的估计系数显著为正且在 1% 的显著性水平上显著，*DNGrowth* 与 *Group* 的交乘项系数为负且显著，与表 7 – 3 所列示结果较为一致。由此说明，本章选取 GDP 增长率作为宏观宏观经济条件的衡量指标，其回归结果具有一定的准确性和可信度。

表 7 – 4　　夜间灯光亮度变化率、集团化经营与企业投资回归结果

变量	(1)	(2)	(1)	(2)
	*Investment*1	*Investment*2	*Investment*1	*Investment*2
DNGrowth	1. 238 ***	1. 145 ***	0. 931 ***	0. 771 ***
	(13. 84)	(11. 42)	(10. 86)	(8. 08)

续表

变量	(1) Investment1	(2) Investment2	(1) Investment1	(2) Investment2
Group	−0.002 (−0.64)	−0.002 (−0.85)	0.000 (0.13)	−0.000 (−0.07)
DNGrowth × Group	−0.031*** (−2.95)	−0.035*** (−3.07)	−0.019* (−1.84)	−0.022** (−1.97)
Lev			−0.040*** (−7.39)	−0.047*** (−8.03)
ROA			0.132*** (11.03)	0.152*** (11.22)
TobinQ			0.005*** (7.41)	0.007*** (10.18)
OCF			0.009 (1.19)	0.011 (1.38)
IDP			−0.016 (−1.17)	−0.022 (−1.42)
Dual			0.005*** (3.21)	0.006*** (3.35)
Top1			0.046*** (4.40)	0.048*** (4.22)
SOE			−0.006 (−1.31)	−0.005 (−0.95)
Constant	0.065*** (42.82)	0.090*** (53.74)	0.056*** (7.76)	0.080*** (9.92)
N	18497	18497	18497	18497
Firm	Y	Y	Y	Y
Year	Y	Y	Y	Y
Adj. R^2	0.115	0.089	0.155	0.141

注：***、**、*分别表示估计系数在1%、5%和10%的水平上显著，括号中为经过企业层面聚类调整的 t 值。

进一步，本章通过引入两个新的 GDP 相关变量（GDP^H，GDP^L）来检验集团成员企业投资在宏观经济环境向好或者下行时的表现是否存在不对称性。GDP^H、GDP^L 的衡量标准如下，如果 t 年度的实际 GDPGrowth 大于过去 5 年实际 GDPGrowth 的移动平均值，则定义该年为宏观经济环境向好时期（Boom = 1，否则为 0），否则为宏观经济环境放缓时期（Recession = 1，否则为 0），相应地，GDP^H = Boom × Gdpgrowth，GDP^L = Recession × Gdpgrowth。表 7 - 4 的结果显示，GDPH 和 GDPL 单独项系数均在 1% 的水平上显著为正，表明企业投资呈现顺周期特点，且在宏观经济环境向好或者较差时无显著性差异。为了探究集团成员企业的投资在宏观经济环境向好或者下行时的表现是否存在不对称性，我们重点关注表 7 - 5 中 GDP^H，GDP^L 和 Group 的交互项，结果显示，二者与企业集团的交互项系数均在 1% 的水平上显著为负，即集团企业投资对经济冲击的低敏感性在宏观经济环境向好或者较差时的表现不存在明显的不对称性。这些结果也与企业集团利用内部资本市场，使得其成员企业面对外部宏观环境波动时呈现较低投资敏感性的假设保持一致。集团成员企业投资对经济冲击的低敏感性展现了集团隶属关系的积极面。

表 7 - 5　　　宏观经济环境不同时企业投资的非对称性回归结果

变量	(1)	(2)	(3)	(4)
	Investment1	Investment2	Investment1	Investment2
GDP^H	0.531 *** (14.59)	0.504 *** (12.38)	0.356 *** (9.81)	0.292 *** (7.28)
GDP^L	0.881 *** (13.86)	0.850 *** (11.88)	0.662 *** (10.72)	0.593 *** (8.63)
Group	0.020 *** (3.82)	0.024 *** (4.16)	0.013 *** (2.64)	0.017 *** (3.12)
GDP^H × Group	− 0.216 *** (− 4.33)	− 0.265 *** (− 4.68)	− 0.131 *** (− 2.73)	− 0.175 *** (− 3.25)
GDP^L × Group	− 0.352 *** (− 4.50)	− 0.436 *** (− 4.92)	− 0.212 *** (− 2.83)	− 0.287 *** (− 3.43)

变量	(1)	(2)	(3)	(4)
	*Investment*1	*Investment*2	*Investment*1	*Investment*2
Lev			−0.040 *** (−7.45)	−0.048 *** (−8.05)
ROA			0.104 *** (9.82)	0.120 *** (10.05)
TobinQ			0.004 *** (7.54)	0.006 *** (10.11)
OCF			0.014 * (1.91)	0.018 ** (2.19)
IDP			−0.017 (−1.21)	−0.022 (−1.45)
Dual			0.005 *** (3.21)	0.006 *** (3.33)
*Top*1			0.043 *** (4.16)	0.044 *** (3.90)
SOE			−0.007 (−1.40)	−0.005 (−1.04)
Constant	0.005 * (1.65)	0.033 *** (9.01)	0.015 ** (1.98)	0.045 *** (5.32)
N	18497	18497	18497	18497
Firm	Y	Y	Y	Y
Year	Y	Y	Y	Y
Adj. R^2	0.116	0.0917	0.153	0.140

注：***、**、*分别表示估计系数在 1%、5% 和 10% 的水平上显著，括号中为经过企业层面聚类调整的 t 值。

7.4.2 机制分析

1. 债务融资的周期性波动

前文提出，由于金融摩擦的存在，宏观经济波动会通过信贷市场的作用，影响企业的外部融资可得性和债务融资成本（Bernanke and Gertler，1989；Bernanke et al.，1999；Erel et al.，2012），进而影响企业投资。在经济向好时期，企业资产净值增加，债务违约概率减小，银行对企业的偿债能力持有良好预期，企业的债务融资成本将显著降低，同时，经济上行也伴随着金融行业的繁荣发展，银行可提供的信贷规模扩大，对应的企业债务融资可得性增加。那么企业投资呈现顺周期的原因是否与本章的假设一致，是由于融资规模和融资成本的周期性变动导致的？为了验证以上假设，本章借鉴皮特曼和福廷（Pittman and Fortin，2004）、周楷唐等（2017）的做法，采用利息支出除以企业的银行借款总额衡量企业的债务融资成本（DebtCost）；借鉴祝继高等（2015）对债务融资规模的定义，采用短期借款除以期末总资产衡量企业短期借款（SLONA）、长期借款除以期末总资产衡量企业长期借款（LLONA）、短期借款与长期借款之和除以期末总资产衡量企业银行借款总额（TLONA）。具体回归结果见表 7 - 5。

表 7 - 5 中第（1）列为宏观经济条件、企业集团与债务融资成本的回归结果，GDPGrowth 单独项的系数为负且显著，表明企业的债务融资成本呈现逆周期特点；第（2）~ 第（4）列为宏观经济条件、企业集团对债务融资规模影响的回归结果，其中，对于短期借款，GDPGrowth 单独项的系数为正且显著，说明了企业的短期借款呈现明显的顺周期性。对于长期借款，GDPGrowth 单独项的系数不显著，可能的原因是，长期借款因其还款期限较长，往往使其债权人承担着更大的风险，使得债权人的贷款决策更加谨慎，因此，长期借款不会对宏观经济的波动做出迅速反应。银行出于风险控制动机，将主要向企业提供短期信贷，这一结果也与已有相关研究保持一致（Custodio et al.，2013）。第（4）列为宏观经济条件与银行借款总额的回归结果，GDPGrowth 的系数为正且显著，即企业的总债务融资规模呈现出显著的顺周期特点。以上结果验证了宏观经济条件的变动会使企业外部融资呈现顺周期特点。基于以上结果，企业在经济上行时期的融资规模增加主要体现在短期借贷行为上，同时也将利用短期借款进行投资扩张，这一现象也与钟凯等（2016）以及李增福等（2022）研究中指出的中国企业普遍存在的"短债长用"现象一致。

为了探究在宏观经济条件变动时，独立企业与集团化经营企业的外部融资是否存在显著差异，我们重点关注 *GDPGrowth* 与 *Group* 的交乘项。表 7-6 第（3）列结果显示，对于短期贷款而言，*GDPGrowth* 与 *Group* 的交乘项在 1% 的显著性水平上显著为负，表明与独立企业相比，集团成员企业的短期借款规模呈现出相对"逆周期"性，由此本章的研究假设 7.2 得以论证：集团成员可以通过内部融资满足资金需求，实现对低效外部资本市场的替代，因此成员企业将优先选择内部融资渠道获取资金，这使其对由宏观经济波动引致的外部融资环境变动更加不敏感，最终使集团成员企业的投资与独立企业向此呈现相对逆周期特点。

表 7-6　　　　　　　　　　　机制检验——金融摩擦

变量	(1)	(2)	(3)	(4)
	DebtCost	*SLONA*	*LLONA*	*TLONA*
GDPGrowth	-2.346* (-1.94)	0.410*** (5.80)	0.040 (0.53)	0.526*** (4.40)
Group	0.203* (1.80)	0.007 (1.49)	-0.010 (-1.58)	-0.014 (-1.47)
GDPGrowth × Group	-0.284 (-0.25)	-0.137*** (-3.06)	0.068 (1.06)	0.127 (1.35)
Constant	0.065*** (42.82)	0.090*** (53.74)	0.056*** (7.76)	0.080*** (9.92)
N	12342	12342	12342	12342
Control variables	All	All	All	All
Firm	Y	Y	Y	Y
Year	Y	Y	Y	Y
Adj. R^2	0.0307	0.0620	0.0193	0.113

注：***、**、* 分别表示估计系数在 1%、5% 和 10% 的水平上显著，括号中为经过企业层面聚类调整的 t 值。

2. 内部资本市场

企业集团内部的业务与财务联系是联结成员企业的无形纽带，由此形成的内部资本市场为成员企业间的资源共享和转移提供了便利（Chang and

Hong，2000；Bernanke and Gertler，1989）。与独立企业相比，企业集团能够通过内部资本市场的资金调配功能，为成员企业提供交易成本更低、财务灵活性更强的内源融资，有效缓解成员企业的融资约束，从而实现对低效外部资本市场的替代，而独立企业不具备此功能。这表明，在面临较高融资约束时，企业集团通过内部资本市场为成员企业提供内源融资，将有效缓解成员企业的融资约束，使其投资对外部融资环境的变动更加不敏感。而在融资约束较低时，集团企业缓解融资约束功能的效用并不明显，进而使其投资对外部融资环境变动的反应与独立企业无显著差异。因此我们应该可以观察到当面临较高的融资约束时，与独立企业相比，集团成员企业的投资呈现出更为显著的"逆周期"效应。

为了验证以上机制，本章参考哈德洛克和皮尔斯（Hadlock and Pierce，2010）以及怀特德和吴（Whited and Wu，2006）的做法，引入企业融资约束衡量指标 SA 指数和 WW 指数，对应指数数值越高，表明企业面临的融资约束程度越大。根据融资约束程度是否高于其年度中位数进一步进行分组划分，将样本划分为高融资约束组和低融资约束组。表 7 - 6 中的 Panel A 与 Panel B 汇报了相应的回归结果，我们发现在高融资约束组，*GDP-Growth* 与 *Group* 的交互项显著为负，而在低融资约束组，交互项不显著，即集团企业投资对宏观经济波动的反应在高融资约束组呈现出与独立企业的显著差异。上述结果也表明了集团成员企业可通过内部资本市场的资金调配功能缓解融资约束，这使其对外部资本市场的相对依赖度更低，因此与独立企业相比，对于宏观经济波动引致的外部融资环境的变动，集团成员企业投资变动更加不敏感，即相对"逆周期"性。

与融资约束指标类似，本章通过构建行业外部融资依赖度指数来度量行业内企业的外部资金需求状况。参考拉詹和辛格拉斯（1998）的研究，我们计算企业资本支出与调整后的现金流之差占总资本支出的比例，记作 EFD，以当年某一行业内对应所有企业 EFD 的中位数作为该行业的 EFD，根据该行业的 EFD 是否高于当年所有行业 EFD 的中位数，将样本划分为高行业外部融资依赖度组与低行业外部融资依赖度组。在高外部融资依赖度的行业，企业的投资越易受到外部融资环境的影响，此时集团成员企业可通过内部融资渠道实现对外部融资的替代，而独立企业不具备此功能。

基于此分析,我们应该可以观察到,在行业外部融资依赖度高的样本中,相较于独立企业,集团成员企业对外部融资环境变动的敏感性将更低,其投资也将呈现出相对"逆周期"性。表 7 - 7 中的 Panel C 汇报了相应的回归结果,结果显示,在高行业外部融资依赖度组,*GDPGrowth* 与 *Group* 的交互项显著为负,而在低行业外部融资依赖度组,交互项不显著,这说明了企业集团对宏观经济和企业投资关系的调节作用,是通过内部资本市场的融资约束缓解功能实现的。以上结果也进一步验证了企业集团通过内部资本市场的资金调配功能有效缓解了成员企业的融资约束,从而使其投资呈现相对的"逆周期"性。

表 7 - 7　　　　　　　　　影响机制——内部资本市场

Panel A:SA 指数

变量	Investment1		Investment2	
	高融资约束	低融资约束	高融资约束	低融资约束
GDPGrowth	0.778 ***	0.591 ***	0.731 ***	0.428 *
	(9.50)	(2.84)	(8.12)	(1.96)
Group	0.011 *	0.006	0.012 *	0.007
	(1.77)	(1.19)	(1.77)	(1.31)
GDPGrowth × *Group*	− 0.136 **	− 0.045	− 0.142 **	− 0.073
	(− 2.33)	(− 0.79)	(− 2.23)	(− 1.16)
N	9190	9115	9190	9115
Control variables	All	All	All	All
Firm	Y	Y	Y	Y
Year	Y	Y	Y	Y
Adj. R^2	0.155	0.100	0.140	0.101

Panel B:WW 指数

变量	Investment1		Investment2	
	高融资约束	低融资约束	高融资约束	低融资约束
GDPGrowth	0.579 ***	0.715 ***	0.485 ***	0.617 ***
	(9.03)	(5.93)	(6.53)	(4.26)

Panel B：WW 指数

变量	Investment1		Investment2	
	高融资约束	低融资约束	高融资约束	低融资约束
Group	0.016 ** (2.47)	0.000 (0.05)	0.018 ** (2.48)	− 0.000 (− 0.03)
GDPGrowth × Group	− 0.152 ** (− 2.57)	− 0.028 (− 0.59)	− 0.180 *** (− 2.64)	− 0.024 (− 0.46)
N	10926	7734	10816	7681
Control variables	All	All	All	All
Firm	Y	Y	Y	Y
Year	Y	Y	Y	Y
Adj. R^2	0.145	0.172	0.131	0.156

Panel C：行业外部融资依赖度

变量	Investment1		Investment2	
	高外部融资依赖度	低外部融资依赖度	高外部融资依赖度	低外部融资依赖度
GDPGrowth	0.664 *** (6.33)	0.601 *** (8.88)	0.563 *** (4.84)	0.513 *** (6.75)
Group	0.014 ** (2.21)	0.001 (0.32)	0.012 * (1.83)	0.004 (0.85)
GDPGrowth × Group	− 0.163 ** (− 2.48)	− 0.013 (− 0.27)	− 0.141 * (− 1.93)	− 0.055 (− 1.04)
N	6502	11995	6502	11995
Control variables	All	All	All	All
Firm	Y	Y	Y	Y
Year	Y	Y	Y	Y
Adj. R^2	0.132	0.166	0.123	0.151

注：*** 、** 、* 分别表示估计系数在 1%、5% 和 10% 的水平上显著，括号中为经过企业层面聚类调整的 t 值。

其次，考虑到我国特殊的制度背景和金融市场发展的不完善，企业股权融资受到较大限制（Allen et al. ，2005），银行信贷供给成为企业融资的最重要途径之一。而银行的信贷供给在一定程度上受到银行间竞争程度的影响，一方面，银行间的激烈竞争使其更有动力去搜寻借款人的相关信息，因此，银企间信息不对称带来的融资约束在银行竞争程度高的地区会相应减少（姜付秀等，2019）；另一方面，在银行竞争程度高的地区，为了提升自身的信贷市场份额，银行会选择降低贷款成本，进而使企业的融资约束得到缓解。这意味着，在银行竞争程度低的地区中，企业面临的外部融资约束程度会更高，企业集团的内部资本市场将发挥更大的效应，因此，其成员企业投资将呈现出更为显著的"逆周期"性。参考已有文献，我们引入地区银行竞争程度指标，具体使用各省份不同银行分支机构占该地区分支机构总数的比例计算地区银行 HHI 指数，该指数反映了地区银行竞争程度，其值越大，该地区银行竞争程度越低（姜付秀等，2019）。表 7－8 的 Panel A 列示了相关的估计结果，根据 Panel A，在银行竞争程度低的样本中，*GDPGrowth* 和 *Group* 交互项系数为负显著，而在高竞争程度样本中，交互项系数不显著，与预期相符。该结果表明，银行竞争程度的不同引致的企业外部融资环境差异，影响了集团成员企业投资对宏观经济环境变动的敏感性，进而在银行竞争程度低的样本中，集团成员企业的投资呈现出相对"逆周期"性。

表 7－8　　　　影响机制——银行信贷的影响

Panel A：银行竞争程度

变量	Investment1		Investment2	
	银行竞争程度低	银行竞争程度高	银行竞争程度低	银行竞争程度高
GDPGrowth	0.318 *** (8.44)	0.366 *** (7.65)	0.243 *** (5.67)	0.311 *** (5.94)
Group	0.007 (1.44)	0.004 (0.82)	0.009 (1.58)	0.004 (0.68)
GDPGrowth × Group	－0.098 * （－1.79）	－0.045 （－0.87）	－0.121 ** （－2.02）	－0.050 （－0.88）
N	9162	8703	9162	8703
Control variables	All	All	All	All

Panel A：银行竞争程度

变量	Investment1		Investment2	
	银行竞争程度低	银行竞争程度高	银行竞争程度低	银行竞争程度高
Firm	Y	Y	Y	Y
Year	Y	Y	Y	Y
Adj. R^2	0.168	0.132	0.152	0.125

Panel B：银企关联

变量	Investment1		Investment2	
	BC = 1	BC = 0	BC = 1	BC = 0
GDPGrowth	0.643 ***	0.456 ***	0.638 ***	0.376 ***
	(8.70)	(9.32)	(6.92)	(6.34)
Group	0.003	0.005	0.006	0.005
	(0.82)	(1.32)	(1.14)	(1.07)
GDPGrowth × Group	−0.030	−0.057 *	−0.044	−0.074 *
	(−0.69)	(−1.66)	(−0.82)	(−1.74)
N	6916	11581	6916	11581
Control variables	All	All	All	All
Firm	Y	Y	Y	Y
Year	Y	Y	Y	Y
Adj. R^2	0.150	0.170	0.137	0.149

注：***、**、*分别表示估计系数在1%、5%和10%的水平上显著，括号中为经过企业层面聚类调整的 t 值。

此外，银行对企业的信贷供给还受到企业高管是否具有银行背景的影响。当企业高管具有银行背景时，不仅有助于加强银企间的信息交流，还能为企业获得银行贷款提供相关知识与经验，使企业更易获得来自银行的融资（Burak et al.，2008；邓建平、曾勇，2011）。因而，在不存在银企关联关系的企业中，融资约束程度将更高，企业集团内部资本市场对外部资本市场的替代效应也更为显著，因此，我们应该可以观察到，在不存在银企关联的企业中，集团成员企业的投资对宏观经济环境的变动呈现低敏感性。参考布拉克等（Burak et al.，2008）、邓建平和曾勇（2011）的研究，本章采用高管是否具有银行工作背景作为企业银企关联的度量指标，若存在银企关联关系，则 BC = 1，否则为 0。表 7 - 8 的 Panel B 列示了相关的估计结果，在无银企关联关系的样本中，*GDPGrowth* 和 *Group* 交互项系数为负显著，而在银企关联样本中，交互项系数不显著，与预期相符。这一结果表明，银企关联关系的不同引致的企业银行融资可得性差异，影响了集团企业对宏观经济条件与企业投资间关系的调节作用，在不具有银企关联关系的样本中，集团成员企业的投资呈现出相对"逆周期"性。

7.4.3　异质性检验

前文研究发现，与独立企业相比，集团成员企业投资对宏观经济环境的变动更加不敏感。考虑到投资机会、内部资本生成能力、现金流波动性的差异，会使得集团内部资本市场作用的相对重要性有所区别（Almeida et al.，2015；Thapa et al.，2020），本章将从以上三个视角出发，探究在不同投资机会、内部资本生成能力、现金流波动性的样本中，集团成员企业投资的相对"逆周期"效应是否存在异质性。

1. 投资机会的影响

已有研究发现，集团内部会通过"挑选赢家"为投资机会高的企业提供更多的资本转移（Almeida et al.，2015），这表明，在投资机会高的样本中，集团内部资本市场缓解融资约束的效应将更加明显，进而使其投资水平与独立企业相比，对宏观经济环境的变动更加不敏感，因此我们应该可以观察到在具有较高投资机会的样本中，集团成员企业的投资呈现出更为显著的相对"逆周期"性。

为探究企业集团对宏观经济条件与企业投资二者关系的调节作用，在不同投资机会的样本是否具有差异，本章共选取了以下三个指标来加以验证。首先借鉴连立帅等（2019）的研究以 TobinQ 来衡量公司潜在的投资机会；其次，参考比德尔等（Biddle et al.，2009）的研究，以营业收入增长率作为投资机会的代理变量；此外，考虑到受产业政策支持的企业，将有更丰富的投资机会（陆正飞、韩非池，2013），我们以产业政策支持与否作为投资机会的替代性度量。表7－9列示了相关的估计结果，结果显示，在高投资机会组 *GDPGrowth* 和 *Group* 交互项系数为负且显著，而低投资机会组结果不显著。以上结果说明了企业集团对宏观经济条件与企业投资间关系的影响具有显著的投资机会异质性。

表7－9 异质性检验——投资机会的影响

Panel A：投资机会

变量	Investment1		Investment2	
	高投资机会	低投资机会	高投资机会	低投资机会
GDPGrowth	0.597***	0.287***	0.464***	0.143
	(7.87)	(3.48)	(5.47)	(1.40)
Group	0.015*	−0.002	0.018**	0.000
	(1.94)	(−0.47)	(2.04)	(0.05)
GDPGrowth × Group	−0.156**	−0.018	−0.189**	−0.059
	(−2.31)	(−0.40)	(−2.45)	(−1.23)
N	9351	9309	9287	9210
Control variables	All	All	All	All
Firm	Y	Y	Y	Y
Year	Y	Y	Y	Y
Adj. R²	0.127	0.158	0.110	0.148

Panel B：销售收入增长率

变量	Investment1		Investment2	
	高投资机会	低投资机会	高投资机会	低投资机会
GDPGrowth	0.548***	0.515***	0.441***	0.421***
	(8.11)	(7.50)	(5.86)	(5.50)
Group	0.005	0.004	0.006	0.007*
	(0.89)	(1.14)	(0.99)	(1.67)
GDPGrowth × Group	−0.097**	−0.043	−0.124**	−0.085
	(−1.97)	(−0.93)	(−2.24)	(−1.64)
N	9248	9249	9248	9249

续表

Panel B：销售收入增长率

变量	Investment1		Investment2	
	高投资机会	低投资机会	高投资机会	低投资机会
Control variables	All	All	All	All
Firm	Y	Y	Y	Y
Year	Y	Y	Y	Y
Adj. R^2	0.168	0.164	0.152	0.153

Panel C：产业政策

变量	Investment1		Investment2	
	重点支持产业	限制性产业	重点支持产业	限制性产业
GDPGrowth	0.561 ***	0.674 ***	0.484 ***	0.605 ***
	(7.92)	(8.27)	(5.87)	(6.40)
Group	0.006	0.006	0.010 *	0.006
	(1.30)	(1.15)	(1.81)	(1.05)
GDPGrowth × Group	−0.097 **	−0.074	−0.151 ***	−0.075
	(−2.01)	(−1.34)	(−2.67)	(−1.22)
N	9756	8904	9678	8819
Control variables	All	All	All	All
Firm	Y	Y	Y	Y
Year	Y	Y	Y	Y
Adj. R^2	0.147	0.145	0.133	0.135

注：*** 、** 、*分别表示估计系数在1%、5%和10%的水平上显著，括号中为经过企业层面聚类调整的 t 值。

2. 内部资本生成能力

由于外部融资往往伴随着更高的融资成本和更低的决策灵活性，企业往往会更偏好内源融资（Leary and Roberts，2005；Zeidan et al.，2018）。例如，贝克尔等（Becker et al.，2013）表明，综合考量企业的融资成本与决策灵活性，企业更偏好于使用留存收益（内部股本）进行投资而不是外部融资。这意味着，内部留存收益充足的企业，其投资对外部融资的依赖性更小，这种效应与集团的内部资本市场功能类似，会使企业对外部融资环境的变动更加不敏感，因此，我们应该可以观察到，在内部资本生成能力较强的样本中，企业集团与独立企业的投资对宏观经济波动的敏感性无显著差异，而在内部资本生成能力较弱的样本中，企业集团与独立企业相比呈现为更为显著的投资"逆周期"性。我们参考法博齐和马科维茨（Fabozzi and Markowitz, 2011）的研究，利用内部资本生成率（*ICGR*）反映企业的内部资本生成能力，其定义为留存收益率和净资产收益率（*ROE*）的乘积，回归结果见表 7 - 10。结果显示，在低内部资本生成率组，*GDPGrowth* 和 *Group* 的交互项系数为负显著，而高内部资本生成率组结果不显著，这表明在低内部资本生成率组，企业集团的内部资本市场功能使其与独立企业对宏观经济环境变动的反应呈现出显著差异，表现为投资的相对"逆周期"性，与我们预期相符。以上结果说明了企业集团对宏观经济条件与企业投资间关系的影响在内部资本生成能力不同的样本中具有异质性。

表 7 - 10 异质性检验——内部资本生成能力的影响

变量	Investment1		Investment2	
	低 *ICGR*	高 *ICGR*	低 *ICGR*	高 *ICGR*
GDPGrowth	0.580 ***	0.567 ***	0.471 ***	0.469 ***
	(6.47)	(7.34)	(4.80)	(5.55)
Group	0.007	0.002	0.009	0.002
	(1.40)	(0.33)	(1.57)	(0.39)
GDPGrowth × Group	− 0.094 *	− 0.075	− 0.116 *	− 0.091
	（− 1.77）	（− 1.41）	（− 1.93）	（− 1.53）
N	8172	9063	8172	9063
Control variables	All	All	All	All
Firm	Y	Y	Y	Y
Year	Y	Y	Y	Y
Adj. R²	0.167	0.123	0.147	0.114

注：***、**、*分别表示估计系数在 1%、5% 和 10% 的水平上显著，括号中为经过企业层面聚类调整的 t 值。

3. 现金流波动性的影响

现金流是企业生产经营的"血液",是企业经营发展的持续动力。现金流水平的不稳定性会增加企业的经营风险(Rountree et al.,2008),使得银行等金融机构对企业的经营发展持有负面预期,进而加剧企业的外部融资约束,对企业的投融资等行为产生不利影响。此时,集团成员企业将通过内部资本市场有效缓解融资约束,形成对外部资本市场的替代,而独立企业不具备此功能,因此,我们应该可以观察到,当现金流波动性较大时,企业集团内部资本市场对外部资本市场的替代效应更强,与独立企业相比其投资也呈现出对外部经济环境变动的低敏感性。为此,我们引入现金流波动性指标,参考陈海强等(2012)的研究,采用企业过去三年经营现金流量的标准差衡量企业的现金流波动性。表 7–11 的结果显示,在现金流波动性大的样本中,GDPGrowth 和 Group 交互项系数为负且显著,而在现金流波动性较小的样本中,交互项不显著,这表明高现金流波动性引致的企业外部融资能力下降,使集团内部资本市场对外部资本市场的替代效应更强,从而导致集团成员企业投资的相对"逆周期"性。以上结果说明了企业集团的调节作用在不同现金流波动性的企业中具有异质性。

表 7–11 异质性检验——现金流波动性的影响

变量	Investment1		Investment2	
	现金流波动性大	现金流波动性小	现金流波动性大	现金流波动性小
GDPGrowth	0.620 ***	0.620 ***	0.536 ***	0.501 ***
	(8.06)	(6.98)	(6.19)	(5.14)
Group	0.004	0.009	0.005	0.009
	(0.86)	(1.56)	(0.85)	(1.54)
GDPGrowth × Group	−0.089 *	−0.061	−0.106 *	−0.075
	(−1.67)	(−1.06)	(−1.75)	(−1.16)
N	10111	8386	10111	8386
Control variables	All	All	All	All
Firm	Y	Y	Y	Y

续表

变量	Investment1		Investment2	
	现金流波动性大	现金流波动性小	现金流波动性大	现金流波动性小
Year	Y	Y	Y	Y
Adj. R^2	0.144	0.149	0.138	0.127

注：***、**、*分别表示估计系数在1%、5%和10%的水平上显著，括号中为经过企业层面聚类调整的t值。

7.4.4 进一步分析

前文结果表明，集团成员企业投资的相对"逆周期"性是由内部资本市场机制驱动的，但考虑到企业集团的多效性，我们仍然存有以下疑虑，即其成员企业投资的相对逆周期趋势是否可能是其他机制导致的，而非内部资本市场机制作用的结果？出于以上疑问，在后文中，本章将对企业金融化、内部劳动力市场、代理问题、投资—投资机会敏感性、大企业集团等可能影响渠道进行验证。

1. 企业金融化

近年来，国内实体企业发展呈现出一定的金融化趋势，企业金融化程度的不断升高也使企业更加关注短期利益而放弃长期投资，由此导致的金融资产配置增加会对企业的实体投资造成挤出效应。而在企业集团内部，成员企业间大量的业务联系和信息交流为其内部相互学习模仿奠定了基础，当集团内某一成员企业通过金融资产投资获利后，其他成员企业将快速模仿，形成集团内部金融资产投资的"传染效应"（李馨子等，2019）。因此，相较于独立企业，在经济上行期，金融市场的良好发展，可能会使金融资产投资行为在集团内部迅速扩张，对企业投资造成"挤出效应"，进而使企业集团相对于独立企业的投资敏感性降低。基于以上考量，本章引入企业金融化指标，使用企业当年是否存在金融资产增长的虚拟变量衡量企业的金融化水平。关于金融资产指标的定义，本章借鉴吴伟伟和张天一（2021）的研究，使用经总资产标准化的交易性金融资产、持有至到期投资、投资性房地产、长期股权投资和衍生金融资产之和衡量。如果在经济上行期，企业集团投资的低敏感性是由于其加大对金融资产配置的投机性动机所导致，那么，我们预期在高金融化程度样本中，*GDPGrowth* 与 *Group* 交互项的系数将显著为负，回归结果见表7－12。结果显示，面对宏观经济波动，在高金融化程度样本中，*GDPGrowth* 与 *Group* 的交乘项系数不显著，而在低金融化程度样本中，*GDPGrowth* 与 *Group* 的交乘项系数显著为负。该结果表明，宏观经济条件变动时，集团成员企业的低投资敏感性不是因为其加大对金融资产配置的投机性动机导致的，进而可以排除企业集团投资逆周期的金融化动机。

表7－12　　　　　　　　进一步分析——企业金融化

变量	*Investment*1		*Investment*2	
	高金融化程度	低金融化程度	高金融化程度	低金融化程度
GDPGrowth	2.606 (1.13)	0.618 *** (10.99)	2.820 (1.11)	0.532 *** (8.52)
Group	0.025 (1.31)	0.005 (1.38)	0.028 (1.34)	0.007 * (1.67)
GDPGrowth × *Group*	− 0.304 (− 1.20)	− 0.083 ** (− 2.08)	− 0.332 (− 1.23)	− 0.110 ** (− 2.52)
N	5004	13493	5004	13493
Control variables	All	All	All	All
Firm	Y	Y	Y	Y
Year	Y	Y	Y	Y
Adj. R^2	0.109	0.153	0.105	0.133

注：*** 、** 、* 分别表示估计系数在1%、5%和10%的水平上显著，括号中为经过企业层面聚类调整的 t 值。

2. 内部劳动力市场

企业集团在成员企业间创造了内部要素市场，这令成员企业可以克服外部市场的摩擦。除了前文提到的内部资本市场，集团内部的劳动力市场也是集团中的重要要素市场之一。那么内部劳动力市场的作用是否可能是导致本章主要结果的主要原因？现有研究已经验证了集团内部劳动力市场在克服外部劳动力市场摩擦中的功能，并发现与独立企业相比，在集团内部劳动力市场中，信息传递更加通畅，招聘成本相对较低，这使集团成员企业可以更迅速有效地雇佣到所需员工（Huneeus et al.，2021）。因此，在经济上行期，面对外部需求的扩张，企业集团可以更快地为成员企业提供所需劳动力，这将促进成员企业的投资扩张。若该机制发挥了关键性作用，显然将导致 *GDPGrowth* 与 *Group* 交乘项系数为正，这无疑与本章的主效应结果不相符合。

另一方面，集团内部劳动力市场中可能存在隐性契约机制，具体地，成员企业之间可以通过内部劳动力的转移减少员工的解雇，从而增加现有员工工作的稳定性（Faccio and Brien，2020）。那么，该隐性契约在为员工许诺更稳定工作的同时，是否可能会限制集团成员企业雇佣决策的灵活性，使其在经济上行时不敢轻易做出增加雇佣的决策，导致劳动力的相对短缺，进而限制集团成员企业投资的上涨。进一步地，集团内部员工工作的稳定性，还会增加集团成员企业为了激励员工进行专用性人力资本投资而提供更高工资的可能性（Azfar and Danninger，2001），因此，与独立企业相比，集团成员企业会有着更高的工资水平，由此带来的雇佣成本压力令其在经济上行期不愿轻易增加雇佣，而独立企业的雇佣成本压力相对较小，这也使其在经济上行时更倾向于增加雇佣并扩大投资水平。如果内部劳动力市场中隐性契约机制是导致本章结果的主要原因，令集团成员企业雇佣决策更加谨慎，那么我们预计集团成员企业在经济上行期的雇佣量增长和工资增长会更低，这影响了投资的增长，也意味着当被解释变量为就业量增长及工资增长时，*GDPGrowth* 与 *Group* 交乘项系数应显著为负。

为了排除以上猜想，本章引入工资增长率（*Employment Growth*）及就业量增长率（*Wage Growth*）作为被解释变量来探究集团成员企业与独立企业在宏观经济环境变动时，其雇佣行为是否存在显著差异，具体回归结果见表 7-13。表 7-13 的（1）~（4）列结果显示，当被解释变量为工资增长率及就业量增长率时，无论是否加入控制变量，*GDPGrowth* 与 *Group* 的交乘项系数均不显著。该结果表明，在宏观经济条件变动时，集团成员企业与独立企业的雇佣决策并无显著差异，排除了集团成员企业低投资敏感性的内部劳动力市场机制。

表 7 – 13　　　　　　　　进一步分析——内部劳动力市场

变量	(1)	(2)	(3)	(4)
	Employment Growth	*Wage Growth*	*Employment Growth*	*Wage Growth*
GDPGrowth	2.590 *** (5.41)	0.927 * (1.90)	1.606 *** (3.19)	0.934 * (1.86)
Group	0.028 (0.88)	0.026 (0.91)	0.028 (0.88)	0.028 (1.01)
GDPGrowth × Group	− 0.126 (− 0.35)	− 0.361 (− 1.27)	− 0.005 (− 0.02)	− 0.382 (− 1.32)
N	18497	18497	18497	18497
Control variables	NO	NO	All	All
Firm	Y	Y	Y	Y
Year	Y	Y	Y	Y
Adj. R^2	0.018	0.002	0.035	0.003

注：***、**、* 分别表示估计系数在1%、5%和10%的水平上显著，括号中为经过企业层面聚类调整的 t 值。

3. 代理问题

从代理问题角度考量，企业集团既可以被当作一种治理安排（Khanna and Yafeh，2007），亦可被视为加剧代理冲突的原因之一（Bae et al.，2002；Khanna and Yafeh，2007）。就第一类代理问题而言，企业集团更多的是发挥治理作用。首先，相较于独立公司，企业集团可以采用相对绩效评价在集团内部成员企业间形成比较与竞争机制，通过对企业经营状况进行及时准确的反馈，利用信息比较减少管理层的代理行为（蔡卫星、高洪民，2017）；其次，企业集团可以通过集团母公司委派代表对成员企业进行监督，一定程度上降低了管理层权力，减少了被操纵问题（纳鹏杰、纳超洪，2012）。因此，相较于集团企业而言，独立企业的管理层代理问题可能更为严重。在经济上行期，面对外部市场需求与投资机会的增加，管理层通过"帝国构建"获取私人收益的动机增强，此时，由于独立企业会面临更为严重的第一类代理问题，其投资的增幅也将显著高于集团企业，从而导致前文发现的集团成员企业投资的相对逆周期性结果。

从第二类代理问题看，企业集团这一组织形式将加剧代理问题。与独立企业相比，企业集团因其复杂的组织形式使外部中小股东对其监管的难度更大（Bae et al., 2002；Khanna and Yafeh, 2007），因此，在集团企业中，大股东为满足私人利益侵占中小股东权利的行为更加频繁。在经济上行期，面对良好的市场环境，大股东会倾向增加资本投资以获取控制权收益（Shleifer and Vishny, 1997），此时，相对于独立企业，集团成员企业的投资增加幅度会更大，若该机制发挥了关键性作用，那么本章中 GDP-Growth 与 Group 交乘项系数将显著为正，而这一结果与本章的主效应不符，因此可以初步排除大股东代理行为导致集团成员企业投资相对逆周期的作用机制。但同时我们也怀疑存在这样一种可能性，当大股东占用企业留存收益谋取私利的收入高于增加投资获取的收益时，大股东将选择放弃投资，从这一角度考虑，与独立企业相比，集团成员企业在经济上行期，即使面对净现值为正的投资项目，也将由于大股东的恶意占款而无法抓住投资机会，导致其投资的相对"逆周期"性。

根据以上分析，我们将检验集团成员企业在经济上行时投资的相对减少是否是由于代理问题所导致的，而并非内部资本市场的融资约束缓解作用所驱动。为了排除以上猜想，我们引入管理费用率[1]衡量第一类代理问题、投资者保护指数[2]衡量第二类代理问题。如果企业集团的代理问题是导致本章结果的主要原因，那么，我们预计在代理问题较为严重的样本中，集团企业的投资逆周期性更加显著，即管理费用率高和投资者保护程度低的样本中，GDPGrowth 与 Group 交互项的系数显著为负。然而，表 7 - 14

---

[1]　洪等（Ang et al., 2000）使用销售（收入）管理费用率来度量监督成本、担保成本，以及经理人过度在职消费而产生的成本，具体方法是用管理费用除以销售收入以控制企业规模的影响。根据我国现行会计准则，相对于营业费用率和财务费用率，管理费用率是一个更恰当的衡量经理人代理成本的指标（杨德明等，2009）。

[2]　数据来源于 http://bhzx.btbu.edu.cn。该数据由北京工商大学商学院投资者保护研究中心进行编制。在指数的构造上，首先考虑并收集了五个方面的指标：会计信息质量、内部控制质量、外部审计质量、管理控制质量、财务运行质，在此基础上，采用 AHP 方法获取相应权重得以建立。

的结果显示，在管理费用率高以及投资者保护程度低的样本中，*GDPGrowth* 与 *Group* 交互项的系数并不显著。该结果表明，代理问题并不能很好地解释企业集团投资对经济冲击的低敏感性。以上结果一定程度上强化了本章提出的内部资本市场机制的可信度。

表 7 - 14　　　　　　　　进一步分析——代理问题

Panel A：管理费用率

变量	Investment1		Investment2	
	管理费用率高	管理费用率低	管理费用率高	管理费用率低
GDPGrowth	0.584 *** (6.54)	0.672 *** (9.11)	0.479 *** (4.71)	0.605 *** (7.43)
Group	0.002 (0.29)	0.009 * (1.78)	0.002 (0.35)	0.012 ** (2.20)
GDPGrowth × Group	− 0.008 (− 0.14)	− 0.147 *** (− 2.96)	− 0.015 (− 0.23)	− 0.190 *** (− 3.47)
N	9203	9294	9203	9294
Control variables	All	All	All	All
Firm	Y	Y	Y	Y
Year	Y	Y	Y	Y
Adj. R²	0.134	0.168	0.123	0.152

Panel B：投资者保护程度

变量	Investment1		Investment2	
	投资者保护程度高	投资者保护程度低	投资者保护程度高	投资者保护程度低
GDPGrowth	0.326 *** (8.74)	0.305 *** (5.05)	0.245 *** (5.75)	0.236 *** (3.51)
Group	0.007 * (1.66)	− 0.004 (− 0.58)	0.008 (1.61)	− 0.004 (− 0.51)
GDPGrowth × Group	− 0.093 * (− 1.89)	0.041 (0.58)	− 0.103 * (− 1.88)	0.029 (0.37)
N	8839	8747	8839	8747
Control variables	All	All	All	All

续表

Panel B：投资者保护程度

变量	Investment1		Investment2	
	投资者保护程度高	投资者保护程度低	投资者保护程度高	投资者保护程度低
Firm	Y	Y	Y	Y
Year	Y	Y	Y	Y
Adj. R²	0.159	0.137	0.142	0.130

注：***、**、*分别表示估计系数在1%、5%和10%水平上显著，括号中为经过企业层面聚类调整的 t 值。

4. 投资—投资机会敏感性

企业对投资机会的敏感性决定了其是否能把握住投资机会，因此，本章产生以下考量，集团企业投资对宏观经济变动的低敏感性是否是由于其对投资机会的低敏感性导致的，而不是因为内部资本市场对外部资本市场的替代作用？为了排除以上假设，本章借鉴刘等（Liu et al.，2021）以及钱雪松和方胜（2021）的研究，构建如下计量模型，以测度独立企业与集团成员企业间"投资—投资机会敏感性"是否存在差异。

$$Investment_{i,t} = \beta_0 + \beta_1 Group_{i,t} + \beta_2 IndustryQ_t + \beta_3 IndustryQ_t \times Group_{i,t}$$
$$+ \beta_4 X_{i,t-1} + \eta_i + \delta_t + \varepsilon_{i,t} \tag{7.2}$$

在模型（7.2）中，*IndustryQ* 表示行业投资机会，采用行业层面企业 *TobinQ* 的平均值衡量，其他变量定义与主效应一致。我们主要关注 *IndustryQ* 与 *Group* 的交乘项系数，若系数为负，则表明集团成员企业与独立企业相比有着更低的"投资—投资机会敏感性"，那么前文所阐述的内部资本市场缓解融资约束的机制的可靠性将有待商榷。我们对模型（7.2）进行回归，计量结果见表7-15。结果显示，*IndustryQ* 与 *Group* 的交乘项系数不显著，结果表明独立企业与集团成员企业的"投资—投资机会敏感性"没有显著差异。因此，与独立企业相比，集团成员企业投资的相对"逆周期"并不是其对投资机会的低敏感度导致的。

表 7 - 15 进一步分析——投资—投资机会敏感性

变量	(1)	(2)	(3)	(4)
	*Investment*1	*Investment*2	*Investment*1	*Investment*2
GDPGrowth	0. 007 ***	0. 010 ***	0. 003 *	0. 003 *
	(4. 13)	(4. 71)	(1. 77)	(1. 65)
Group	− 0. 000	− 0. 001	− 0. 001	− 0. 003
	(− 0. 06)	(− 0. 32)	(− 0. 32)	(− 0. 77)
GDPGrowth × Group	− 0. 001	− 0. 001	0. 001	0. 001
	(− 0. 53)	(− 0. 36)	(0. 43)	(0. 81)
N	18497	18497	18497	18497
Control variables	No	No	All	All
Firm	Y	Y	Y	Y
Year	Y	Y	Y	Y
Adj. R^2	0. 116	0. 0907	0. 155	0. 141

注： *** 、 ** 、 * 分别表示估计系数在 1% 、5% 和 10% 水平上显著，括号中为经过企业层面聚类调整的 t 值。

5. 大企业集团的影响

与独立企业相比，企业集团一般具有较大的规模，会对本国经济产生举足轻重的影响，因此，它们可能是我国 GDP 变化的主要驱动力量。这使我们产生以下考量，即宏观经济的波动对这些企业来说是否可能不是完全外生的冲击？为了缓解这种担忧，我们采取以下两种方式对样本进行处理。首先，将样本限制为年销售额低于中位数的公司（表 7 - 16 的第 (1)、第 (2) 列），其次，剔除了集团企业中销售额在前 25% 的公司（表 7 - 16 的第 (3)、第 (4) 列）。结果显示，企业集团与宏观经济条件的交互项仍然显著为负，即大企业集团对国家 GDP 的影响并不能解释本章的结果。

7.4.5 稳健性与内生性讨论

第一，更换宏观经济条件的衡量标准。参考已有文献定义，本章采用 HP 滤波技术对年度实际 GDP 的自然对数进行分解，得到周期波动分量

GDP_HP，对模型重新进行回归，结果与前文相同，见表 7 - 17 的 Panel A；其次，参考陈冬等（2016）的处理，以实际 GDP 的自然对数为因变量，将年度用序数代替作为自变量进行回归，以得到的残差衡量剔除时间趋势的实际 GDP，记作 GDP_E，结果见表 7 - 17。回归结果显示，Group 与 GDP_HP、GDP_E 的交乘项均显著为负，从而表明本章结果是相对稳健的。

表 7 - 16   进一步分析——大企业集团影响

变量	(1)	(2)	(3)	(4)
	*Investment*1	*Investment*2	*Investment*1	*Investment*2
GDPGrowth	0.753 ***	0.671 ***	0.587 ***	0.524 ***
	(9.04)	(7.28)	(10.75)	(7.74)
Group	0.007	0.009	0.005	0.005
	(0.87)	(1.06)	(1.00)	(0.89)
GDPGrowth × Group	− 0.153 **	− 0.183 **	− 0.080 *	− 0.100 *
	(− 2.16)	(− 2.29)	(− 1.73)	(− 1.75)
N	9267	9267	16476	16476
Control variables	All	All	All	All
Firm	Y	Y	Y	Y
Year	Y	Y	Y	Y
Adj. R²	0.147	0.135	0.162	0.143

注：*** 、 ** 、 * 分别表示估计系数在 1%、5% 和 10% 水平上显著，括号中为经过企业层面聚类调整的 t 值。

表 7 - 17   稳健性检验——更换宏观经济条件衡量标准

变量	(1)	(2)	(3)	(4)
	*Investment*1	*Investment*2	*Investment*1	*Investment*2
GDP_HP	0.132 ***	0.112 ***		
	(11.24)	(8.60)		
Group	0.001	0.001	0.000	− 0.000
	(0.34)	(0.20)	(0.13)	(− 0.06)

续表

变量	(1) Investment1	(2) Investment2	(3) Investment1	(4) Investment2
$Group \times GDP\_HP$	-0.011** (-2.12)	-0.014** (-2.54)		
GDP_E			0.235*** (11.41)	0.205*** (8.96)
$Group \times GDP\_E$			-0.053*** (-3.51)	-0.067*** (-4.07)
N	18497	18497	18497	18497
Control variables	All	All	All	All
Firm	Y	Y	Y	Y
Year	Y	Y	Y	Y
$Adj.\ R^2$	0.153	0.139	0.154	0.140

注：***、**、*分别表示估计系数在1%、5%和10%水平上显著，括号中为经过企业层面聚类调整的t值。

第二，更换企业集团衡量标准。为了证明本章结论不受不同企业集团定义方法的影响，本章依据窦欢等（2014）的标准，重新界定企业集团：若该企业的第一大股东为实体经营企业，且同时控制着多个独立企业，则将该企业定义为集团企业（Group = 1）。表7-18的回归结果显示，更换企业集团衡量标准后，GDPGrowth与Group的交乘项系数仍显著为负，与前文结果一致。

表7-18　　　　稳健性检验——更换企业集团衡量标准

变量	(1) Investment1	(2) Investment2	(3) Investment1	(4) Investment2
GDPGrowth	0.879*** (13.00)	0.828*** (10.83)	0.640*** (9.75)	0.547*** (7.48)
Group	0.006* (1.94)	0.007* (1.80)	0.003 (1.09)	0.004 (1.02)

变量	（1）	（2）	（3）	（4）
	*Investment*1	*Investment*2	*Investment*1	*Investment*2
GDPGrowth × Group	- 0. 151 *** （ - 2. 93）	- 0. 162 *** （ - 2. 79）	- 0. 084 * （ - 1. 67）	- 0. 093 * （ - 1. 65）
N	18497	18497	18497	18497
Control variables	NO	NO	All	All
Firm	Y	Y	Y	Y
Year	Y	Y	Y	Y
Adj. R²	0. 116	0. 0900	0. 155	0. 141

注：***、**、*分别表示估计系数在 1%、5% 和 10% 的水平上显著，括号中为经过企业层面聚类调整的 t 值。

第三，更换投资的衡量标准。参考福柯和弗雷萨德（Foucault and Fresard，2012）、连立帅等（2019）和陈等（Chen et al.，2007）的研究，本章更换投资指标的衡量标准，以证明本章结论的稳健性。具体地，*Investment*3 等于固定资产与在建工程的年度变化值和企业研发支出之和除以上期总资产，*Investment*4 等于总资产的变化值除以上期总资产，回归结果见表 7 - 19。根据回归结果，我们发现更换投资衡量标准后，*GDPGrowth* 与 *Group* 的交乘项系数仍然显著为负，这表明本章的结果相对稳健。

表 7 - 19　　　　　稳健性检验——更换投资指标衡量标准

变量	（1）	（1）	（2）	（2）
	*Investment*3	*Investment*4	*Investment*3	*Investment*4
GDPGrowth	0. 611 *** （8. 02）	4. 416 *** （4. 66）	0. 398 *** （5. 51）	5. 061 *** （4. 45）
Group	0. 009 ** （2. 26）	0. 154 （1. 60）	0. 006 （1. 57）	0. 164 * （1. 67）
GDPGrowth × Group	- 0. 160 *** （ - 3. 43）	- 1. 709 * （ - 1. 86）	- 0. 080 * （ - 1. 72）	- 1. 576 * （ - 1. 70）
N	15901	16462	15901	16462

续表

变量	(1)	(1)	(2)	(2)
	Investment3	*Investment4*	*Investment3*	*Investment4*
Control variables	NO	NO	All	All
Firm	Y	Y	Y	Y
Year	Y	Y	Y	Y
Adj. R²	0.0586	0.0269	0.106	0.1340

注: ***、**、*分别表示估计系数在1%、5%和10%的水平上显著，括号中为经过企业层面聚类调整的 t 值。

第四，内生性问题。企业集团与投资之间的关系可能会受到潜在的内生性问题的困扰，因此，参考坎帕和凯迪亚（Campa and Kedia，2002）和戈帕兰和谢（Gopalan and Xie，2011）的研究，本章采用上年度一个行业中企业集团的数量占比和销售额所占的比例（FG、FGS）作为当年企业集团的工具变量，回归结果见表 7 – 20。根据回归结果，我们发现 *Group* 与 *GDPGrowth* 交乘项依然为负且显著，表明在考虑内生性问题后，集团企业投资的相对逆周期性依然存在，证明了本章结果的稳健性。

表 7 – 20　　　　　　　稳健性检验——工具变量检验

变量	First stage		Second stage	
	Group	*Group × GDPgrowth*	*Investment1*	*Investment2*
GDPGrowth	– 0.4556 （– 1.18）	0.2008 *** （4.66）	0.646 *** （6.95）	0.661 *** （6.55）
Group			0.003 （0.14）	0.073 *** （2.92）
Group × GDPGrowth			– 0.446 * （– 1.82）	– 0.863 *** （– 3.31）
IV: FG	0.0779 ** （2.33）	– 0.0092 *** （– 2.59）		
IV: FG × *GDPGrowth*	0.5878 （1.34）	0.2418 *** （4.51）		

变量	First stage		Second stage	
	Group	*Group × GDPgrowth*	*Investment*1	*Investment*2
IV：*FGS*	−0.0117 *** （−3.15）	−0.0006 ** （−2.47）		
IV：*FGS × GDPGrowth*	0.1242 *** （3.25）	0.0066 *** （2.61）		
Control variables	All	All	All	All
Fix Effect	Y	Y	Y	Y
N	18497	18497	18497	18497
F − test of excluded instruments	35.8473	30.7899		

注：*** 、** 、* 分别表示估计系数在 1%、5% 和 10% 的水平上显著，括号中为经过企业层面聚类调整的 t 值。

7.5 本章结论与政策启示

关于企业集团是否可以充当"稳投资"的有效组织装置，现有研究尚未给出回答。因此，本章从"稳投资"角度，以 2007～2019 年中国 A 股上市企业为样本，研究企业集团在应对宏观经济波动时的作用。研究结果表明，面对宏观经济波动，与独立企业相比，集团化经营企业的投资呈现相对逆周期，即投资低波动性。具体而言，企业集团通过内部资本市场的资金调配功能获得了成本更低、财务灵活性更强的内源融资，实现了对外部资本市场的替代，因此，与独立企业相比，集团企业对宏观经济波动引起的外部融资环境的变化更加不敏感，投资呈现低波动性。进一步，在投资机会高、内部资本生成率低或者现金流波动性大的企业中，集团内部资本市场缓解融资约束的进而"稳投资"的积极功能得到更好的发挥。此外，我们的研究还排除了企业金融化、内部劳动力市场、代理问题、投资机会敏感性、大企业集团等因素可能对结果产生的影响。

本章的学术价值在于：第一，借助宏观经济条件变动的情境，发现了企业集团是一种有利于实现"稳投资"政策目标的组织装置。一方面，已有文献在特定情境下，分别发现了在外部融资环境改善条件下企业集团投资水平增加幅度相对减少（Thape et al.，2020），在外部融资环境恶化环境下企业集团投资水平下降幅度也相对较小（Almeida，2015），结合现有研究结论，容易发现企业集团对投资活动可能具有"双向调节"的功能。另一方面，现有研究发现，宏观经济波动引致的外部融资环境变动将对企业投资产生较大波动（Bernanke et al.，1999），这就使得在我国金融市场尚不完善的情况下，金融市场的顺周期波动特征将更加明显，企业投资活动与宏观经济条件的正向关系也变得更加敏感。那么，我国的企业集团是否有利于缓解企业投资的顺周期波动？本章通过将集团化经营的组织形式引入宏观经济环境与企业投资关系的分析框架，发现与独立企业相比，集团成员企业的投资活动呈现出相对逆周期的特征，即企业集团具有"稳投资"的作用。因此，本章的结论有利于回应一些文献对企业集团存在合理性的质疑，并发现了企业集团新的积极作用：可以发挥"稳投资"的功能。

第二，本章的发现不仅丰富了对企业集团"多效性"的认识，也有利于从动态过程中认识企业集团的作用。已有文献发现，在工业化早期，企业集团可以弥补外部市场的缺失并发挥缓解融资约束的作用，在后工业化时期，企业集团的代理问题以及损害股票价格反馈机制和股市资金配置的不利作用逐渐占优。这些结论可以帮助我们解释日本的企业集团为什么在其产业追赶时期发挥了积极作用，而在 20 世纪 90 年代之后却造成了产业发展停滞。对于我国而言，尚处在产业跃升的关键期，既要通过供给侧结构性改革等举措实现新旧动能转换和长期的高质量发展，也有"稳投资"等短期任务，如何在如此错综复杂而又充满机会的环境中实现"稳中求进"？本章发现了企业集团"稳投资"的功能，并与探讨企业集团与企业技术创新的文献形成互补，共同支持了企业集团在我国经济发展过程中的多维度作用：控制短期投资波动和实现长期技术升级。因此，本章超越了对企业集团存在性和合理性的争论，认为该组织结构的消极或积极作用需要结合本国的国情予以动态考虑。

第三，本章发现在"稳投资"的作用上，更加竞争的金融市场与企业集团存在相互替代作用。洪正等（2021）认为在我国产业升级过程中企业需要投入大量的资金成本，这些投资在短期内处于亏损状态，只能在长期中获得盈利，为了克服企业的融资困难，就需要国有银行进行干预以促进企业投资。洪正等（2021）进一步认为，随着经济发展水平的提高，国有银行的不利影响也将逐渐放大，此时就需要放开金融市场，允许民营银行的大量进入。这些理论分析与近些年我国已大大增加了商业银行的数量并提高了银行间的竞争程度的政策实践相符。本章则进一步考虑到企业集团及其内部资本市场所具有的融资约束缓解功能，发现在银行竞争程度较低时，企业集团"稳投资"的作用较为显著，而在银行竞争程度较高时不显著，该结论反过来也表明竞争性的银行结构减弱了企业集团的"稳投资"作用，并通过减少金融摩擦以降低金融市场的顺周期波动，进而减轻了企业投资变动幅度。因此，沿着洪正等（2021）的分析，本章进一步发现逐步放开银行体系的竞争还具有"稳投资"的作用，并能替代企业集团的该功能。

本章还具有一定的现实意义和政策启发。首先，在动态协调实现高质量发展和"六稳"工作等多重目标时，需要结合市场组织结构特征进行综合考虑。2021 年中央经济工作会议强调，必须坚持高质量发展，且必须坚持"稳中求进"，这就要求我们在坚持供给侧结构性改革的同时，要"先立后破"，在稳定宏观经济大盘的前提下推进产业结构的转型升级，以及实现新旧动能转化。而政策部门在多重目标和复杂环境下实施的各类干预政策，不仅可能造成政策的频繁调整、政策信号混乱甚至政策效果的失灵，也难以兼顾经济发展"质"的提升和"量"的稳定。本章发现，企业集团这一市场组织结构具有稳定企业投资活动的"内在稳定器"功能，内部资本市场凭借其在缓解成员企业间信息不对称和统一调配资金的优势，可以缓冲投资的顺周期波动，这将有利于实现投资的稳定性。若考虑到"十四五"规划中提出兼并重组在整合资源与防止低水平重复的作用，以及相关研究所发现的企业集团促进技术升级的作用，则企业集团还能助推经济"质"的提升。因此，企业集团的存在有助于在"保持市场主体活力"的同时实现"稳中求进"的目标，决策部门在进行精准决策时需要注意到该组织结构特征的自发调节作用，且可以将产业组织结构政策纳入政策"工具箱"。

此外，本章也对金融市场发展的方向，及其与企业集团作用定位之间的关系有所启示。一方面，对于独立企业而言，本章发现金融市场作用的发挥具有更为显著的顺周期特征，这不仅会导致经济上行期可能的系统性风险，也会导致在经济下行期银行等金融机构进行流动性囤积动机，并加剧企业尤其是独立企业的融资困难。银行业的竞争和金融市场的持续深化，则有利于预防和减轻这些不利影响，同时发挥"稳增长"的功能。另一方面，鉴于近期研究发现企业集团对于股价信号机制的弱化，不利于资本市场资源配置作用，这就意味着我国在进一步培育股票市场、完善资本市场结构时，还需要配合对企业集团的作用进行重新定位，以更好地发挥资本市场对引导产业资源优化配置的积极作用。党的十九大报告以及我国于 2020 年发布的《关于构建更加完善的要素市场化配置体制机制的意见》，均提出要推动多层次资本市场的构建，以及提高资本市场的直接融资比例，如此，随着金融改革的持续深化，我国金融市场的主导地位将逐渐由间接融资为导向的银行体系逐渐向以直接融资为导向的资本市场转换，这也表明从长远角度看，企业集团的作用也将随之发生改变，企业集团在"稳投资"和"促升级"的作用将逐步由持续深化和完善的资本市场所承担。

参 考 文 献

［1］蔡卫星、高洪民：《企业集团、政府干预与投资效率》，载于《北京工商大学学报》（社会科学版）2017 年第 2 期。

［2］蔡卫星、倪晓然、赵盼、杨亭亭：《企业集团对创新产出的影响：来自制造业上市公司的经验证据》，载于《中国工业经济》2019 年第 1 期。

［3］陈承、万珊、朱乐：《国企高管薪酬与企业社会责任——组织冗余与市场化进程的调节作用》，载于《中国软科学》2019 年第 6 期。

［4］陈德球、陈运森：《政策不确定性与上市公司盈余管理》，载于《经济研究》2018 年第 6 期。

［5］陈冬、孔墨奇、王红建：《投我以桃，报之以李：经济周期与国企避税》，载于《管理世界》2016 年第 5 期。

［6］陈海强、韩乾、吴锴：《现金流波动、盈利稳定性与公司价值——基于沪深上市公司的实证研究》，载于《金融研究》2012 年第 9 期。

［7］陈仕华、卢昌崇：《企业间高管联结与并购溢价决策——基于组织间模仿理论的实证研究》，载于《管理世界》2013 年第 5 期。

［8］陈信元、黄俊：《政府干预、多元化经营与公司业绩》，载于《管理世界》2007 年第 1 期。

［9］陈运森、谢德仁：《网络位置、独立董事治理与投资效率》，载于《管理世界》2011 年第 7 期。

［10］程新生、谭有超、刘建梅：《非财务信息、外部融资与投资效率——基于外部制度约束的研究》，载于《管理世界》2012 年第 7 期。

［11］邓建平、曾勇：《金融生态环境、银行关联与债务融资——基于我国民营企业的实证研究》，载于《会计研究》2011 年第 12 期。

［12］董保宝：《风险需要平衡吗：新企业风险承担与绩效倒 U 型关系

及创业能力的中介作用》，载于《管理世界》2014 年第 1 期。

[13] 窦欢、张会丽、陆正飞：《企业集团、大股东监督与过度投资》，载于《管理世界》2014 年第 7 期。

[14] 巩键、陈凌、王健茜、王昊：《从众还是独具一格？——中国家族企业战略趋同的实证研究》，载于《管理世界》2016 年第 11 期。

[15] 郭威、廉永辉、张琳：《银行融资稳定性降低了信贷顺周期性吗》，载于《财贸经济》2019 年第 7 期。

[16] 韩鹏飞、胡奕明、何玉、王海峰：《企业集团运行机制研究：掏空、救助还是风险共担?》，载于《管理世界》2018 年第 5 期。

[17] 洪正、张琳、肖锐：《产业跃升、金融结构与中国经济增长》，载于《管理世界》2021 年第 8 期。

[18] 黄灿、李善民：《股东关系网络、信息优势与企业绩效》，载于《南开管理评论》2019 年第 2 期。

[19] 黄俊、陈信元：《集团化经营与企业研发投资——基于知识溢出与内部资本市场视角的分析》，载于《经济研究》2011 年第 6 期。

[20] 计方、刘星：《集团控制、融资优势与投资效率》，载于《管理工程学报》2014 年第 1 期。

[21] 姜付秀、蔡文婧、蔡欣妮、李行天：《银行竞争的微观效应：来自融资约束的经验证据》，载于《经济研究》2019 年第 6 期。

[22] 李凤羽、杨墨竹：《经济政策不确定性会抑制企业投资吗？——基于中国经济政策不确定指数的实证研究》，载于《金融研究》2015 年第 4 期。

[23] 李慧云、刘镝：《市场化进程、自愿性信息披露和权益资本成本》，载于《会计研究》2016 年第 1 期。

[24] 李明、叶勇：《媒体负面报道对控股股东掏空行为影响的实证研究》，载于《管理评论》2016 年第 1 期。

[25] 李培功、徐淑美：《媒体的公司治理作用——共识与分歧》，载于《金融研究》2013 年第 4 期。

[26] 李善民、黄灿、史欣向：《信息优势对企业并购的影响——基于社会网络的视角》，载于《中国工业经济》2015 年第 11 期。

［27］李馨子、牛煜皓、张修平：《公司的金融投资行为会传染其他企业吗？——来自企业集团的经验证据》，载于《中国软科学》2019 年第 7 期。

［28］李增福、陈俊杰、连玉君、李铭杰：《经济政策不确定性与企业短债长用》，载于《管理世界》2022 年第 1 期。

［29］连立帅、朱松、陈关亭：《资本市场开放、非财务信息定价与企业投资——基于沪深港通交易制度的经验证据》，载于《管理世界》2019 年第 8 期。

［30］连燕玲、叶文平、刘依琳：《行业竞争期望与组织战略背离——基于中国制造业上市公司的经验分析》，载于《管理世界》2019 年第 8 期。

［31］连玉君、廖俊平：《如何检验分组回归后的组间系数差异》，载于《郑州航空工业管理学院学报》2017 年第 6 期。

［32］廖义刚、邓贤琨：《环境不确定性、内部控制质量与投资效率》，载于《山西财经大学学报》2016 年第 8 期。

［33］刘刚、于晓东：《高管类型与企业战略选择的匹配——基于行业生命周期与企业能力生命周期协同的视角》，载于《中国工业经济》2015 年第 1 期。

［34］刘慧龙、王成方、吴联生：《决策权配置、盈余管理与投资效率》，载于《经济研究》2014 年第 8 期。

［35］刘康兵、申朴、Elmer Sterken：《融资约束、不确定性与公司投资：基于制造业上市公司面板数据的证据》，载于《南开经济研究》2011 年第 4 期。

［36］刘行：《企业的战略类型会影响盈余特征吗——会计稳健性视角的考察》，载于《南开管理评论》2016 年第 4 期。

［37］陆正飞、韩非池：《宏观经济政策如何影响公司现金持有的经济效应？——基于产品市场和资本市场两重角度的研究》，载于《管理世界》2013 年第 6 期。

［38］罗时空、龚六堂：《企业融资行为具有经济周期性吗——来自中国上市公司的经验证据》，载于《南开管理评论》2014 年第 2 期。

［39］吕雅妮：《经济政策不确定性对盈余信息含量的影响及其产业异质性》，载于《现代管理科学》2020 年第 1 期。

［40］吕源、姚俊、蓝海林：《企业集团的理论综述与探讨》，载于《南开管理评论》2005 年第 4 期。

［41］吕长江、张海平：《股权激励计划对公司投资行为的影响》，载于《管理世界》2011 年第 11 期。

［42］马曙光、黄志忠、薛云奎：《股权分置、资金侵占与上市公司现金股利政策》，载于《会计研究》2005 年第 9 期。

［43］孟连、王小鲁：《对中国经济增长统计数据可信度的估计》，载于《经济研究》2000 年第 10 期。

［44］孟庆斌、李昕宇、蔡欣园：《公司战略影响公司违规行为吗》，载于《南开管理评论》2018 年第 3 期。

［45］孟庆斌、李昕宇、张修平：《卖空机制、资本市场压力与公司战略选择》，载于《中国工业经济》2019 年第 8 期。

［46］纳鹏杰、纳超洪：《企业集团财务管控与上市公司现金持有水平研究》，载于《会计研究》2012 年第 5 期。

［47］欧阳凌、欧阳令南、周红霞：《股权"市场结构"、最优负债和非效率投资行为》，载于《财经研究》2005 年第 6 期。

［48］潘红波、余明桂：《集团化、银行贷款与资金配置效率》，载于《金融研究》2010 年第 10 期。

［49］潘敏、魏海瑞：《高管政治关联会影响商业银行信贷投放的周期性特征吗——来自中国银行业的经验证据》，载于《财贸经济》2015 年第 4 期。

［50］钱婷、武常岐：《国有企业集团公司治理与代理成本——来自国有上市公司的实证研究》，载于《经济管理》2016 年第 8 期。

［51］钱锡红、杨永福、徐万里：《企业网络位置、吸收能力与创新绩效——一个交互效应模型》，载于《管理世界》2010 年第 5 期。

［52］钱雪松、方胜：《〈物权法〉出台、融资约束与民营企业投资效率——基于双重差分法的经验分析》，载于《经济学》（季刊）2021 年第 2 期。

［53］饶品贵、徐子慧：《经济政策不确定性影响了企业高管变更吗?》，载于《管理世界》2017 年第 1 期。

[54] 饶品贵、岳衡、姜国华：《经济政策不确定性与企业投资行为研究》，载于《世界经济》2017年第2期。

[55] 任胜钢：《企业网络能力结构的测评及其对企业创新绩效的影响机制研究》，载于《南开管理评论》2010年第1期。

[56] 任云：《"失去的20年"与"安倍经济学"增长战略》，载于《国际经济评论》2014年第4期。

[57] 申慧慧、于鹏、吴联生：《国有股权、经济政策不确定性与投资效率》，载于《经济研究》2012年第7期。

[58] 施先旺、胡沁、徐芳婷：《市场化进程、会计信息质量与股价崩盘风险》，载于《中南财经政法大学学报》2014年第4期。

[59] 史金艳、杨健亨、李延喜等：《牵一发而动全身：供应网络位置、经营风险与公司绩效》，载于《中国工业经济》2019年第9期。

[60] 孙健、王百强、曹丰、刘向强：《公司战略影响盈余管理吗?》，载于《管理世界》2016年第3期。

[61] 孙晓琳：《终极控股股东对上市公司投资影响的实证研究》，载于《山西财经大学学报》2010年第6期。

[62] 谭小芬、张文婧：《经济政策不确定性影响企业投资的渠道分析》，载于《世界经济》2017年第12期。

[63] 王红建、李青原、邢斐：《经济政策不确定性、现金持有水平及其市场价值》，载于《金融研究》2014年第9期。

[64] 王化成、曹丰、叶康涛：《监督还是掏空：大股东持股比例与股价崩盘风险》，载于《管理世界》2015年第2期。

[65] 王化成、张修平、高升好：《企业战略影响过度投资吗》，载于《南开管理评论》2016年第4期。

[66] 王琨、陈胜蓝、李晓雪：《集团关联担保与公司融资约束》，载于《金融研究》2014年第9期。

[67] 王小鲁、樊纲、胡李鹏：《中国分省份市场化指数报告(2018)》，社会科学文献出版社2019年版。

[68] 吴华强、才国伟、徐信忠：《宏观经济周期对企业外部融资的影响研究》，载于《金融研究》2015年第8期。

[69] 吴伟伟、张天一：《非研发补贴与研发补贴对新创企业创新产出的非对称影响研究》，载于《管理世界》2021 年第 3 期。

[70] 武常岐、钱婷：《集团控制与国有企业治理》，载于《经济研究》2011 年第 6 期。

[71] 肖星、王琨：《关于集团模式多元化经营的实证研究——来自"派系"上市公司的经验证据》，载于《管理世界》2006 年第 9 期。

[72] 邢天才、庞士高：《资本错配、企业规模、经济周期和资本边际生产率——基于 1992 ~ 2013 年我国制造业上市企业的实证研究》，载于《宏观经济研究》2015 年第 4 期。

[73] 徐倩：《不确定性、股权激励与非效率投资》，载于《会计研究》2014 年第 3 期。

[74] 杨博旭、王玉荣、李兴光： 《"厚此薄彼"还是"雨露均沾"——组织如何有效利用网络嵌入资源提高创新绩效》，载于《南开管理评论》2019 年第 3 期。

[75] 杨兴全、张丽平、吴昊旻：《市场化进程、管理层权力与公司现金持有》，载于《南开管理评论》2014 年第 2 期。

[76] 杨志强、李增泉：《混合所有制、经济政策不确定性与投资效率——基于产权专业化视角》，载于《上海财经大学学报》2018 年第 2 期。

[77] 余明桂、范蕊、钟慧洁：《中国产业政策与企业技术创新》，载于《中国工业经济》2016 年第 12 期。

[78] 余明桂、李文贵、潘红波：《管理者过度自信与企业风险承担》，载于《金融研究》2013 年第 1 期。

[79] 张成思、刘贯春：《中国实业部门投融资决策机制研究——基于经济政策不确定性和融资约束异质性视角》，载于《经济研究》2018 年第 12 期。

[80] 张会丽、陆正飞：《现金分布、公司治理与过度投资——基于我国上市公司及其子公司的现金持有状况的考察》，载于《管理世界》2012 年第 3 期。

[81] 张健华、王鹏：《银行风险、贷款规模与法律保护水平》，载于《经济研究》2012 年第 5 期。

[82] 张明、蓝海林、陈伟宏、曾萍：《殊途同归不同效：战略变革前因组态及其绩效研究》，载于《管理世界》2020年第9期。

[83] 赵冬青、朱武祥：《上市公司资本结构影响因素经验研究》，载于《南开管理评论》2006年第2期。

[84] 赵月皎、陈志军：《企业集团特征与技术创新关系研究》，载于《理论学刊》2016年第4期。

[85] 中国民生银行研究院：《日本经济发展兴衰的启示与借鉴》，载于《中国商界》2017年第1期。

[86] 钟凯、程小可、张伟华：《货币政策适度水平与企业"短贷长投"之谜》，载于《管理世界》2016年第3期。

[87] 周楷唐、麻志明、吴联生：《高管学术经历与公司债务融资成本》，载于《经济研究》2017年第7期。

[88] 周黎安、罗凯：《企业规模与创新：来自中国省级水平的经验证据》，载于《经济学》（季刊）2005年第2期。

[89] 朱春艳、张昕：《控股股东—中小股东冲突、公司治理对非效率投资的交互影响》，载于《上海对外经贸大学学报》2019年第2期。

[90] 祝继高、韩非池、陆正飞：《产业政策、银行关联与企业债务融资——基于A股上市公司的实证研究》，载于《金融研究》2015年第3期。

[91] Ahn S. H. , Kaplan G. , Moll B. , et al. When inequality matters for macro and macro matters for inequality [J]. *NBER Macroeconomics Annual*, 2018, 32 (1): 1–75.

[92] Akdogu, E. and MacKay P. Investment and Competition [J]. *Journal of Financial and Quantitative Analysis*, 2008, 43 (2): 299–330.

[93] Alessandri P. and Bottero M. Bank Lending in Uncertain Times [Z]. BCAM Working Paper, 2017, No. 1109.

[94] Allen F, Qian J, Qian M. Law, finance, and economic growth in China [J]. *Journal of Financial Economics*, 2005, 77 (1): 57–116.

[95] Almeida, H. , Kim, C. S. and Kim, H. B. Internal Capital Markets in Business Groups: Evidence from the Asian Financial Crisis. *Journal of Finance*, 2015, 70 (6): 2539–2586.

[96] Almeida, H. V. , Wolfenzon, D. A Theory of Pyramidal Ownership and Family Business Groups [J]. *Journal of Finance*, 2006, 61 (6).

[97] Ang, J. , Cole, R. and Lin, J. Agency Costs and Ownership Structure [J]. *Journal of Finance*, 2000, 55 (1): 81 – 106.

[98] Ansoff, H. I. *Corporate Strategy: An Analytic Approach to Business Policy for Growth and Expansion* [M]. New York: McGraw – Hill, 1965.

[99] Azfar O, Danninger S. Profit-sharing, employment stability, and wage growth [J]. *ILR Review*, 2001, 54 (3): 619 – 630.

[100] Bae K H, Kang J K, Kim J M. Tunneling or value added? Evidence from mergers by Korean business groups [J]. *The Journal of Finance*, 2002, 57 (6): 2695 – 2740.

[101] Bai, Y. , Kehoe, P. and Arellano, C. Financial Markets and Fluctuations in Uncertainty [Z]. Meeting Papers Society for Economic Dynamics, 2011.

[102] Baker, S. R. , Bloom, N. and Davis, S. J. Measuring Economic Policy Uncertainty [J]. *The Quarterly Journal of Economics*, 2016, 131 (4): 1593 – 1636.

[103] Baum. J. A. C, Mezias, S. J. Localized competition and organizational failure in the Manhattan hotel industry [J]. *Administrative Science Quarterly*, 1992, 37: 580 – 604.

[104] Becker B, Jacob M, Jacob M. Payout taxes and the allocation of investment [J]. *Journal of Financial Economics*, 2013, 107 (1): 1 – 24.

[105] Belenzon S. and Berkovitz T. Innovation in Business Groups [J]. *Management Science*, 2010, 56 (3): 519 – 535.

[106] Bemanke B, Gertler M. Agency costs, net worth, and business fluctuation [J]. *American Economic Review*, 1989, 79 (1): 14 – 31.

[107] Bentley K. A. , Omer T. C. and Sharp N. Y. Business Strategy, Financial Reporting Irregularities, and Audit Effort [J]. *Contemporary Accounting Research*, 2013, 30 (2): 780 – 817.

[108] Bernanke B. S. , Gertler M. , Gilchrist S. The financial accelerator

in a quantitative business cycle framework ［J］. *Handbook of Macroeconomics*, 1999, 1: 1341 – 1393.

［109］ Bernanke B. S. Irreversibility, Uncertainty, and Cyclical Investment ［J］. *Quarterly Journal of Economics*, 1983, 98 (1): 85 – 106.

［110］ Biddle G. C. , Hilary G. and Verdi R. S. How Does Financial Reporting Quality Relate to Investment Efficiency? ［J］. *Journal of Accounting and Economics*, 2009, 48 (2): 112 – 131.

［111］ Bloom N. Uncertainty and the Dynamics of R&D ［J］. American Economic Review, 2007, 97 (2): 250 – 255.

［112］ BurakGüner A. , Malmendier U. , Tate G. Financial expertise of directors ［J］. *Journal of Financial Economics*, 2008, 88 (2): 323 – 354.

［113］ Burt, R. S. *Structural Holes: The Social Structure of Competition* ［M］. Harvard Business School Press, Cambridge, 1992.

［114］ Byun, H. Y. , Choi, S. , Hwang, L. S. and Kim, R. G. Business Group Affiliation, Ownership Structure, and the Cost of Debt ［J］. *Journal of Corporate Finance*, 2013, 23: 311 – 331.

［115］ Campa J. M. , Kedia S. Explaining the diversification discount ［J］. *The Journal of Finance*, 2002, 57 (4): 1731 – 1762.

［116］ Carney, M. , Gedajlovic, E. R. , Heugens, P. P. M. A. R. Business Group Affiliation, Performance, Context, and Strategy: A Meta – Analysis ［J］. *Strategic Direction*, 2010, 54 (3).

［117］ Carpenter M. A. The Price of Change: The Role of Ceo Compensation in Strategic Variation and Deviation from Industry Strategy Norms ［J］. *Journal of Management*, 2000, 26 (6): 1179 – 1198.

［118］ Chandler A. D. *Strategy and Structure: Chapters in the History of the American Industrial Enterprise* ［M］. Cambridge: MIT Press, 1962.

［119］ Chang S. J. , Hong J. Economic Performance of Group – Affiliated Companies in Korea: Intragroup Resource Sharing and Internal Business Transactions ［J］. *Academy of Management Journal*, 2000, 43 (3): 429 – 448.

［120］ Chang, S. J. , Chung, C. N. and Mahmood, C. I. P. When and

How Does Business Group Affiliation Promote Firm Innovation? A Tale of Two Emerging Economies [J]. *Organization Science*, 2006, 17 (5): 637 – 656.

[121] Chang S. J. , Choi U. Strategy, Structure, and Performance of Korean Business Groups: A Transactions Cost Approach [J]. *Journal of Industrial Economics*, 1988, 37 (2): 141 – 159.

[122] Chang X. , Fu K. , Low A. , Zhang W. Non – Executive Employee Stock Options and Corporate Innovation [J]. *Journal of Financial Economics*, 2015, 115 (1): 168 – 188.

[123] Chemmanur T. J. , Loutskina E. , Tian X. Corporate Venture Capital, Value Creation, and Innovation [J]. *The Review of Financial Studies*, 2014, 27 (8): 2434 – 2473.

[124] Chen Q. , Goldstein I. , Jiang W. Price informativeness and investment sensitivity to stock price [J]. *The Review of Financial Studies*, 2007, 20 (3): 619 – 650.

[125] Chen Y. , Li Q. , Ng J. Institutional Cross – Ownership and Corporate Financing of Investment Opportunities [J]. *SSRN Electronic Journal*, 2018.

[126] Chuluun T. , Prevost A. , Upadhyay A. Firm network structure and innovation [J]. *Journal of Corporate Finance*, 2017, 44: 193 – 214.

[127] Claessens S. , Djankov S. and Lang L. H. The Separation of Ownership and Control in East Asian Corporations [J]. *Journal of Financial Economics*, 2000, 58 (1): 81 – 112.

[128] Claessens S. , Fan J. P. H. Corporate Governance in Asia: A Survey [J]. *International Review of Finance*, 2010, 3 (2): 71 – 103.

[129] Coleman J. Social Capital in the Creation of Human Capital [J]. *American Journal of Sociology*, 1988.

[130] Custódio, C. . M. A. Ferreira, and L. Laureano, Why Are US Firms Using More Short-term Debt [J]. *Journal of Financial Economics*, 2013, 108 (1): 182 – 212.

[131] Davis S. J. , Liu D. and Sheng X. S. Economic Policy Uncertainty in China Since 1949: The View from Mainland Newspapers [Z]. SITE Working

Paper, 2019.

［132］ Devereux M. P. and Schiantarelli F. Investment, Finacial Factors and Cash Flow: Evidence from UK Panel Data ［Z］. NBER Working Paper, 1989, No. 3116.

［133］ Dittmann I, Maug E, Schneider C. Bankers on the boards of German firms: causes and consequences ［J］. *Review of Finance*, 2010, 14 (1): 35 – 71.

［134］ Donaldson D. , Storeygard A. The view from above: Applications of satellite data in economics ［J］. *Journal of Economic Perspectives*, 2016, 30 (4): 171 – 98.

［135］ Dushnitsky G. , Lenox M. J. When do firms undertake R&D by investing in new ventures? ［J］. *Strategic Management Journal*, 2005.

［136］ Dyer J. H, Singh H. The Relational View: Cooperative Strategy and Sources of Interorganizational Competitive Advantage ［J］. *Academy of Management Review*, 1998, 23 (4): 660 – 679.

［137］ Eichengreen B. , Park D. and Shin K. Growth Slowdowns redux: New Evidence On the Middle – Income trap ［J］. *National Bureau of Economic Research*, Cambridge, MA, 2013, No. w18673.

［138］ ErelI, Julio B, Weisbach K. Macroeconomic Conditions and Capital Raising ［J］. *Review of Financial Studies*, 2012, 25 (2): 341 – 376.

［139］ Ernst, Young. Corporate Venture Capital Report, 2002.

［140］ Fabozzi F. J. , Markowitz, H. M. *Equity Valuation and Portfolio Management* ［M］. John Wiley & Sons, 2011.

［141］ FaccioM, O'Brien W. J. Business Groups and Employment ［J］. *Management Science*, 2020.

［142］ Faccio M. , Morck R. , Yavuz M. D. Business groups and the incorporation of firm-specific shocks into stock prices ［J］. *Journal of Financial Economics*, 2021, 139 (3): 852 – 871.

［143］ Fan J. P. , Wong T. J. and Zhang T. Institutions and Organizational Structure: The Case of State-owned Corporate Pyramids ［J］. *Journal of Law*

Economics & Organization, 2013, 29 (6): 1217 – 1252.

[144] Fazzari S. M., Hubbard R. G., and Petersen B. C. Financing Constraints and Corporate Investment [J]. *Brookings Papers On Economic Activity*, 1988 (1): 141 – 206.

[145] Ferris S. P., Kim K. A., and Kitsabunnarat P. The Costs (and Benefits?) of Diversified Business Groups: The Case of Korean Chaebols [J]. *Journal of Banking & Finance*, 2003, 27: 251 – 273.

[146] Foucault T., Frésard L. Cross-listing, investment sensitivity to stock price, and the learning hypothesis [J]. *The Review of Financial Studies*, 2012, 25 (11): 3305 – 3350.

[147] Freeman L. C. Centrality in social networks: Conceptual clarification [J]. *Social Network*, 1979, 1 (3): 215 – 239.

[148] Fuller K., Netter J. M., Stegemoller M. What Do Returns to Acquiring Firms Tell Us? Evidence from Firms That Make Many Acquisitions [J]. *The Journal of Finance*, 2010, 57 (4): 1763 – 1793.

[149] G. S. Stern. The product market and the market for 'ideas': Commercialization strategies for technology entrepreneurs [J]. *Research Policy*, 2003.

[150] Gerlach M. L., Lincoln J. R. The organization of business networks in the United States and Japan [C]. Nohria N, Eccles RG (eds). Networks and Organizations: Structure, Form, and Action [A]. Harvard University Press: Boston, MA: 1992, 491 – 520.

[151] Gervais S., Heaton J. B., Odean T. Overconfidence, Investment Policy and Executive Stock Options [Z]. Working Paper, University of Pennsylvania, 2003.

[152] Giannetti M., Liao G. and Yu X. The Brain Gain of Corporate Boards: Evidence from China [J]. *Journal of Finance*, 2015, 70 (4): 1629 – 1682.

[153] Gilchrist S., Sim J. W. and Zakrajsek, E. Uncertainty, Financial Frictions, and Investment Dynamics [Z]. NBER Working Paper, 2014,

No. 20038.

[154] Goodfriend M. , McCallum B. T. Banking and interest rates in monetary policy analysis: A quantitative exploration [J]. *Journal of Monetary Economics*, 2007, 54 (5): 1480 – 1507.

[155] Gopalan R. , Nanda V. , Seru A. Affiliated firms and financial support: Evidence from Indian business groups [J]. *Journal of Financial Economics*, 2007, 86 (3): 759 – 795.

[156] Gopalan R. and Xie K. Conglomerates and Industry Distress [J]. *Review of Financial Studies*, 2011, 24 (11): 3642 – 3687.

[157] Green J. R. , Scotchmer S. On the Division of Profit in Sequential Innovation [J]. *Rand Journal of Economics*, 1995, 26: 20 – 33.

[158] Gulati R. Network location and learning: The influence of network resources and firm capabilities on alliance formation [J]. *Strategic Management Journal*, 1999.

[159] Gulen H. and Ion M. Policy Uncertainty and Corporate Investment [J]. *Review of Financial Studies*, 2016, 29 (3): 523 – 564.

[160] Guo B. , David, Pérez – Castrillo, Anna Toldrà – Simats. Firms' Innovation Strategy under the Shadow of Analyst Coverage [J]. *Journal of Financial Economics*, 2019, 131 (2): 456 – 483.

[161] Guzzini E. , Iacobucci D. Business Group Affiliation and R&D [J]. *Industry & Innovation*, 2014, 21.

[162] Hadlock C. J. , Pierce J. R. New evidence on measuring financial constraints: Moving beyond the KZ index [J]. *The Review of Financial Studies*, 2010, 23 (5): 1909 – 1940.

[163] Hambrick D. C. Some Tests of the Effectiveness and Functional Attributes of Miles and Snow's Strategic Types [J]. *Academy Management Journal*, 1983, 26 (1): 5 – 26.

[164] He F. , Ma Y. and Zhang X. How does economic policy uncertainty affect corporate Innovation? – Evidence from China listed companies [J]. *International Review of Economics & Finance*, 2020, 67 (1): 225 – 239.

[165] He J. , Mao X. , Rui O. M. and Zha X. Business Groups in China [J]. *Journal of Corporate Finance*, 2013, 22 (5): 166 – 192.

[166] He J. , Tian X. The Dark Side of Analyst Coverage: The Case of Innovation [J]. *Journal of Financial Economics*, 2013, 109 (3): 856 – 878.

[167] Henderson J. V. , Storeygard A. , Weil D. N. Measuring economic growth from outer space [J]. *American Economic Review*, 2012, 102 (2): 994 – 1028.

[168] Higgins D. , Omer T. C. and Phillips J. D. The Influence of a Firm's Business Strategy on its Tax Aggressiveness [J]. *Contemporary Accounting Research*, 2015, 32 (2): 674 – 702.

[169] Hiller N. J. and Hambrick D. C. Conceptualizing Executive Hubris: The Role of (Hyper –) core Self – Evaluations in Strategic Decision – Making [J]. *Strategic Management Journal*, 2005, 26 (4): 297 – 319.

[170] Holmstrom B. Agency Costs and Innovation [J]. *Journal of Economic Behavior and Organization*, 1989, 12 (3): 305 – 327.

[171] Hsieh T. J. , Yeh R. S. , Chen Y. J. Business Group Characteristics and Affiliated Firm Innovation: The Case of Taiwan [J]. *Industrial Marketing Management*, 2010, 39 (4): 560 – 570.

[172] Huneeus F. , Larrain B. , Larrain M. , et al. The internal labor markets of business groups [J]. *Journal of Corporate Finance*, 2021, 69, 102017.

[173] Hutton A. P. , Marcus A. J. and Tehranian H. Opaque Financial Reports, R2, and Crash Risk [J]. *Journal of Financial Economics*, 2009, 94 (1): 67 – 86.

[174] Jensen M. C. Agency Costs of Free Cash Flow, Corporate Finance, and Takeovers [J]. *The American Economic Review*, 1986, 76 (2): 323 – 329.

[175] Jia N. , Shi J. and Wang Y. Coinsurance within Business Groups: Evidence from Related Party Transactions in an Emerging Market [J]. *Management Science*, 2013, 59 (10): 2295 – 2313.

[176] Kaplan G. , Moll B. , Violante G. L. Monetary policy according to HANK [J]. *American Economic Review*, 2018, 108 (3): 697 – 743.

[177] Kaplan S. and Zingales L. Do Investment – Cash Flow Sensitivities Provide Useful Measures of Financing Constraints? [J]. *Quarterly Journal of Economics*, 1997, 112: 169 – 215.

[178] Khanna N. and Tice S. The Bright Side of Internal Capital Markets [J]. *Journal of Finance*, 2001, 56: 1489 – 1528.

[179] Khanna T. and Palepu K. Why Focused Strategies may be Wrong for Emerging Markets [J]. *Harvard Business Review*, 1997, 75: 41 – 51.

[180] Khanna T. and Palepu K. Is Group Affiliation Profitable in Emerging Markets? An Analysis of Diversified Indian Business Groups [J]. *Journal of Finance*, 2000, 55 (2): 867 – 891.

[181] Khanna T. and Yafeh Y. Business Groups and Risk Sharing Around the World [J]. *Journal of Business*, 2005, 78 (1): 301 – 340.

[182] Khanna T. and Yafeh Y. Business Groups inEmerging Markets: Paragons or Parasites? [J]. *Journal of Economic Literature*, 2007, 45 (2): 331 – 372.

[183] Khanna T. and Rivkin J. W. Interorganizational Ties and Business Group Boundaries: Evidence from an Emerging Economy [J]. *Organization Science*, 2006, 17 (3): 333 – 352.

[184] Klepper S. Entry, Exit, Growth, and Innovation Over the Product Life Cycle [J]. *The American Economic Review*, 1996, 86 (3): 562 – 583.

[185] Kock C. J. and Guillén M. F. Strategy and Structure in Developing Countries: Business groups as an Evolutionary Response to Opportunities for Unrelated Diversification [J]. *Industrial and Corporate Change*, 2001, 10: 77 – 113.

[186] Krackhardt D. The Strength of Strong Ties: The Importance of Philos in Organizations [C]. *Networks in the Knowledge Economy* [A]. Harvard Business School Press.

[187] Krishnan K. , Nandy D. K. and Puri M. Does Financing Spur Small

Business Productivity? Evidence from a Natural Experiment [J]. *Review of Financial Studies*, 2015, 28 (6): 1768 – 1809.

[188] Kulatilaka N. and Perotti E. Strategic Growth Options [J]. *Management Science*, 1998, 44 (8): 1021 – 1031.

[189] Leary M. T. , Roberts M. R. Do firms rebalance their capital structures? [J]. *The Journal of Finance*, 2005, 60 (6): 2575 – 2619.

[190] Levy H. and Sarnat M. International Diversification of Investment Portfolios [J]. *The American Economic Review*, 1970, 60 (4): 668 – 675.

[191] Li X. , Li D. , Xu H. , et al. Intercalibration between DMSP/OLS and VIIRS nighttime light images to evaluate city light dynamics of Syria's major human settlement during Syrian Civil War [J]. *International Journal of Remote Sensing*, 2017, 38 (21): 5934 – 5951.

[192] Li K. F. and Liao Y. P. Directors' and officers' liability insurance and investment efficiency: Evidence from taiwan [J]. *Pacific Basin Finance Journal*, 2014, 29 (9): 18 – 34.

[193] Lin C. , Ma Y. , Malatesta P. Ownership structure and the cost of corporate borrowing [J]. *Journal of Financial Economics*, 2011, 100 (1): 1 – 23.

[194] Liu Y. , Kim W. , Sung T. Do Business Groups Harm Capital Allocation Efficiency Outside the Business Group? [J]. *Journal of Corporate Finance*, 2021, 71, 102 – 105.

[195] Loukopoulos P. , Loukopoulos G. , Evgenidis, A. and Siriopoulos C. The Influence of a Firms' Business Strategy on the Downside Risk of Earnings, Accruals and Cash Flow [Z]. SSRN Working Paper, 2017.

[196] Luong H. , Moshirian F. , Nguyen L. How Do Foreign Institutional Investors Enhance Firm Innovation? [J]. *Journal of Financial and Quantitative Analysis*, 2017, 52 (4): 1449 – 1490.

[197] Ma X. , Yao X. and Xi Y. Business Group Affiliation and Firm Performance in a Transition Economy: A Focus on Ownership Voids [J]. *Asia Pacific Journal of Management*, 2006, 23 (4): 46 – 483.

[198] Maksimovic V. and Phillips G. The Industry Life Cycle, Acquisitions and Investment: Does Firm Organization Matter? [J]. *The Journal of Finance*, 2008, 63 (2): 673 – 708.

[199] Malmendier U. , Tate G. CEO overconfidence and corporate investment [J]. *The Journal of Finance*, 2005, 60 (6): 2661 – 2700.

[200] Manikandan K. S. and Ramachandran J. Beyond Institutional Voids: Business groups, Incomplete Markets, and Organizational Form [J]. *Strategic Management Journal*, 2015, 36 (4): 598 – 617.

[201] March J. C. , Simon H. A. *Organizations* [M]. New York: Wilet, 1958.

[202] Masulis R. W. , Pham P. K. and Zein J. Family Business Groups around the World: Financing Advantages, Control Motivations, and Organizational Choices [J]. *The Review of Financial Studies*, 2011, 24 (11): 3556 – 3600.

[203] McGahan A. M. , Argyres N. and Baum J. A. C. Context, Technology and Strategy: Forging New Perspectives on the Industry Life Cycle [J]. *Advances in Strategic Management*, 2004, 21: 1 – 21.

[204] McLean R. D. , Zhao M. The business cycle, investor sentiment, and costly external finance [J]. *The Journal of Finance*, 2014, 69 (3): 1377 – 1409.

[205] Michalopoulos S. , Papaioannou E. National institutions and subnational development in Africa [J]. *The Quarterly Journal of Economics*, 2014, 129 (1): 151 – 213.

[206] Miles R. E. and Snow C. C. *Organizational Strategy, Structure and Process* [M]. Stanford, CA: University Press, 2003.

[207] Modigliani F. and Miller M. H. The Cost of Capital, Corporation Finance, and the Theory of Investment [J]. *The American Economic Review*, 1958, 48 (3): 261 – 297.

[208] Myers S. C. , Majluf N. S. Corporate Financing and Investment Decisions When Firms Have Information That Investors Do Not Have [J]. *Journal*

of Financial Economics, 1984, 20 (2): 293 – 315.

[209] Narayanan M. P. Debt Versus Equity under Asymmetric Information [J]. *The Journal of Financial and Quantitative Analysis*, 1988, 23 (1): 39 – 51.

[210] Pittman J A, Fortin S. Auditor choice and the cost of debt capital for newly public firms [J]. *Journal of Accounting and Economics*, 2004, 37 (1): 113 – 136.

[211] Porter M. E. *Competitive Strategy: Techniques for Analyzing Industries and Competitors* [M]. New York: The Free Press, 1980.

[212] Porter M. E. Competitive Strategy [J]. *Measuring Business Excellence*, 1997, 1 (2): 12 – 17.

[213] Prahalad C. K. and Hamel, G. The Core Competence of the Corporation [J]. *Harvard Business Review*, 1990, 68 (3): 79 – 91.

[214] Qi Y., Roth L., Wald J. Creditor protection laws, debt financing, and corporate investment over the business cycle [J]. *Journal of International Business Studies*, 2017, 48 (4): 477 – 497.

[215] Rajagopalan N. Strategic Orientations, Incentive Plan Adoptions, and Firm Performance: Evidence from Electric Utility Firms [J]. *Strategic Management Journal*, 1997, 18 (10): 761 – 785.

[216] Rajan R., Zingales L. Financial Dependence and Growth [J]. *Social Science Electronic Publishing*, 1998, 88 (3): 559 – 586.

[217] Richardson S. Over-investment of Free Cash Flow [J]. *Review of Accounting Studies*, 2006, 11 (2): 159 – 189.

[218] Rost K. The strength of strong ties in the creation of innovation [J]. *Research Policy*, 2011, 40 (4): 588 – 604.

[219] Rountree B., Weston J. P., Allayannis G. Do investors value smooth performance? [J]. *Journal of Financial Economics*, 2008, 90 (3): 237 – 251.

[220] Rumelt R. P., Schendel D., and Teece, D. J. Strategic Management and Economics [J]. *Strategic Management Journal*, 1991, 12 (S2):

5 – 29.

[221] Salman N. , Saives A. L. Indirect networks: an intangible resource for biotechnology innovation [J]. *R&D Management*, 2010, 35 (2): 203 – 215.

[222] Shin H. and Park Y. S. Financing Constraints and Internal Capital Markets: Evidence from Korean 'chaebols' [J]. *Journal of Corporate Finance*, 1999, 5 (2): 169 – 191.

[223] Shin H. and Stulz R. Is the Internal Capital Market Efficient? [J]. *Quarterly Journal of Economics*, 1998, 108: 531 – 552.

[224] Shleifer A. and Vishny R. W. A Survey of Corporate Governance [J]. *Journal of Finance*, 1997, 52 (2): 737 – 783.

[225] Sorenson O. , Audia P. G. The Social Structure of Entrepreneurial Activity: Geographic Concentration of Footwear Production in the United States, 1940 – 1989 [J]. *American Journal of Sociology*, 2000.

[226] Sutton P. C. , Costanza R. Global estimates of market and non-market values derived from nighttime satellite imagery, land cover, and ecosystem service valuation [J]. *Ecological Economics*, 2002, 41 (3): 509 – 527.

[227] Svensson F. J. Are corruption and taxation really harmful to growth? Firm level evidence [J]. *Journal of Development Economics*, 2007.

[228] Talavera O. , Tsapin A. and Zholud O. L. Macroeconomic Uncertainty and Bank Lending: The Case of Ukraine [J]. *Economic Systems*, 2012, 36 (2): 279 – 293.

[229] Tang J. , Crossan M. and Rowe W. G. Dominant CEO, Deviant Strategy, and Extreme Performance: The Moderating Role of a Powerful Board [J]. *Journal of Management Studies*, 2011, 48 (7): 1479 – 1503.

[230] Thapa C. , Rao S. , Farag H. , et al. Access to internal capital, creditor rights and corporate borrowing: Does group affiliation matter? [J]. *Journal of Corporate Finance*, 2020, 62, 101585.

[231] Tsai L. C. , Zhang R. , Zhao C. Political connections, network centrality and firm innovation [J]. *Finance Research Letters*, 2019: 180 – 184.

[232] Whited T. M. , Wu G. Financial constraints risk [J]. *The Review of Financial Studies*, 2006, 19 (2): 531 – 559.

[233] Wurgler J. Financial Markets and the Allocation of Capital [J]. *Journal of Financial Economics*, 2000, 58 (1): 187 – 214.

[234] Yang Y. , Wang F. and Chen S. How Strategy Changes in Different Monetary Policy Conditions [J]. *Chinese Management Studies*, 2015, 9 (3): 355 – 384.

[235] Zeidan R. , Galil K. , Shapir O. M. Do ultimate owners follow the pecking order theory? [J]. *The Quarterly Review of Economics and Finance*, 2018 (67): 45 – 50.